# 中国企业家发展信心指数报告
（2020）

China Entrepreneur Development
Confidence Index Report
（2020）

编　　著 ◎ 亚布力中国企业家论坛
学术支持 ◎ 清华大学民生经济研究院
　　　　　武汉大学中国企业家研究中心
支持机构 ◎ 泰康保险集团股份有限公司

首都经济贸易大学出版社
Capital University of Economics and Business Press
·北 京·

## 图书在版编目（CIP）数据

中国企业家发展信心指数报告.2020/亚布力中国企业家论坛编著.--北京：首都经济贸易大学出版社，2021.8
ISBN 978-7-5638-3256-9

Ⅰ.①中… Ⅱ.①亚… Ⅲ.①企业发展-研究报告-中国-2020 Ⅳ.①F279.23

中国版本图书馆 CIP 数据核字（2021）第 148261 号

中国企业家发展信心指数报告（2020）
ZHONGGUO QIYEJIA FAZHAN XINXIN ZHISHU BAOGAO（2020）
亚布力中国企业家论坛　编著

| | |
|---|---|
| 责任编辑 | 王玉荣 |
| 封面设计 | 砚祥志远·激光照排　TEL：010-65976003 |
| 出版发行 | 首都经济贸易大学出版社 |
| 地　　址 | 北京市朝阳区红庙（邮编100026） |
| 电　　话 | （010）65976483　65065761　65071505（传真） |
| 网　　址 | http：//www.sjmcb.com |
| E－mail | publish@cueb.edu.cn |
| 经　　销 | 全国新华书店 |
| 照　　排 | 北京砚祥志远激光照排技术有限公司 |
| 印　　刷 | 唐山玺诚印务有限公司 |
| 成品尺寸 | 170 毫米×240 毫米　1/16 |
| 字　　数 | 283 千字 |
| 印　　张 | 16.75 |
| 版　　次 | 2021 年 8 月第 1 版　2021 年 8 月第 1 次印刷 |
| 书　　号 | ISBN 978-7-5638-3256-9 |
| 定　　价 | 83.00 元 |

图书印装若有质量问题，本社负责调换
版权所有　侵权必究

# 序

## 信心，在于拥抱变化

在 2021 年初这一时点谈信心，我想分享个人的两点体会。

第一个体会，"面对生命，唯有良心"。信心，是发自内心的抗击疫情的强大力量。

我印象最深的就是在 2020 年春节大年初三，我去我们店里，发现员工状态比较差。店长说有三分之一的员工不来上班了，原因就是怕感染新冠病毒。在这个时候怎么办？大家经过讨论，一致认为关键时刻超市的员工必须坚守岗位，这是我们的责任和使命，是我们做人必须遵守的准则。因为在疫情面前，如果商业体系停止运转，大家就会丧失信心，就会影响我们战胜疫情的决心。因此，每一个有良心的物美人都要挺身而出，迎接挑战，决不当逃兵。

于是，我们就提出了"面对生命，唯有良心"这一口号。

2020 年 4 月，我们亚布力一行的第一批企业家，回到刚刚解禁的武汉，大家都感慨万千。在我们店里面，我见到一位得了新冠肺炎但积极治疗康复后又重新战斗在一线的麦德龙员工，顿时感到了一种发自内心的信念的力量。

我们能够战胜一切困难，能够有更好的发展，正是秉承"面对生命，唯有良心"这样一个企业核心价值观，和很多零售企业一道，响应国家有关部门保价格、保质量、保供应的号召，同时也很好地保护了我们的员工，在华北地区做到"零感染"。在抗击疫情最关键的历史时期，交出了一张满意的答卷，得到了党和政府以及老百姓的充分认可。

对我们企业家而言，信心就在于对民族、对企业、对自己的爱与信任。

第二个体会，实体经济数字化是包容性发展的转型升级之路。信心，在于拥抱变化，在于对未来有正确的认识。

2020 年的中国流通产业经历了历史性的变化。疫情加速了全面数字化转型。大家都宅在家里，更多地通过网络购物。这时候出现了一些怀疑的声音，经常有人问我，实体店还有没有未来？还会不会存在？

我的答案是很肯定的：第一，实体店一定会存在；第二，实体店一定要经历数字化转型，更好地体现用户的需求才能存在；第三，实体店能充分满足仅靠线上达不到的多方面的百姓需求。当然，实体店的转型刻不容缓。实体经济转型不但是必要的，也是完全可行的。由于老百姓的生活离不开实体店，因此，这种转型必须采取复用资源、降低成本、包容性的数字化发展模式，如果单纯用新模式简单替代老模式，必然会造成原有店铺关门、员工下岗、供应链废弃，从而造成社会资源的严重浪费。

实体经济进行全面的数字化转型，同时回归商业本质，满足用户的需求，有利于保障就业，让员工和广大消费者共享数字化带来的成果和收益；有利于创造公平竞争、创新创业、万马奔腾的良好环境，保护中小企业的发展。数字化是中国流通产业崛起的必由之路，有利于促进消费升级，打造经济新的增长点。

展望未来，我们的信心更加坚定，就是让中国的实体店活得更好，在全面数字化的基础上，实现线下线上的一体化。

亚布力中国企业家论坛轮值主席<br>
物美创始人、多点 Dmall 董事长　张文中

# 目 录

## Ⅰ 总报告

**1 大疫情大变局时代的中国企业家发展信心** ·········· 3
  1.1 2020 年中国经济发展的国际经济背景 ·········· 3
  1.2 2020 年中国经济发展概况 ·········· 8
  1.3 疫情常态化防控下的中国企业家发展信心 ·········· 12
  1.4 影响中国企业家发展信心提升的主要问题 ·········· 19
  1.5 增强企业家发展信心的主要建议 ·········· 21

## Ⅱ 调查篇

**2 2020 年中国企业家发展信心指数调查** ·········· 27
  2.1 主要结论 ·········· 27
  2.2 指数结果和说明 ·········· 33
  2.3 全国营商环境指数 ·········· 36
  2.4 历年趋势分析 ·········· 41
  2.5 经济环境信心分析 ·········· 48
  2.6 政策环境信心分析 ·········· 56
  2.7 政治法律环境信心分析 ·········· 68
  2.8 社会文化环境信心分析 ·········· 71
  2.9 迷你专题：双循环发展新格局 ·········· 76

## Ⅲ 区域营商环境篇

**3 中国区域营商环境分析** ·········· 83
  3.1 指标体系与评价方法 ·········· 83

3.2 区域营商环境评价结果与分析 …………………………………… 90

# 4 2020年优化营商环境政策法规综述 …………………………… 107
    4.1 北京 …………………………………………………………… 117
    4.2 天津 …………………………………………………………… 117
    4.3 河北 …………………………………………………………… 118
    4.4 山西 …………………………………………………………… 118
    4.5 内蒙古 ………………………………………………………… 118
    4.6 辽宁 …………………………………………………………… 119
    4.7 吉林 …………………………………………………………… 119
    4.8 黑龙江 ………………………………………………………… 119
    4.9 上海 …………………………………………………………… 120
    4.10 江苏 ………………………………………………………… 120
    4.11 浙江 ………………………………………………………… 121
    4.12 安徽 ………………………………………………………… 121
    4.13 福建 ………………………………………………………… 122
    4.14 江西 ………………………………………………………… 122
    4.15 山东 ………………………………………………………… 122
    4.16 河南 ………………………………………………………… 123
    4.17 湖北 ………………………………………………………… 123
    4.18 湖南 ………………………………………………………… 124
    4.19 广东 ………………………………………………………… 124
    4.20 广西 ………………………………………………………… 125
    4.21 海南 ………………………………………………………… 125
    4.22 重庆 ………………………………………………………… 126
    4.23 四川 ………………………………………………………… 126
    4.24 云南 ………………………………………………………… 127
    4.25 西藏 ………………………………………………………… 127
    4.26 陕西 ………………………………………………………… 127
    4.27 新疆 ………………………………………………………… 128

## Ⅳ 专题篇

**5 关于新冠肺炎疫情对中小微企业影响的调查** ······ 131
    5.1 调查结果 ······ 131
    5.2 中小微企业存在的主要困难 ······ 136
    5.3 中小微企业应对困难的主要措施 ······ 137
    5.4 应对新冠肺炎疫情的政策建议 ······ 137
    5.5 结论 ······ 138

**6 民营企业应对逆全球化趋势的影响与对策思考** ······ 139
    6.1 周期性的全球化和逆全球化 ······ 139
    6.2 逆全球化周期中各种因素的相互作用 ······ 140
    6.3 GDP 总量定义外循环，人均 GDP 定义内循环 ······ 142
    6.4 民营企业在逆全球化周期中的生存与发展 ······ 143
    6.5 结语 ······ 147

**7 民营企业参与国有企业混合所有制改革的现状、动机、难点与应对措施** ······ 148
    7.1 民营企业参与国企混改现状分析 ······ 148
    7.2 国有企业混改引入民营企业的动机分析 ······ 150
    7.3 民营企业参与国企混改的难点及应对措施分析 ······ 155
    7.4 结束语 ······ 158

**8 大健康产业加速发展的五大历史机遇** ······ 159
    8.1 第一个历史机遇 ······ 160
    8.2 第二个历史机遇 ······ 162
    8.3 第三个历史机遇 ······ 163
    8.4 第四个历史机遇 ······ 165
    8.5 第五个历史机遇 ······ 167

**9 平台企业的主体责任与平台经济的协同治理** ······ 170

9.1 平台企业概述及其分类 ………………………………………… 170
9.2 平台经济的作用 ………………………………………………… 171
9.3 平台经济领域存在的问题 ……………………………………… 171
9.4 平台经济的治理措施 …………………………………………… 172

## 10 新消费模式下传统企业的应对策略 ……………………………… 177
10.1 什么是新消费模式 ……………………………………………… 178
10.2 传统企业应当如何应对 ………………………………………… 189
10.3 结束语 …………………………………………………………… 192

## 11 中国居民消费意愿调查 ……………………………………………… 193
11.1 中国消费的现状与主要特点 …………………………………… 193
11.2 新冠肺炎疫情对消费的影响 …………………………………… 201
11.3 疫情背景下居民消费意愿调查 ………………………………… 205
11.4 目前消费存在的主要问题 ……………………………………… 209
11.5 提升民众消费意愿，促进消费的建议 ………………………… 213

# V 企业案例篇

## 12 波司登：数智制胜，转型新引擎 ………………………………… 219
12.1 品牌引领，释放增长新动能 …………………………………… 220
12.2 设计赋能，实现领先新突破 …………………………………… 221
12.3 渠道优化，扩大内需新空间 …………………………………… 222
12.4 数智制胜，点燃转型新引擎 …………………………………… 224

## 13 "人单合一"——物联网时代的基准组织范式 ………………… 227
13.1 海尔的自进化目标 ……………………………………………… 227
13.2 人的价值第一 …………………………………………………… 228
13.3 创造物联网时代的商业模式 …………………………………… 229
13.4 物联网时代的标志：生态品牌 ………………………………… 234
13.5 创造终身用户 …………………………………………………… 236

## Ⅵ 建议篇

**14** 关于激发市场主体活力、提振企业家发展信心、优化营商环境的建议 ·············································· 239

## Ⅶ 附 录

**15** 中国企业家发展信心指数调查研究说明 ·············· 245
    15.1 项目介绍 ············································· 245
    15.2 指标体系构成 ······································· 248
    15.3 权重分配方案 ······································· 249
    15.4 指数计算方法 ······································· 250
    15.5 受邀打分专家构成情况 ························· 251

**16** 亚布力中国企业家论坛简介 ······························ 252

**17** 清华大学民生经济研究院简介 ··························· 255

**18** 武汉大学中国企业家研究中心简介 ··················· 256

致 谢 ············································································ 257

# Ⅰ 总报告

# 1 大疫情大变局时代的中国企业家发展信心[①]

## 1.1 2020年中国经济发展的国际经济背景

2020年1月暴发的新冠肺炎疫情迅速席卷全球,给世界各国人民的健康和生命安全造成极大威胁。

新冠肺炎疫情对2020年全球经济造成重大冲击,贸易与投资大幅下跌,多国GDP跌幅创历史纪录,失业率飙升,资本市场大落大起,债务水平持续上升,全球经济陷入1929年以来最严重的下滑。

### 1.1.1 全球经济增速大幅下滑,服务业衰退明显

从GDP增长具体情况看,根据国际货币基金组织(IMF)2021年1月份发布的《世界经济展望报告》,2020年全球经济估计萎缩3.5%,远远超过2008年美国金融危机导致的全球经济1.8%的衰退幅度。这也是1980年有全球经济统计数据以来记录的唯一负增长,萎缩幅度堪比20世纪30年代的经济大萧条。2020年,发达经济体GDP增速预计下跌4.9%,新兴市场和发展中经济体预计下跌2.4%。经济最活跃的亚洲新兴经济体2020年GDP预计增长-1.1%,比2019年下降6.5个百分点。不过,总体来看,美国、澳大利亚、欧盟、日本、韩国、新西兰、印度、土耳其等大多数经

---

[①] 本部分由亚布力中国企业家论坛研究中心撰写。

济体的 GDP 表现好于预期，中国与墨西哥的经济增长情况与 IMF 此前的预期一致。中国以外主要经济体 2020 年各季度经济增长情况如表 1-1 所示。

从具体的行业看，保持社交距离的防疫要求使得新冠肺炎疫情对于服务行业的打击尤为明显，其中旅游和交通行业首当其冲。以旅游业为例，由于严格的封锁措施，2020 年第二季度，一些欧美国家的旅行预订数量相比 2019 年同期下降超过了 90%。随着封锁措施的逐步放开，旅游预订逐步恢复。到 2020 年第四季度，由于欧美国家疫情的再次暴发，旅游预订数量再次大幅下滑。受疫情冲击，2020 年第二季度全球航班数量大幅下滑，2020 年 4 月份，最大降幅同比超过 75%，随后逐步攀升。

表 1-1　主要经济体 2020 年各季度经济增长情况（除中国外）

| 国别 | 第一季度 | 第二季度 | 第三季度 | 第四季度 |
| --- | --- | --- | --- | --- |
| 美国 | 0.30% | -9.00% | -2.80% | -2.50% |
| 加拿大 | -0.30% | -12.50% | -5.20% | — |
| 澳大利亚 | 1.40% | -6.40% | -3.80% | — |
| 德国 | -2.20% | -11.30% | -4.00% | -3.90% |
| 英国 | -2.40% | -20.80% | -8.60% | — |
| 日本 | -1.80% | -10.20% | -5.80% | — |
| 南非 | 0.10% | -17.50% | -6.00% | — |
| 巴西 | -0.30% | -10.90% | -3.90% | — |
| 印度 | 4.00% | -23.90% | -7.50% | — |
| 俄罗斯 | 1.60% | -8.00% | -3.40% | -3.10% |
| 欧盟 | -2.60% | -13.90% | -4.20% | — |
| OECD 成员国 | -0.80% | -11.60% | -3.90% | — |

资料来源：世界银行网站。

## 1.1.2　世界贸易萎缩，服务贸易受影响严重

在贸易方面，受中美贸易冲突以及疫情双重影响，全球货物贸易在 2019 年的基础上再次萎缩。联合国贸易和发展会议的数据显示，2020 年全球贸易总额下降约 9%，其中货物贸易额下降约 6%，服务贸易额下降约 16.5%。2020 年第一季度和第二季度，全球货物贸易出口额同比分别下跌

6.4%和21.3%。自2020年第三季度开始，受亚洲出口提升以及北美、欧洲进口增加拉动，全球货物贸易量从低谷开始反弹，本季度全球货物贸易景气指数达到100.7，出现微弱反弹，与世界贸易组织此前对全球货物贸易增长的预期基本持平。2020年第四季度，受东亚等地进出口贸易增长拉动，全球货物贸易整体复苏，本季度全球货物贸易环比增长约8%，全球货物贸易景气指数达到103.9，高于世界贸易组织此前的预期，服务贸易则与第三季度持平。世界贸易组织预测，2020年全球货物贸易量下降幅度将达9.2%，而IMF的报告预测全球贸易在2020年下跌9.6%。

### 1.1.3 跨国投资遭遇重挫，亚洲新兴经济体展现投资韧性

在投资方面，2020年1月暴发的新冠肺炎中断了国际直接投资（FDI）在2019年出现的复苏势头，疫情不仅使投资机会减少，而且使已有的国际投资项目不得不推迟甚至取消。根据联合国贸发会议的数据，2020年1—6月，全球FDI流入额比2019年同期下降49%，其中流入发达经济体的FDI下降75%，流入发展中经济体的FDI下降16%。2020年下半年，随着各国经济的重启，全球国际直接投资出现一定的复苏。根据联合国贸发会议2021年1月发布的《全球投资趋势监测》报告，2020年全球国际直接投资整体大幅下降，仅有8590亿美元，与2019年的1.5万亿美元相比下降了42%，比2009年全球金融危机后的低谷还低30%。降幅集中在发达国家，流入发达国家的国际直接投资下降了69%，仅为2290亿美元，是过去25年的最低水平。流入发展中经济体的国际直接投资下降仅12%，约为6160亿美元，占全球国际直接投资的比重已高达72%，达到历史最高水平。流入欧盟的国际直接投资在2020年下降了2/3，从3700多亿美元降至1100亿美元。流入拉美的国际直接投资下降了37%，流入非洲的国际直接投资下降了18%，亚洲地区的国际直接投资仅下降了4%，约为4760亿美元。流入转型经济体的国际直接投资急剧下降至130亿美元，降幅达77%，为2002年以来的最低水平。

### 1.1.4 多国资本市场触发熔断，国际大宗商品市场遭遇大幅下跌

在资本市场，受新冠肺炎疫情影响，全球主要股票市场经历大起大落。回顾2020年全球股票市场的历程，新冠肺炎疫情蔓延导致全球股票市

场出现短期恐慌性大跌，平均跌幅最高时曾经达到22%。2020年1月20日，在新冠肺炎病毒人传人的消息公布后，中国香港恒生指数就大幅下跌，当天，恒生指数报收29 174.92点，此后连续下挫，到2020年3月19日跌至21 139.26点的低点，下跌幅度达27.5%。2020年1月30日，在世界卫生组织将新冠肺炎疫情列为"国际关注的突发公共卫生事件"（PHEIC）之后，各国股指出现小幅下挫。到2020年2月中下旬疫情在日本、韩国、伊朗、意大利等国家大范围暴发之后，部分国家股票市场不断触发熔断机制，少数国家因抗疫还暂停了股票交易。到2020年3月19日前后，全球主要股票市场几乎都达到了全年的最低区间，全球主要股票市场股指在2—3月的42个交易日里，平均下跌幅度达到了22%。此后，由于中国以及东南亚国家与地区的疫情逐渐得到控制，全球经济的重启、各国的刺激计划与疫苗研发的进展有效地提升了投资者的信心，助推全球股票市场逐渐止跌恢复上涨。在亚布力中国企业家论坛研究中心监测的92个国家与地区的97个股票指数中，2020年全年中有42个上涨、55个下跌，下跌的市场占56.7%。在42个上涨的市场中，涨幅在20%以上的有13个，其中，委内瑞拉、津巴布韦、越南、美国、尼日利亚、中国（深成指）、韩国、孟加拉国、土耳其和丹麦是股票市场上涨幅度排名前10的国家，委内瑞拉2020年股票指数涨幅高达1 376.39%，股指最高达到1 401 392.13点，最低降到86 103.73点。排在第二位的津巴布韦股票市场涨幅高达1 045.99%。如果剔除波动幅度极大的委内瑞拉与津巴布韦，其余90个国家的95个股票指数平均涨幅为0.42%。在下跌的55个市场中，跌幅最大的10个国家依次是肯尼亚、乌干达、毛里求斯、牙买加、埃及、保加利亚、哥斯达黎加、塞浦路斯、黎巴嫩和西班牙，其中肯尼亚内罗毕证券交易所20指数下跌29.61%，乌干达全股股指下跌了27.26%。在G20集团，除欧盟以外，只有6个国家的主要股指下跌，其中下跌幅度最大的是英国富时100指数，下跌14.34%。

在大宗商品市场，2020年前9个月，以美元计价的全球大宗商品综合价格指数下跌了13.1%。受新冠肺炎疫情及石油输出国组织（OPEC）与俄罗斯原油减产分歧影响，伦敦布伦特原油现货价格于2020年4月21日跌至13.28美元/桶的全年最低点。此后，由于OPEC与俄罗斯等产油国达成减产协议，国际油价有所回升，2020年6月以后，国际油价基本稳定在40美元/桶左右，并出现一定程度的上涨（见图1-1）。

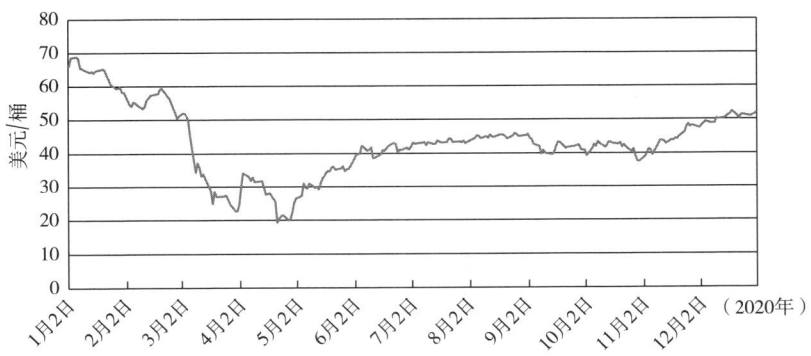

图1-1 2020年1月2日至12月31日布伦特原油期货价格走势

资料来源：Investing.com。

## 1.1.5 各国实施宽松的财政货币政策，全球债务风险持续攀升

为了应对新冠肺炎疫情对全球经济生产制造、消费投资、居民信心等方面的冲击，各经济体吸取了2008年全球金融危机时的政策经验，迅速出台了一系列财政和货币刺激方案。各经济体财政和货币政策的空前扩张，一方面使得全球经济在2020年下半年开始逐步呈现出复苏的迹象，另一方面也使得全球主要经济体未来长期的债务风险逐渐攀升。

在财政方面，主要经济体均迅速推出了对企业进行减税、允许个人延迟纳税、对个人或家庭发放现金、增加失业保险及救济金等积极的财政政策。无论是发达国家还是发展中国家，财政支出均较往年出现大幅上升。2020年10月，IMF在当月的《财政监测报告》中预测，2020年发达国家和发展中国家财政支出占GDP比重将分别达到48.7%和33.9%，较上一年度分别上涨10.0和2.9个百分点，创历史新高。同时，因为经济增速下滑导致财政收入的下滑，因此财政赤字水平也出现激增，预计发达国家和发展中国家2020年政府财政赤字占GDP比重将分别达到14.2%和10.4%的历史高位，需要未来几年的时间才能恢复到疫情前的水平。①

货币政策方面，通过实行更加宽松的货币政策，来为市场提供充足的

---

① 2021年1月，IMF发布《财政监测报告更新》，将发达国家财政赤字占GDP的比重修正为13.3%，2021年4月的《财政监测报告》进一步修正为11.7%；2021年1月的《财政监测报告更新》将新兴市场平均赤字占GDP的比重修正为10.3%；2021年4月的《财政监测报告》修正为9.8%。

流动性，同时降低实体企业融资成本，减轻企业还款负担，并提供额外的贷款支持，全球主要央行的资产负债表快速扩张。以美联储为例，其规模从 2020 年年初的 4.2 万亿美元扩张到 2020 年年底的 7.4 万亿美元，规模增长了 76%。截至 2020 年年底，欧洲央行和日本央行的资产规模也分别达到 7.0 万亿欧元和 702.6 万亿日元，规模较 2020 年年初分别增长了 50% 和 23%。空前扩张的财政政策使得全球主要经济体的政府债务激增，当未来极度宽松的货币政策受到通胀压力而不得不收紧时，一些经济体的债务风险也将逐渐凸显。

## 1.2　2020 年中国经济发展概况

2020 年，面对新冠肺炎疫情，中国政府及时调整防控策略，健全常态化防控机制，统筹推进疫情防控和经济社会发展，全面做好"六稳"① 工作，落实"六保"② 任务，全国经济在经历疫情之初的大幅下跌之后，经济运行逐步改善，逐步恢复常态，并实现正增长。

### 1.2.1　经济恢复超预期，全年实现正增长

2020 年，在新冠肺炎疫情暴发以后，由于疫情防控采取了隔离封禁与停工停业等措施，社会生产生活因此受到全面影响，尤其是餐饮、旅游及交通运输等行业受到前所未有的冲击。2020 年第一季度，中国经济大幅下滑，GDP 同比下跌 6.8%；第二季度，随着疫情防控措施的见效，各类宏观政策调控力度的加大，复工复产的快速推进，经济基本面出现较好的回升势头，工业生产、消费、投资、进出口等均出现较为明显的改善，实际 GDP 实现了正增长，同比增速达 3.2%。第三季度，宏观经济措施继续发挥作用，供需关系持续改善，市场活力动力增强，本季度经济增长率达 4.9%。第四季度增长 6.5%。③

---

① 2018 年中美贸易摩擦加剧，外部环境发生明显变化，经济运行稳中有变、稳中有忧。对此，中央审时度势，于 2018 年 7 月召开的中央经济工作会议上提出"要做好稳就业、稳金融、稳外贸、稳外资、稳投资、稳预期工作"，把"六稳"作为实现中国经济稳中求进的基本要求。

② 2020 年 4 月 17 日，中共中央政治局召开会议，分析国内外新冠肺炎疫情防控形势，研究提出了"六保"要求，即保居民就业、保基本民生、保市场主体、保粮食能源安全、保产业链供应链稳定、保基层运转。

③ 数据来源：国家统计局网站。

根据国家统计局 2021 年 2 月 28 日发布的《2020 年国民经济和社会发展统计公报》，2020 年，我国全年 GDP 约 101.59 万亿元，比 2019 年增长 2.3%。其中，第一产业增加值 77 754 亿元，增长 3.0%；第二产业增加值 384 255 亿元，增长 2.6%；第三产业增加值 553 977 亿元，增长 2.1%。第一产业增加值占国内生产总值比重为 7.7%，第二产业增加值比重为 37.8%，第三产业增加值比重为 54.5%。全年最终消费支出拉动国内生产总值下降 0.5 个百分点，资本形成总额拉动国内生产总值增长 2.2 个百分点，货物和服务净出口拉动国内生产总值增长 0.7 个百分点。

### 1.2.2 对外贸易实现 "V" 形反转，贸易规模刷新历史纪录

2020 年全年，以美元计，中国对外贸易总额达 46 462.57 亿美元，较 2019 年增长 1.5%。其中，出口 25 906.46 亿美元，较 2019 年增长 3.6%；进口 20 556.12 亿美元，较 2019 年下降 1.07%；全年贸易顺差高达 5 350.34 亿美元，较 2019 年增长 26.9%。

2020 年 1 月份，受疫情以及春节假期影响，当月对外贸易同比下跌 7.3%。2 月份，对外贸易同比下跌 16.7%，环比下跌 39.5%。同年 3 月份，跌幅收窄，同比下跌 4.3%。同年 4 月与 5 月份，跌幅进一步扩大。到同年 6 月份，对外贸易结束了连续 5 个月的下跌，首次出现正增长，当月同比增幅为 1.1%。此后，中国的对外贸易逐月向好，走出一条 "V" 形反转路径（见图 1-2）。

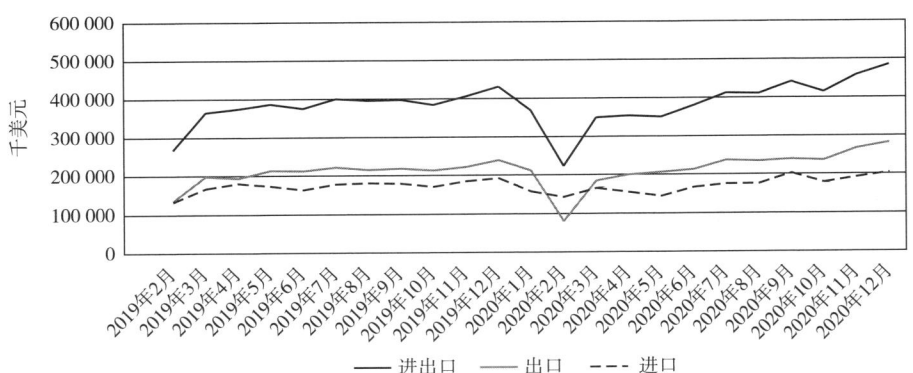

图 1-2　2019 年 2 月至 2020 年 12 月中国对外贸易情况

资料来源：海关总署网站。

从贸易规模看，2020年的对外贸易刷新了2018年创造的对外贸易历史纪录，创造了中国出口规模的新高。2018年，中国对外贸易总额为46 224.43亿美元（见图1-3）。

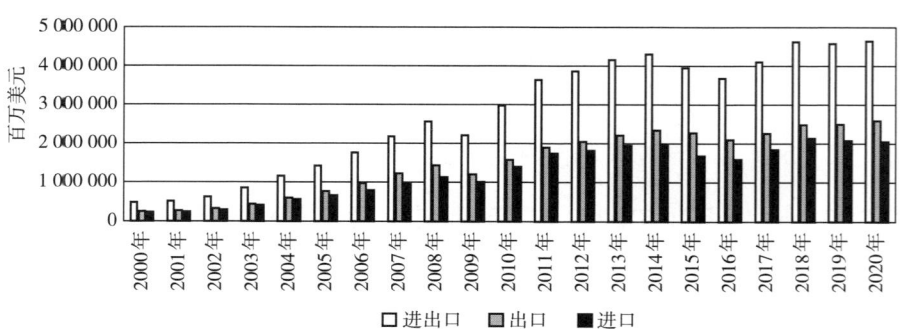

**图1-3　2000—2020年中国对外贸易情况**

资料来源：海关总署网站。

中国在国际贸易中的份额也进一步提升，根据世界贸易组织（WTO）和各国已公布的数据，仅2020年前10个月，中国进出口、出口、进口在国际市场的份额就分别达到12.8%、14.2%、11.5%，为历史最好数据。中国不仅成为全球唯一实现货物贸易正增长的主要经济体，而且货物贸易大国的地位得到进一步巩固。

### 1.2.3　投资快速恢复，中国首次成为吸引外资最多的国家

根据国家统计局的数据，2020年，我国全年全社会固定资产投资527 270亿元，比2019年增长2.7%。其中，固定资产投资（不含农户）518 907亿元，增长2.9%。分区域看，与2019年相比，东部地区投资增长3.8%，中部地区投资增长0.7%，西部地区投资增长4.4%，东北地区投资增长4.3%。

在固定资产投资（不含农户）中，第一产业投资13 302亿元，比2019年增长19.5%；第二产业投资149 154亿元，增长0.1%；第三产业投资356 451亿元，增长3.6%。民间固定资产投资289 264亿元，增长1.0%。基础设施投资增长0.9%。

2020年房地产开发投资141 443亿元，比2019年增长7.0%。其中，

住宅投资104 446亿元，增长7.6%；办公楼投资6 494亿元，增长5.4%；商业营业用房投资13 076亿元，下降1.1%。

与此同时，2020年，中国吸引的外资增长了4%，全年接受外国直接投资约1 630亿美元，在吸引外国直接投资方面首次超过美国。根据商务部的数据，2020年，全年外商直接投资（不含银行、证券、保险领域）新设立企业38 570家，比2019年下降5.7%。实际使用外商直接投资金额10 000亿元，增长6.2%。其中，"一带一路"沿线国家对华直接投资（含通过部分自由港对华投资）新设立企业4 294家，下降23.2%；对华直接投资金额574亿元，下降0.3%。全年高技术产业实际使用外资2 963亿元，增长11.4%。

在对外直接投资方面，2020年，全年对外非金融类直接投资额7 598亿元，比2019年下降0.4%。其中，对"一带一路"沿线国家非金融类直接投资额178亿美元，增长18.3%。

### 1.2.4 社会融资以间接融资为主，直接融资规模有一定增加

根据国家统计局的数据，2020年，全年社会融资规模增量34.9万亿元，按可比口径计算，比2019年增加9.2万亿元；年末社会融资规模存量284.8万亿元，按可比口径计算，比上年末增长13.3%，其中对实体经济发放的人民币贷款余额171.6万亿元，增长13.2%。全部金融机构本外币各项贷款余额178.4万亿元，增加19.8万亿元，其中人民币各项贷款余额172.7万亿元，增加19.6万亿元。

在资本市场，2020年，沪深交易所A股累计筹资15 417亿元，比2019年增加1 883亿元。首次公开发行上市A股394只，筹资4 742亿元，比2019年增加2 252亿元，其中科创板股票145只，筹资2 226亿元；A股再融资（包括公开增发、定向增发、配股、优先股、可转债转股）10 674亿元，比2019年减少370亿元。全年各类主体通过沪深交易所发行债券（包括公司债、可转债、可交换债、政策性金融债、地方政府债和企业资产支持证券）筹资84 777亿元，比上年增加12 791亿元。全国中小企业股份转让系统挂牌公司8 187家，全年挂牌公司累计股票筹资339亿元。

### 1.2.5 居民收入增加，消费下滑

根据国家统计局的数据，2020年，全国居民人均可支配收入32 189

元,比 2019 年增长 4.7%,扣除价格因素,实际增长 2.1%。全国居民人均可支配收入中位数 27 540 元,增长 3.8%。按常住地分,城镇居民人均可支配收入 43 834 元,比上年增长 3.5%,扣除价格因素,实际增长 1.2%。城镇居民人均可支配收入中位数 40 378 元,增长 2.9%。农村居民人均可支配收入 17 131 元,比上年增长 6.9%,扣除价格因素,实际增长 3.8%。农村居民人均可支配收入中位数 15 204 元,增长 5.7%。城乡居民人均可支配收入比值为 2.56,比上年缩小 0.08。按全国居民五等份收入分组,低收入组人均可支配收入 7 869 元,中间偏下收入组人均可支配收入 16 443 元,中间收入组人均可支配收入 26 249 元,中间偏上收入组人均可支配收入 41 172 元,高收入组人均可支配收入 80 294 元。全国农民工人均月收入 4 072 元,比上年增长 2.8%。

全年全国居民人均消费支出 21 210 元,比上年下降 1.6%,扣除价格因素,实际下降 4.0%。其中,人均服务性消费支出 9 037 元,比上年下降 8.6%,占居民人均消费支出的比重为 42.6%。按常住地分,城镇居民人均消费支出 27 007 元,下降 3.8%,扣除价格因素,实际下降 6.0%;农村居民人均消费支出 13 713 元,增长 2.9%,扣除价格因素,实际下降 0.1%。全国居民恩格尔系数为 30.2%,其中城镇为 29.2%,农村为 32.7%。

## 1.3 疫情常态化防控下的中国企业家发展信心

2020 年 1 月下旬,受新冠肺炎疫情冲击,以及疫情防控需要,中国经济活动整体停滞,生产、投资、消费、出口都出现明显下滑。2020 年 2 月中下旬开始,中国逐渐有效地控制了疫情的蔓延,开始在疫情防控常态化的背景下有序推进复产复工。国家和相关部委也出台一系列促进经济复苏的政策措施。

2020 年 1 月 29 日,国务院办公厅发布《关于组织做好疫情防控重点物资生产企业复工复产和调度安排工作的紧急通知》,吹响了防疫物资生产企业复工的号角。

2 月 5 日,国务院举行常务会议,要求切实做好疫情防控重点医疗物资和生活必需品保供工作,确定支持疫情防控和相关行业企业的财税金融政策。此后,各级政府围绕复工复产,做好"六稳"工作、落实"六保"任务,出台了一系列纾困帮扶措施,通过税费减免、金融支持、降低成本等手段，降低疫情对企业的冲击，提振企业家发展信心。

### 1.3.1 提振企业家发展信心的主要帮扶纾困措施

#### 1.3.1.1 提升政务服务效率，优化营商环境

2020年，为应对疫情冲击，贯彻落实党中央关于统筹推进疫情防控和经济社会发展工作的决策部署，国务院和相关部委出台了一系列文件，深化"放管服"改革，取消不合理审批，规范审批事项和行为，为企业复工复产提供更为便利的服务。

在疫情暴发之初，为增加重点医疗防控物资的供应，对于转产医疗物资的企业，各级政府不仅帮助解决原材料采购、设备购置、生产场地和资金等问题，还快速解决企业的生产资质问题，为企业生产提供便利。

2020年3月3日，国务院办公厅发布《关于进一步精简审批优化服务精准稳妥推进企业复工复产的通知》（以下简称《通知》），要求各级政府提高复工复产服务便利度，简化复工复产审批手续和条件，优化复工复产办理流程，不得采取审批、备案等方式延缓企业开工，清单之外一律不得实施审批或索要证明；防止出现层层加码、互为前置审批、循环证明等现象；严禁向企业收取复工复产保证金等；对重点行业企业复工复产可设置审批绿色通道，加快提高复工复产率，相关地区要积极推行复工复产一站式办理、上门办理、自助办理等服务，全面实行企业复工复产申请"一口受理、并行办理"。同时，《通知》要求政府大力推行政务服务网上办理，依托线上平台促进惠企政策落地。此外，《通知》要求，各级政府要完善为复工复产企业服务的机制，提升企业投资生产经营事项审批效率。对建设项目涉及的用地、规划、能评、环评、水电气接入等审批服务事项，要加强部门协同联动，简化审批流程，压缩审批时限。凡可通过线上办理的审批、备案等事项不得要求申请人到现场办理，鼓励通过网络、视频等开展项目评估评审，对确需提交纸质材料的可以容缺受理、先行办理，待疫情结束后再补交纸质原件。对疫情防控期间到期的许可证，可延期到疫情结束后一定期限内再办理延续、变更、换发等业务。

在疫情基本控制之后，2020年7月15日，国务院办公厅发布《关于进一步优化营商环境更好服务市场主体的实施意见》（以下简称《意见》）。《意见》指出，要进一步聚焦市场主体关切，对标国际先进水平，既立足当前又着眼长远，更多采取改革的办法破解企业生产经营中的堵

点、痛点，强化为市场主体服务，加快打造市场化法治化国际化营商环境。一要持续提升投资建设便利度；二要进一步简化企业生产经营审批手续和条件；三要优化外贸外资企业经营环境；四要进一步降低就业创业门槛；五要提升涉企服务质量和效率；六要完善优化营商环境长效机制。

为进一步优化营商环境，2020 年 9 月 1 日，国务院办公厅发布《关于深化商事制度改革进一步为企业松绑减负激发企业活力的通知》，以加快打造市场化、法治化、国际化营商环境，充分释放社会创业创新潜力、激发企业活力。

此外，在 2020 年，政府还通过立法、加强反垄断审查等构建法治、公平的竞争环境。

### 1.3.1.2 加大税收优惠力度

2020 年 2 月 5 日的国务院常务会议确定了支持疫情防控和相关行业企业的财税金融政策。总体看，这些税收优惠措施包括以下几个方面：

一是增值税、消费税及附加。疫情防控重点保障物资生产企业可以从 2020 年 1 月 1 日起按月申请全额退还增值税增量留抵税额；运输疫情防控重点保障物资收入免征增值税及附加；公共交通运输服务、生活服务、快递收派服务收入免征增值税及附加；无偿捐赠用于应对新冠肺炎疫情的货物免征增值税、消费税及附加；自 2020 年 1 月 1 日至 3 月 31 日，对捐赠用于疫情防控的进口物资，免征进口关税和进口环节增值税、消费税；对卫生健康主管部门组织进口的直接用于防控疫情物资免征关税；属于免税进口物资，已经征收的应免税款予以退还；自 2020 年 3 月 1 日至 5 月底，免征湖北省境内小规模纳税人增值税，其他地区征收率由 3% 降至 1%。

二是企业所得税。疫情防控捐赠支出全额税前扣除，企业通过公益性社会组织或者县级以上人民政府及其部门等国家机关，捐赠用于应对新冠肺炎疫情的现金和物品，允许在计算应纳税所得额时全额扣除；企业直接向承担疫情防治任务的医院捐赠用于应对新冠肺炎疫情的物品，允许在计算应纳税所得额时全额扣除；疫情防控研发支出税前加计扣除；疫情造成的资产损失准予税前扣除；疫情防控重点保障物资生产企业为扩大产能新购置的相关设备，一次性税前扣除。

三是延长受疫情影响较大的困难行业企业弥补亏损年限。受疫情影响较大的困难行业企业 2020 年度发生的亏损，最长结转年限由 5 年延长至 8 年。

同时，税务部门根据疫情防控需要还改变了征管服务措施，采取"非接触式"网上办税形式，延长纳税申报期限，延期缴纳税款，对确有困难而不能按期缴纳税款的纳税人，由纳税人申请，依法办理延期缴纳税款，最长不超过3个月。

此外，国家还专门推出了单独针对小微企业的特殊政策安排，比如月销售额10万元以下的增值税小规模纳税人不用缴纳增值税等措施。

#### 1.3.1.3　降低企业费用成本

2020年2月18日举行的国务院常务会议决定，阶段性减免企业社保费和实施企业缓缴住房公积金政策。2020年2月20日，人社部会同财政部、税务总局研究制定了《关于阶段性减免企业社会保险费的通知》，明确了免、减、缓三项措施。免，就是从2020年2月起，各省份可以对中小微企业的养老保险、失业保险、工伤保险三项社保的单位缴费实行免征，免征的期限不超过5个月，也就是说免征的政策可以执行到2020年6月份。湖北省可以将免征的范围扩大到各类参保企业。减，就是湖北以外的全国其他省份对大型企业等其他参保单位的三项社保单位缴费可减半征收，减征的期限不超过3个月。由于机关事业单位不涉及经营问题，受疫情影响较小，因此不纳入此次减免政策的范围。缓，就是受疫情影响，生产经营出现严重困难的企业可申请缓缴，缓缴的期限原则上不超过6个月，缓缴期间免收滞纳金。

住房城乡建设部会同财政部、中国人民银行研究提出了关于住房公积金的三项阶段性支持政策。一是对企业，可按规定申请在2020年6月30日前缓缴住房公积金。缓缴期间缴存时间要连续计算，不影响每个职工正常提取和申请住房公积金贷款。二是对职工，特别是对一线的医护人员、疫情防控人员，因疫情需要隔离或者暂时受疫情影响的职工，2020年6月30日前住房公积金贷款不能正常还款的，不作逾期处理。三是对疫情比较严重和严重地区的企业，在与职工充分协商的前提下，可在2020年6月30日前决定自愿缴存公积金。

根据国家税务总局的统计数据，各级政府在减税降费方面，2020全年为市场主体减负超过2.6万亿元，其中减免社保费1.7万亿元。此外，政府加大了对企业的稳岗返还力度，扩大中小微企业政策受益面，中小微企业裁员率不高于上年度全国城镇调查失业率控制目标，即5.5%；30人以下的企业裁员率不超过20%，都可以申领稳岗返还，即企业所缴上年度失业保险费的 50%。同时，还加大了对重点地区倾斜支持力度，允许湖北等重点地区根据实际情况，扩大受益企业范围，根据失业保险基金结余情况，对医疗物资、公共事业运行、群众生活必需品等物资供应保障企业，给予更大力度的支持，可按照 6 个月的失业保险金或者 3 个月应缴纳社会保险费的标准予以返还。

### 1.3.1.4　加大金融支持力度

为应对疫情冲击，2020 年 2 月 25 日，国务院召开常务会议，确定按市场化、法治化原则加大对中小微企业复工复产的金融支持措施。此后，财政部等五部门出台了强化金融支持疫情防控的 30 条政策措施，这些措施总体看有以下几方面内容：一是鼓励金融机构根据企业申请，对符合条件、流动性遇到暂时困难的中小微企业（包括个体工商户）贷款本金，给予临时性延期偿还安排，付息可延期到 6 月 30 日，并免收罚息；湖北省境内各类企业都可享受上述政策。银行机构对小微企业的贷款继续按照增量、扩面、降本、提质的要求，进一步提高对小微企业信贷投放；进一步优化、简化银行办理小微企业首贷、续贷的流程，按照急事急办、特事特办的原则简化一些手续，不得盲目抽贷、断贷、压贷；对于参与抗击疫情的小微企业的应急性贷款需求开辟绿色通道，加快办理授信审批和贷款发放。二是增加再贷款、再贴现额度 5 000 亿元，重点用于中小银行加大对中小微企业的信贷支持。此前，已有 727 家重点保供企业获得了人民银行设立的 3 000 亿元专项再贷款。同时，下调支农、支小再贷款利率 0.25 个百分点至 2.5%。2020 年 6 月底前，对地方法人银行新发放不高于贷款市场报价利率加 50 个基点的普惠型小微企业贷款，允许等额申请再贷款资金。

此外，监管机构还优先支持疫情严重地区和抗击疫情相关企业融资。简化手续，特事特办，支持疫情严重地区相关企业发行公司债券、资产支持证券等。对医药卫生类私募股权基金、创业投资基金备案，也开辟了"绿色通道"，引导更多的社会资金流向生产抗疫物资的企业。

### 1.3.1.5　政府兜底采购，持续提升居民消费能力

疫情发生之初，为鼓励企业扩大重点医疗物资生产供应，国家发改委、财政部和工信部联合发布了《关于发挥政府储备作用支持应对疫情紧缺物资增产增供的通知》，公布了首批政府兜底采购的产品目录，对医用防护服、N95 医用级防护口罩、医用外科口罩、医用护目镜、新冠肺炎病毒核酸检测试剂盒、全自动红外体温检测仪等 10 类疫情防控重点医疗物

资，企业多生产的全部由政府兜底采购收储。这一政策为企业转产、扩大医疗物资供应提供了保障。

同时，为扩大居民消费，在2020年2月，商务部出台了《关于应对新冠肺炎疫情做好稳外贸稳外资促消费工作的通知》，提出20条措施，力争做好稳外贸稳外资促消费工作，把疫情对商务发展的影响降到最低。2020年2月28日，国家发展改革委、中央宣传部、教育部等23个部门联合印发了《关于促进消费扩容提质加快形成强大国内市场的实施意见》，提出大力优化国内市场供给、重点推进文旅休闲消费提质升级、着力建设城乡融合消费网络、加快构建"智能+"消费生态体系、持续提升居民消费能力、全面营造放心消费环境的一系列政策措施。2020年4月22日，商务部发布了《关于统筹推进商务系统消费促进重点工作的指导意见》，提出促进城市消费回补升级、补齐乡村消费短板弱项、激活传统商品消费热点等措施。

各省市也根据本地实际，出台了相关的"提振消费信心、释放消费需求"的若干措施。浙江、山东、广东、湖北、北京、上海等众多省市还从2020年3月份开始，陆续向社会发放消费券。仅仅5个月的时间，包括互联网平台等市场主体发送的消费券金额就超过300亿元。以杭州为例，2020年3月27日，杭州市开放申领消费券，不到3天就带动杭州市场消费近5亿元，拉动效应达到惊人的15倍。消费券的发放刺激了居民的消费需求，提振了市场信心的恢复。

### 1.3.2　2020年中国企业家发展信心

面对疫情的冲击，为客观反映企业的经营环境和企业家对未来的发展信心，2020年11月，亚布力中国企业家论坛、清华大学民生经济研究院联合北京大学、对外经济贸易大学以及中央财经大学等相关学术机构，面向全国企业家发起了发展信心指数调查问卷活动。

根据调查，总体来看，企业家的发展信心增强，指数得分与2019年同期相比有所提高。

#### 1.3.2.1　政府纾困措施增强了企业家对经济环境的信心

根据调查，2020年下半年中国企业家发展信心指数得分为57.09分，超过了50分的荣枯临界线，与2019年下半年的55.97分相比也有小幅上升。企业家发展信心指数的上升，主要原因是政府出台了减税降费、缓缴社保、返还部分失业保险费等措施，这些举措降低了企业人力成本，增强了企业家对微观经济环境的信心。同时，政府在资质、审批等方面的措施及相应帮扶政策的出台，都极大地鼓舞了企业家的信心。调查显示，91.2%的企业家认为，政府对中小企业的帮扶措施产生了积极作用。

#### 1.3.2.2 营商环境持续改善提升企业家发展信心指数得分

2020年，国务院办公厅发布了《关于进一步优化营商环境更好服务市场主体的实施意见》，以及《关于深化商事制度改革进一步为企业松绑减负激发企业活力的通知》，进一步优化了营商环境，并以此建立优化营商环境的长效机制。

根据调查，2020年下半年营商环境总指数得分为64.53分，比2019年同期提高约1.4%，比2019年上半年提高约1.6%。整体上，通过加强营商环境建设，企业政务服务和企业投资环境得到明显改善，我国营商环境持续得到优化。

#### 1.3.2.3 企业家对中国经济发展前景的乐观态度有所提升

2020年，在全球主要经济体中，中国率先控制住疫情，并实现经济复苏，全年增长达2.3%，[①] 成为全球极少数实现经济正增长的国家。得益于中国经济的增长与潜力，69.6%的参与调查的企业家对中国经济持乐观态度，与2019年下半年的63.5%相比有所上升。与对中国经济的乐观态度相比，受调查企业家对世界经济表现出较为悲观的态度，仅有23.8%的企业家对世界经济持乐观态度，与2019年下半年的42.5%相比出现大幅下降。

#### 1.3.2.4 企业家对法律环境的信心有所提升

2020年是中国法治建设具有里程碑意义的一年。这一年，《中华人民共和国民法典》诞生，成为划时代的里程碑事件。民法典是市场经济的基本法，是民事权利保护的基础性法律，为依法行政、司法公正提供了基本遵循，为建设法治国家注入了新的力量。此外，在2020年12月7日，中共中央还印发了《法治社会建设实施纲要（2020—2025年）》，开启了全面加强法治社会建设的新征程。在本次调查中，企业家对中国法治建设高度认可。政治法律环境信心指标得分为55.208分，比2019年同期上升了1.5%。

---

[①] 数据来源：国家统计局《中华人民共和国2020年国民经济和社会发展统计公报》。

#### 1.3.2.5 企业家对政策环境的信心显著提高

2020年新冠肺炎疫情的暴发，使得许多企业经营困难，部分中小企业生存出现问题。对此，各级政府部门从资金支持、员工稳岗、减税降费等多个角度为企业纾困解难。政府能够及时、有效地制定政策，帮助企业渡过经营难关，极大地鼓舞了企业家对政策环境的信心。2020年下半年政策环境信心得分为59.269分，比2019年同期上升3.5%。此外，对于帮扶政策的作用效果，本次调查结果显示，91.2%的企业家认为帮扶政策存在积极作用。

#### 1.3.2.6 企业家对社会文化环境信心得分进一步提高

社会文化环境信心指标得分为60.151分，比2019年同期上升0.6%，这表明公众对我国社会文化环境的信心持续上升。对于社会认可度而言，62.8%的企业家赞同自身社会地位评价得到提高；对于文化环境而言，91.0%的企业家认为传统文化对塑造良好的营商环境有积极作用；在生态环境的改善方面，90.0%的企业家认为生态环境有改善。这表明文化环境和生态环境的改善给企业家带来了更大的信心。

## 1.4 影响中国企业家发展信心提升的主要问题

根据调查，总体来看，影响中国企业家发展信心提升的问题集中在以下五个方面。

### 1.4.1 法制建设有待进一步加强，企业家对司法公正认同度有所下降

2020年，一系列法律条文虽然颁布，《民法典》也正式诞生，为依法行政、司法公正提供了基本遵循依据，但根据调查，企业家对司法公正的认同度却较2019年有所下降。57.6%的企业家认为，在涉及企业的商业诉讼中，司法部门能公正地处理商业纠纷，占比不足参与调查人数的六成，与2019年调查结果相比下降了2.7%。

### 1.4.2 社会公众对企业家的评价降低，时常出现不利于企业家的舆论环境

根据2019年的调查，有64.1%的企业家认为公众对企业家社会地位的

评价有所提高，但 2020 年的调查显示，只有 62.8% 的企业家认为公众对企业家社会地位的评价有所提高，与上一年相比下降了 1.3 个百分点。近几年，不断增加的员工与企业的劳动纠纷也影响到社会公众对企业家的评价。根据人社部调解仲裁司的数据，2017 年全年全国劳动仲裁案件仅 78.5 万件；而在 2020 年上半年，劳动者申请仲裁的案件就高达 93.7 万件。部分案件经媒体报道，对当事企业乃至企业家整体形象都产生了负面影响。此外，在一些地方，由于利益争端，出现对民营企业和民营企业家不利的舆论环境，影响到公众对企业家社会地位的评价。

### 1.4.3　融资渠道不畅，融资难问题没有得到明显缓解

根据调查，企业家对微观经济环境的信心得分仅为 46.503 分，未超过 50 分的分界线，企业家对投融资环境的信心不足。2020 年，虽然国家出台了相关信贷政策支持中小微企业，优化、简化了银行办理小微企业首贷、续贷的流程，限制随意抽贷、断贷、压贷，但这并没有有效缓解中小企业融资难的问题，根据央行的数据，在 1.1 亿市场主体（包括小微企业与个体工商户）中，只有 2 200 多万户获得了银行信贷支持，仅仅占到小微企业和个体工商户总量的 20% 左右，其余 80% 的市场主体依然无法获得银行贷款。这些市场主体尤其是小微企业因实力弱小，不具备上市条件，只能通过家族或私人借贷解决资金问题，在疫情冲击下，投资意愿下降。调查显示，36.2% 的企业家不愿意在当前的投资环境下投资，比 2019 年同期上升了 1.2 个百分点。

### 1.4.4　公平竞争环境有待改善，民企较难获得平等市场地位

市场经济的有效性以产权制度和公平竞争为前提，这要求一视同仁地对待国有企业和民营企业。在法律和政策面前所有企业一律平等，没有企业受到政府的歧视，也没有企业享有任何政府赋予的特权。民营企业在要素获取、准入许可、经营运行、政府采购和招投标等方面应当与国有企业享有同样的权利。根据调查，14.8% 的企业家认为公平竞争环境有所恶化，这一比例与 2019 年同期相比有所上升。而认为国有企业和民营企业之间的公平程度有所改善的企业家仅占 54.1%，较 2019 年同期有所下降。同时，近七成的企业家认为，政府应进一步加强对高科技企业的监管，对垄断行为要防微杜渐。

### 1.4.5 制造业税负偏重，税费成本较高

目前我国共有 18 个税种，其中涉及企业税负的主要有企业所得税、增值税、消费税、附加税 4 项。制造业是我国的纳税大户，虽然自 2019 年 4 月起，中央政府开启了减税措施，制造业增值税税率由 16% 降至 13%，但由于前端增值税抵扣凭证取得不足及增值税税率差等原因，制造行业税负整体仍然偏高。2020 年疫情期间临时性的减税降费措施，虽然很好地帮助企业渡过了暂时困难，但如果要长期帮助企业降低成本、提振企业家发展信心，还需要做制度性安排，把一些临时的措施变成长期的政策稳定下来。

## 1.5 增强企业家发展信心的主要建议

### 1.5.1 出台进一步落实《优化营商环境条例》的具体举措

2019 年 10 月 22 日，国务院发布了《优化营商环境条例》（以下简称《条例》），并于 2020 年 1 月 1 日起施行。《条例》中有硬性约束的条目，也有原则性的规定。根据《条例》实施一年的调查反馈与第三方评估结果，具有硬性约束的条目贯彻落实相对较好，而一些具有关键性作用的原则性规定条目落实较差。因此，国家有关主管部门和地方政府应出台进一步的举措与方案，落实《条例》中那些具有关键性作用的原则性规定，避免这些规定空转。

### 1.5.2 加强法治建设，促进司法公正，为企业发展营造良好的司法环境

近年来，从立法层面看，中国的法制建设取得了显著进步，已初步形成较完善的法律体系。尤其是 2020 年 5 月 28 日，第十三届全国人民代表大会第三次会议通过《中华人民共和国民法典》，对中国的法制建设具有里程碑意义。从执法层面看，目前个别地方的行政执法监管机构存在选择性执法问题，也存在地方保护执法不严的问题；在涉及企业的司法诉讼中，存在法官裁量空间过大、企业轻责重判或重罪轻判的现象，导致冤假错案；在个别地方还存在办案扩大化的现象。目前，中国已基本做到"有

法可依"，下一步应重点转向"有法必依"和"依法办事"上来，应当将司法公正作为加强法治建设的阶段性重点工作，同时建立健全案件纠错机制，有效防范和纠正冤假错案。

### 1.5.3 打造公平公正的竞争环境，平等对待不同性质市场主体

持续放宽市场准入条件，为投资贸易提供公平公正的市场环境，无论是国有企业、民营企业还是外资企业，都应拥有作为市场主体的平等权利。要给民间资金进入部分垄断行业（如民航、铁路等建设项目）的机会，全面放宽第一、二、三产业的市场准入限制。建立开放自主、有序竞争的市场体系，保障各市场主体在资金、人力、土地、技术及其他公共资源方面的平等使用权利。

### 1.5.4 进一步优化政务服务，提升服务效率，为企业发展排忧解难

转变政府职能，由管理型政府向服务型政府转型，顺应数字化经济时代趋势，持续深入推进"互联网+政务服务"，整合政务系统信息资源，逐步取消各部门的专用系统平台，运用数据共享交换平台推动地方企业实现全国信息共享，形成国家、省、市三级互通的数据信息共享平台体系。推行"一站式"政务服务，推进行政审批环境建设，真正实现"一门受理、一窗联审、一次缴费、一网办结、只跑一次"的目标。根据企业实际需求，不断解决行政审批服务中的各项障碍，规范审批中介服务行为，对提供政务服务的人员进行业务培训，提高其业务水平。进一步降低企业税费负担，为企业在推进产品、管理、技术创新等方面提供便利，将各项减税降费政策惠及各类企业，降低中小企业融资成本，扩大融资规模，引导企业将科技成果转化为成熟的生产力。

### 1.5.5 深入拓展国际合作，为企业发展营造良好的国际环境

良好的国际环境是企业走出国门、扩大产业规模、抢占国际市场的重要基础。我国各地应充分发挥各自地理优势，抓住全球贸易投资的便利化、自由化趋势，持续深入拓展与邻近国家的国际合作，将地方经济发展置于世界市场中去考虑，不断深入了解国际通行规则，将地方生产要素的配置与世界要素配置对接起来，广泛借鉴国外先进营商经验，建立健全

地方国际营商规则，为企业在国际贸易中提供更加便捷的服务，降低企业交易成本。

**参考文献：**

［1］国际货币基金组织. 世界经济展望［R］.［2021-01-26］https：//www.imf.org/external/mmedia/view.aspx? vid=6226051860001.

［2］联合国贸发会议. 全球投资趋势监测［R］.［2021-01-10］https：//unctad.org/system/files/official-document/diaeiainf2021d1_en.pdf.

［3］商务部，国家统计局，国家外汇管理局. 中国对外直接投资统计公报（2005—2019年）［R］.［2021-2-15］http：//fec.mofcom.gov.cn/article/tjsj/.

［4］商务部. 中国对外贸易形势报告（2019年春、秋季；2020年春、秋季）［R］.［2021-3-15］http：//fec.mofcom.gov.cn/article/tjsj/.

［5］张人戈. 打造一流营商环境，推进市场化法治化国际化建设［J］. 中国商人，2020（12）.

［6］李丹. 改革开放以来我国政府职能转变的发展历程与趋势［J］. 山东行政学院学报，2019（3）.

# Ⅱ

# 调查篇

: II 调查篇

# 2

## 2020年中国企业家发展信心指数调查[①]

## 2.1 主要结论

### 2.1.1 2020年下半年中国企业家发展信心指数与2019年同期相比略有提高，表明企业家的信心随着我国经济的反弹迅速恢复

具体来说，2020年下半年中国企业家发展信心指数得分为57.09分，超过了50分的荣枯临界线，与2019年下半年的55.97分相比有小幅上升，也高于2018年同期的52.69分和2018年上半年的56.21分。

根据调查，企业家发展信心指数的上升，主要由于政府出台了缓缴社保、返还部分失业保险费等措施，减轻了企业人力成本负担，增强了企业家对微观经济环境的信心。此外，政策环境的改善也增强了企业家的信心。在4项一级指标中，2020年下半年政策环境指标得分为59.269分，

---

[①] "2020年下半年中国企业家发展信心指数调查"由亚布力中国企业家论坛联合清华大学民生经济研究院等高等院校科研院所共同发起，总负责人为清华大学民生经济研究院副院长王勇博士，主要成员有中央财经大学中国互联网经济研究院副院长史宇鹏博士，对外经济贸易大学国际商学院副教授王皓博士，问卷发放与整理由清华大学民生经济研究院研究助理李燕先负责，亚布力中国企业家论坛研究中心总监李红冰、亚布力中国企业家论坛研究中心研究员孙海波参与修订。

比 2019 年下半年提升 3.5%。造成这一指标提升的主要原因是面对新冠肺炎疫情，政府果断采取措施控制了疫情，使得经济活动迅速恢复，同时也及时有效地出台了帮扶企业的相关政策，这些都极大地鼓舞了企业家的信心。

### 2.1.2 2020 年下半年营商环境指数得分延续上升态势，我国营商环境持续改善

2020 年下半年营商环境总指数得分为 64.53 分，比 2019 年同期提高约 1.4%，比 2019 年上半年提高约 1.6%。我们设计了投资环境、税负合理性、权益保护度等 7 个一级指标考察营商环境。其中，开办企业手续便利性仍然得分最高，达到 70.293 分，此外，投资环境、税负合理性、政府服务水平这 3 个一级指标得分与 2019 年下半年相比均有小幅上升。整体上，通过加强营商环境建设，企业政务服务和企业投资环境得到明显改善，我国营商环境持续得到优化。

### 2.1.3 企业家对我国宏观经济乐观程度有所上升，但对世界宏观经济的乐观程度明显下降

调查结果显示：69.6% 的企业家对中国宏观经济持乐观态度，与 2019 年下半年的 63.5% 相比有所上升。在宏观调控政策的认同度方面，80.7% 的企业家赞同当前的宏观调控政策，与 2019 年同期的 75.6% 相比也有所上升。相比较而言，仅有 23.8% 的企业家对世界宏观经济持乐观态度，与 2019 年下半年的 42.5% 相比出现大幅下降。

### 2.1.4 企业面临的人力成本压力有所缓解，增强了企业家对微观经济环境的信心

企业家对微观经济环境的信心有所提升，主要来源于企业面临的人力成本压力得到有效缓解。调查显示：2020 年下半年 63.4% 的公司人力成本上升，但与 2019 年同期的 80.4% 相比，该比例显著降低；16.0% 的公司人力成本下降，与 2019 年下半年的 6.0% 相比，该比例明显上升。

### 2.1.5 超九成企业家认为政府在疫情期间的帮扶政策有效，企业家对政策环境的信心显著提高

2020 年下半年政策环境信心得分为 59.269 分，比 2019 年同期上升

3.5%。2020年新冠肺炎疫情的暴发，使得许多企业经营困难，部分中小企业生存都出现难题。对此，各级政府部门从资金支持、员工稳岗、减税降费等多个角度为企业纾困解难。政府能够及时、有效地制定政策，帮助企业渡过经营难关，极大地鼓舞了企业家对政策环境的信心。此外，对于帮扶政策的作用效果，本次调查结果显示：91.2%的企业家认为帮扶政策存在积极作用，仅有0.5%的企业家认为存在消极作用。

### 2.1.6 企业家对政治法律环境的信心有所提升，对我国国家治理能力高度认可

政治法律环境信心指标得分为55.208分，比2019年同期上升了1.5%。政治法律环境信心指标包括政治环境信心和法律环境信心两个二级指标。政治环境信心指标得分由2019年下半年的49.970分上升为51.182分，越过了50分的荣枯临界线，相比2019年同期提升2.4%。这主要是由于我国政府组织抗击疫情成效显著，提高了企业家对于国家治理能力的认可度。

### 2.1.7 2020年下半年社会文化环境信心得分进一步提高，创2011年以来的最高点

社会文化环境信心指标得分为60.151分，比2019年同期上升0.6%，这表明公众对我国社会文化环境的信心持续上升。社会文化环境信心指标包括社会认可度、文化环境和生态文明三个二级指标。具体来说，对于社会认可度而言，62.8%的企业家赞同自身社会地位评价得到提高；对于文化环境而言，91.0%的企业家认为传统文化对塑造良好的营商环境有积极作用；在生态环境的改善方面，90.0%的企业家认为生态环境有改善。这表明文化环境和生态环境的改善给企业家带来了更大的信心。

### 2.1.8 2020年，受新冠肺炎疫情的影响，超过二成的公司销售收入下降，但企业家的投资意愿变化不大

自2020年以来，新冠肺炎疫情对企业正常经营形成较大冲击。但与此同时，人力成本增加的压力有所降低，各级政府也推出了一系列帮扶政策。总体来看，企业家的投资意愿并未出现明显下降。调查显示：59.2%的企业的销售收入增加，其比例比2019年同期减少2.9个百分点；22.6%的企业销售收入减少，其比例比2019年同期增加10.2个百分点；49.8%

的企业家愿意在当前的投资环境下投资，比 2019 年同期仅下降 0.2 个百分点；36.2%的企业家不愿意在当前的投资环境下投资，比 2019 年同期仅上升 1.2 个百分点。

### 2.1.9 企业家认为，我国政府抗击新冠肺炎疫情的成效体现了高超的治理能力，政府的帮扶措施对中小企业应对新冠肺炎疫情产生了积极作用

2020 年初，面对新冠肺炎疫情，我国政府用一个多月的时间初步遏制疫情蔓延势头，用两个月左右的时间将本土每日新增病例控制在个位数以内，随后进入统筹推进疫情防控和经济社会发展工作的新阶段。调查显示：93.3%的企业家认为，此次抗疫的成效体现了我国政府具有高超的治理能力；91.2%的企业家认为，政府对中小企业的帮扶措施产生了积极作用。

### 2.1.10 2020 年，企业家对司法公正的认同度有所下降，认为自身的社会地位也有所降低

2020 年，企业家对司法公正的认同度和自身的社会地位都出现了不同程度的下滑趋势。调查显示：57.6%的企业家认为司法部门能公正地处理商业纠纷，其比例与 2019 年同期相比下降 2.7 个百分点；62.8%的企业家认为公众对企业家社会地位的评价有所提高，与 2019 年同期相比下降 1.3 个百分点。

### 2.1.11 企业家认为，未来有望延续宽松的货币政策，人民币将会升值

2020 年，中国人民银行货币政策委员会提出深化利率市场化改革，引导贷款利率继续下行。与此同时，由于中国经济的持续向好、美元的量化宽松等因素，人民币汇率也出现较大幅度的攀升。这种趋势有望进一步持续。调查显示：75.2%的企业家认为货币政策将会进一步趋向宽松；62.1%的企业家认为人民币汇率将会上涨。

### 2.1.12 超过六成的企业家认为，国企改革最关键的是理顺国有资本和社会资本的关系

2020 年，党中央和国务院推进国企改革的举措引人注目。中央深改委审议通过了《国企改革三年行动方案（2020—2022 年）》，国务院提出国

有企业改革三年行动是"可衡量、可考核、可检验、要办事的"。调查显示，要更好地推动国企改革，企业家认为最关键的问题是：理顺国有资本和社会资本的关系（60.6%）、摆脱企业家和官员的双重身份（55.7%）、摆脱国有企业的行政级别（51.7%）、理顺董事会和党委之间的关系（51.3%）、理顺国资委和国有企业之间的关系（48.8%）。

### 2.1.13 近七成企业家认为，政府应进一步加强对高科技企业的监管，对垄断行为防微杜渐

2020年，美国众议院反垄断小组委员会发布报告称，美国苹果、谷歌、亚马逊、脸书四大科技公司利用自身的优势地位压制竞争，呼吁国会考虑强制科技巨头将其占主导地位的在线平台与其他业务分开。与此同时，中国、欧盟等国家和地区也在加强对科技巨头的监管。但从数字经济的发展历程来看，资源和市场向头部企业集中又是常见现象。调查显示，企业家对数字经济领域的"赢家通吃"现象持有不同观点，他们选择各个选项的占比从大到小依次是：政府应加强监管（69.1%）、企业应建立反垄断风险意识（52.1%）、垄断不可能长期存在（41.2%）、高科技企业应自我限制（38.4%）、"赢家通吃"不应成为反垄断的原因（22.8%）。

### 2.1.14 近八成企业家认为，对于深圳未来的发展，最为重要的是建设市场化、法治化、国际化的营商环境

2020年是深圳经济特区建立40周年。同年10月11日中共中央办公厅、国务院办公厅对外发布《深圳建设中国特色社会主义先行示范区综合改革试点实施方案（2020—2025年）》，赋予深圳在重点领域和关键环节改革上更多自主权，支持深圳在更高起点、更高层次、更高目标上推进改革开放。调查显示，企业家对未来深圳发展的主要观点是：打造市场化、法治化、国际化营商环境（76.2%），完善科技创新环境制度（68.7%），完善高水平开放型经济体制（59.4%），完善要素市场化配置体制机制（59.2%），完善民生服务供给体制（36.4%）。

### 2.1.15 超过七成的企业家认为，要实现双循环发展，最需要打通的堵点是技术环节

调查显示，我国开辟双循环发展新格局的原因有很多，如世界经济持

续低迷、调整经济结构的需要、推动技术进步的需要、外部环境不稳定不确定、满足国内需求的需要等。企业家认为，要实现双循环发展需要打通很多堵点，他们选择各个选项的占比从大到小依次是：技术环节（70.6%）、消费环节（61.3%）、生产环节（61.0%）、分配环节（59.6%）、开放环节（48.0%）。

### 2.1.16 近八成企业家认为，双循环发展的新格局将会给医疗养老等大健康产业带来投资机会

自"双循环发展新格局"理念提出以来，免税概念股成为2020年第一强板块。其中，中国中免的股票价格连连飙高，从5月份的90元左右涨到9月份的220多元，涨幅高达150%左右，表现惊人。调查显示：随着"十四五"期间双循环新格局的发展，消费服务行业存在较好的投资机会，如医疗养老等大健康产业（76.6%）、在线教育与知识付费等行业（69.9%）、跨境贸易与电商（49.3%）、金融服务行业（42.3%）、游戏等互动娱乐产业（34.8%）。

### 2.1.17 近八成企业家认为，双循环发展新格局对我国产业发展的影响主要表现为新基建和信息化

调查显示，企业家认为，双循环发展新格局对我国产业发展会产生较大影响，他们选择各个选项的占比从大到小依次是：新基建和信息化将形成新的生产力（78.4%）、制造业产业结构向数字化转型升级（67.1%）、新型城镇化带动投资和消费需求（63.6%）、基础设施建设力度加大（54.5%）、消费产业迎来发展机会（26.0%）。

### 2.1.18 超过七成的企业家认为，在双循环发展的背景下，企业供应链数字化将是未来的发展方向

调查显示，在双循环发展的背景下，我国企业的供应链会有一些调整，参与调查的企业家选择各个选项的占比从大到小依次是：数字化发展是未来发展方向（72.2%）、高端产品聚焦技术创新（61.4%）、区域化和近岸化特征更趋明显（59.5%）、以客户为导向（53.7%）、从成本竞争力转向风险竞争力（42.4%）。

## 2.2 指数结果和说明

### 2.2.1 总指数与一级指标结果和说明

中国企业家发展信心指数由 4 个一级指标组成，即经济环境信心、政策环境信心、政治法律环境信心和社会文化环境信心。这 4 个指标涵盖了中国企业家发展所面临的方方面面的环境因素，因此，通过对这 4 个一级指标的统计分析，能够较为准确地判断企业家未来发展的信心水平。

总体来看，4 个指标中，经济环境信心指标、政策环境信心指标、政治法律环境信心指标和社会文化环境信心指标得分均超过了 50 分的荣枯临界线（见表 2-1、图 2-1）。经过加权后得到的 2020 年下半年中国企业家发展信心指数得分为 57.09 分，远远超过 50 分的荣枯临界线，与 2019 年下半年相比得分有所上升。

表 2-1　总指数与一级指标得分

| 指标名称 | 原始得分 | 权重 | 最终得分 |
| --- | --- | --- | --- |
| 经济环境信心 | 55.191 | 0.349 | 19.243 |
| 政策环境信心 | 59.269 | 0.246 | 14.600 |
| 政治法律环境信心 | 55.208 | 0.226 | 12.496 |
| 社会文化环境信心 | 60.151 | 0.179 | 10.747 |
| 中国企业家发展信心 | | 57.09 | |

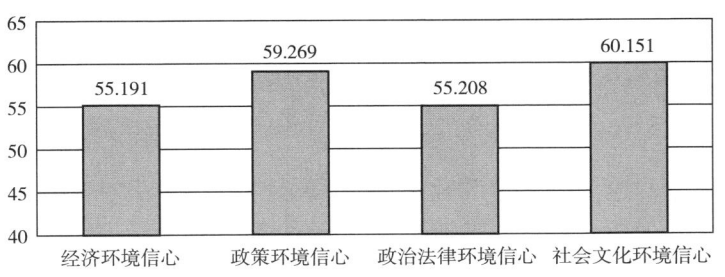

图 2-1　各一级指标得分柱状图

从表 2-2 和图 2-2 中可以看出，2020 年下半年，企业家对经济环境信心的得分高于 2019 年下半年,该项指标得分为 55.191 分,比 2019 年同期高 1.9%,比 2018 年同期高 6.2%。经济环境信心包括的二级指标有宏观经济环境信心指标和微观经济环境信心指标,2020 年下半年,企业家对宏观经济环境信心比 2019 年下半年低 3.2%,对微观经济环境信心相比 2019 年下半年高 10.3%。总体而言,企业家对未来经济走势的信心有所上升。

表 2-2 总指数及一级指标得分变动情况

| 一级指标 | 2016年上半年 | 2016年下半年（估算） | 2017年上半年 | 2017年下半年 | 2018年上半年 | 2018年下半年 | 2019年上半年 | 2019年下半年 | 2020年上半年 | 2020年下半年 |
|---|---|---|---|---|---|---|---|---|---|---|
| 经济环境信心 | 54.904 | 55.714 | 59.198 | 60.789 | 57.276 | 51.950 | 55.403 | 54.152 | 54.517 | 55.191 |
| 政策环境信心 | 54.944 | 49.798 | 52.898 | 51.529 | 56.453 | 52.382 | 57.802 | 57.246 | 56.877 | 59.269 |
| 政治法律环境信心 | 49.567 | 49.142 | 53.922 | 54.289 | 51.872 | 51.572 | 55.344 | 54.367 | 54.458 | 55.208 |
| 社会文化环境信心 | 52.001 | 51.743 | 54.738 | 56.735 | 58.617 | 55.362 | 59.663 | 59.802 | 58.708 | 60.151 |
| 总指数 | 53.18 | 52.01 | 55.57 | 56.24 | 56.21 | 52.69 | 56.88 | 55.97 | 55.83 | 57.09 |

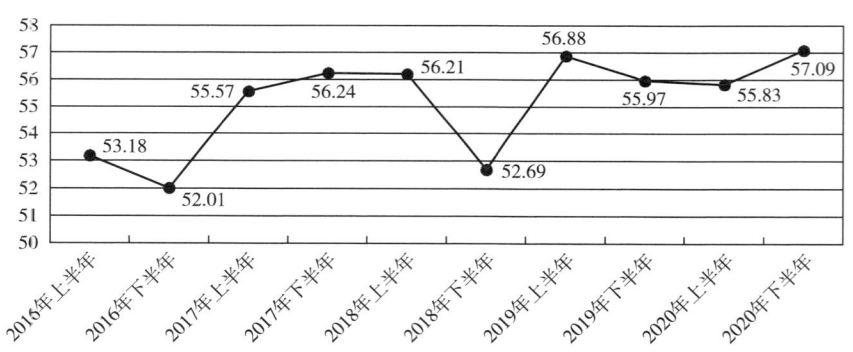

图 2-2 总指数变动趋势

2020 年下半年,政策环境信心指标得分为 59.269 分,比 2019 年同期上升 3.5%。政策环境信心包括一般政策信心和当前政策影响两个二级指标。一般政策信心指标得分为 50.550 分,略微超过 50 分的荣枯线,比 2019 年下半年上升 0.2%;当前政策影响指标得分为 67.613 分,则远远超过了 50 分的荣枯线。这表明,虽然企业的整体政策环境信心有了较大提升,但我国企业目前仍面临着一些长期存在的、不合理的传统政策的束缚，需要通过深化改革，为企业未来发展拓展空间。

2020年下半年，政治法律环境信心指标得分为55.208分，比2019年同期上升了1.5%，比2019年上半年下降0.2%。政治法律环境信心指标包括政治环境信心和法律环境信心两个二级指标。政治环境信心指标得分为51.182分，法律环境信心指标得分为58.970分。

2020年下半年，社会文化环境信心指标得分为60.151分，比2019年同期上升0.6%，比2018年同期上升8.7%。社会文化环境信心指标包括社会认可度、文化环境和生态文明3个二级指标。其中，社会认可度指标得分为58.725分，文化环境指标得分为67.616分，生态文明指标得分为53.424分，均超过了50分的荣枯临界线。这表明，公众对自然生态环境发展的信心有所上升。

### 2.2.2 二、三级指标计算结果和说明

从二级指标和三级指标的详细得分（见表2-3）可以发现，总体而言，中国企业家对未来发展持有较为乐观的态度，但是也有一些因素影响了企业家对未来发展的信心。

从二级指标上看，中国企业家对文化环境的信心得分最高，高达67.616分，与2019年下半年相比上升了1.1%，这一结果表明，企业家对文化环境的态度相对乐观。但企业家对微观经济环境的信心得分仅为46.503分，未超过50分的荣枯临界线，这表明企业的投融资环境、人力资源缺失等影响了企业家对未来的信心。除此之外，企业家对政治环境的信心得分由2019年的48.970分上升为51.182分，超过50分的荣枯临界线，表明企业家对国家治理能力和国际政治环境的信心有较大提升。

表2-3 二级指标与三级指标得分表

| 二级指标 | 二级指标得分 | 三级指标 | 三级指标得分 |
| --- | --- | --- | --- |
| 1.1 宏观经济环境信心 | 63.178 | 1.1.1 宏观经济环境预测 | 51.686 |
|  |  | 1.1.2 宏观调控政策的未来影响 | 72.098 |
| 1.2 微观经济环境信心 | 46.503 | 1.2.1 投融资环境对企业未来发展的影响 | 54.642 |
|  |  | 1.2.2 人力资源状况对企业未来发展的影响 | 36.674 |

续表

| 二级指标 | 二级指标得分 | 三级指标 | 三级指标得分 |
| --- | --- | --- | --- |
| 2.1 一般政策信心 | 50.550 | 2.1.1 政策的合理性 | 47.583 |
|  |  | 2.1.2 政策的公平性 | 36.779 |
|  |  | 2.1.3 政策的稳定性 | 67.328 |
| 2.2 当前政策影响 | 67.613 | 2.2.1 当前政策对企业未来发展的影响 | 67.613 |
| 3.1 政治环境信心 | 51.182 | 3.1.1 国家治理能力 | 60.963 |
|  |  | 3.1.2 国际政治环境 | 37.858 |
| 3.2 法律环境信心 | 58.970 | 3.2.1 法律环境公正性 | 63.417 |
|  |  | 3.2.2 法律执行效率 | 62.446 |
|  |  | 3.2.3 法律对企业保障程度 | 52.861 |
| 4.1 社会认可度 | 58.725 | 4.1.1 公众对企业家的社会地位评价 | 58.725 |
| 4.2 文化环境 | 67.616 | 4.2.1 商业环境诚信度 | 59.735 |
|  |  | 4.2.2 传统文化支持性 | 77.119 |
| 4.3 生态文明 | 53.424 | 4.3.1 公众对自然环境的信心 | 53.424 |

## 2.3 全国营商环境指数

### 2.3.1 营商环境总指数结果和说明

良好的营商环境是企业发展、基业长青的基础性条件，也是企业家信心的重要来源。借鉴世界银行的营商环境指标体系，立足中国实际，本课题组从 2017 年下半年开始发布亚布力中国营商环境指数。2018 年上半年，进一步健全了指标统计体系，从投资环境、税负合理性、权益保护度、市场环境、开办企业手续便利性、纠纷解决机制、政府服务水平等七大方面，全方位、系统性地考察商业活动所面临的各种政治经济环境，为各界人士提供有关中国商业环境的宏观图景。

表 2-4 和图 2-3 反映了 2016 年以来亚布力中国营商环境指数总指数及一级指标得分变动情况。可以看出，亚布力中国营商环境指数延续了一直以来持续提高的趋势，2020 年下半年总指数得分为 64.53 分，比 2019

年同期提高约 1.4%。这表明，随着各项改革措施的深入推进，我国营商环境持续向好。

表 2-4 营商环境总指数及一级指标得分情况

| 一级指标 | 2020年下半年 | 2019年下半年 | 2019年上半年 | 2018年下半年 | 2018年上半年 | 2017年下半年 | 2017年上半年 | 2016年下半年 | 2016年上半年 |
|---|---|---|---|---|---|---|---|---|---|
| 投资环境 | 61.879 | 59.986 | 59.432 | 58.411 | 49.207 | 61.523 | 59.654 | 57.364 | 53.996 |
| 税负合理性 | 66.924 | 58.134 | 57.437 | 57.443 | 47.954 | 45.893 | 48.194 | 46.614 | 43.909 |
| 权益保护度 | 68.650 | 69.272 | 70.150 | 64.231 | 52.994 | 60.515 | 59.555 | 56.401 | 57.128 |
| 市场环境 | 55.678 | 57.536 | 56.832 | 48.095 | 51.983 | 53.271 | 50.543 | 49.386 | 49.374 |
| 开办企业手续便利性 | 70.293 | 73.148 | 72.131 | 77.979 | 75.721 | — | — | — | — |
| 纠纷解决机制 | 62.931 | 63.325 | 64.902 | 57.304 | 59.955 | 54.606 | 54.672 | 49.796 | 50.256 |
| 政府服务水平 | 65.380 | 64.040 | 63.751 | 60.494 | 59.458 | 36.786 | 37.334 | 33.899 | 34.782 |
| 营商环境指数 | 64.53 | 63.63 | 63.52 | 60.57 | 56.75 | 52.10 | 51.66 | 48.91 | 48.24 |

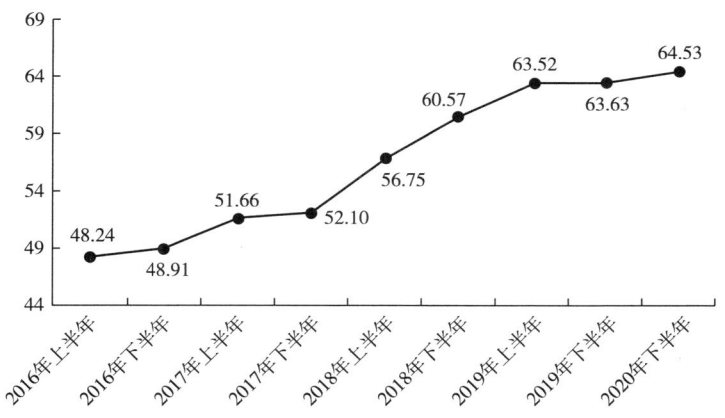

图 2-3 全国营商环境指数变动图

## 2.3.2 一级指标结果和说明

从总指数与一级指标的详细得分中（见表 2-4）可以发现，我国营商环境总指数在持续上升,但是一级指标得分有升有降。这表明,虽然我国营商环境总体向好,但在某些方面还存在一些制约因素,需要予以关注。

在一级指标中,新增指标"开办企业手续便利性"仍然得分最高,达到70.293分。这表明,随着商事制度改革、登记注册制度改革等措施的深入推进,企业家对开办企业手续的便利性具有较高的满意度。但该指标得分相较于2019年同期有所降低,下降了约3.9%。此外,投资环境、税负合理性、政府服务水平这3个一级指标得分与2019年下半年相比均有一定幅度的上升。投资环境指标得分为61.879分,与2019年同期相比提高约3.2%;税负合理性指标得分为66.924分,比2019年下半年上升15.1%,相较于2019年上半年和下半年均有大幅度提升;政府服务水平指标得分依然保持在较高水平,达到65.380分,比2019年同期得分提高约2.1%,比2018年同期提高约8.1%。这表明随着政府持续加强营商环境建设,企业政务服务水平和对企业权益的保护能力得到明显而持续的提高。

在其他一级指标中,市场环境、权益保护度和纠纷解决机制指标得分与2019年同期相比有所下降。其中,市场环境指标得分为55.678分,比2019年下半年低约3.3%;权益保护度指标得分为68.650分,比2019年下半年低约0.9%,但比2018年同期高约6.4%;纠纷解决机制指标得分为62.931分,与2019年同期相比下降约0.6%。这说明各地在企业权益保护和纠纷解决方面仍存在一些问题需要花大力气予以解决。

基于以上分析,我们认为,整体上我国营商环境持续得到优化,但未来仍需要从以下三个方面加以完善:第一,要进一步改善市场环境,以激发市场主体活力,使企业获得更大的发展空间;第二,要提高对企业家的权益保护度,进一步提升对企业和企业家合法权益的保护水平,同时企业家也要善于运用法律手段来维护自身的合法权益;第三,进一步完善纠纷解决机制,不断提高政府办事效率。总之,我国商业环境总体向好,但在以上三个方面仍存在一些不足之处,希望在未来得到进一步完善。

图2-4至图2-9直观展示了营商环境指数六个一级指标2016—2020年的得分情况。由于开办企业手续便利性为2018年新增的指标,数据较少,故未予绘制直观图。

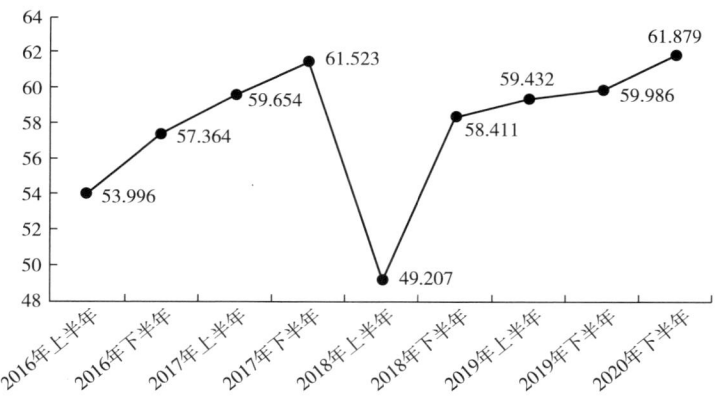

图 2-4　2016—2020 年投资环境指标得分

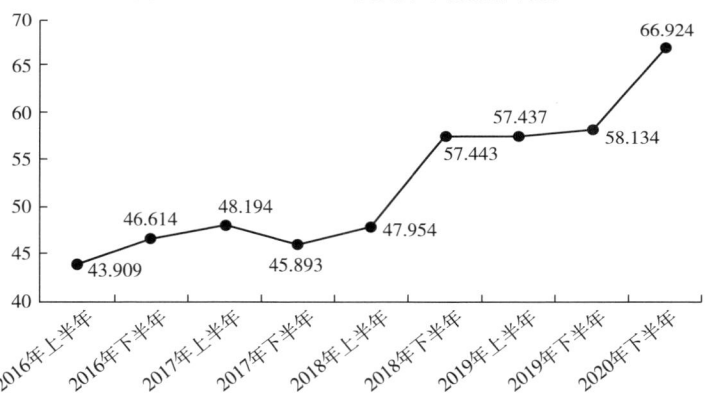

图 2-5　2016—2020 年税负合理性指标得分

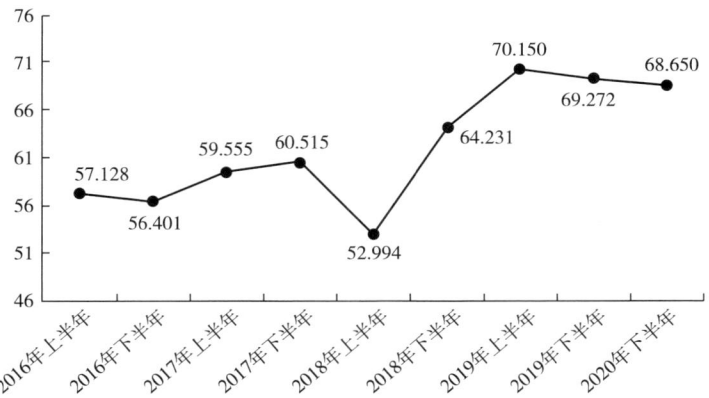

图 2-6　2016—2020 年权益保护度指标得分

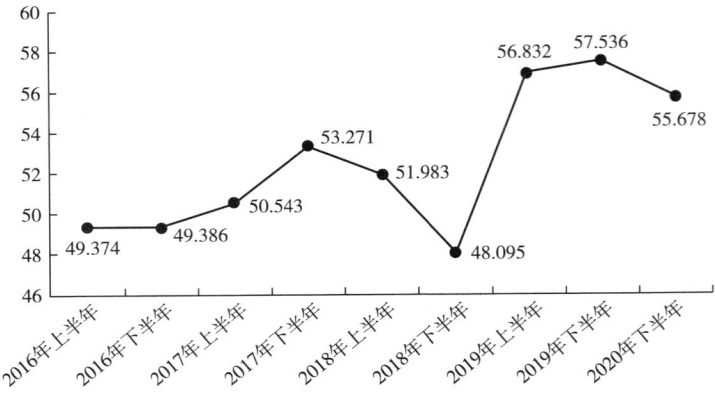

图 2-7　2016—2020 年市场环境指标得分

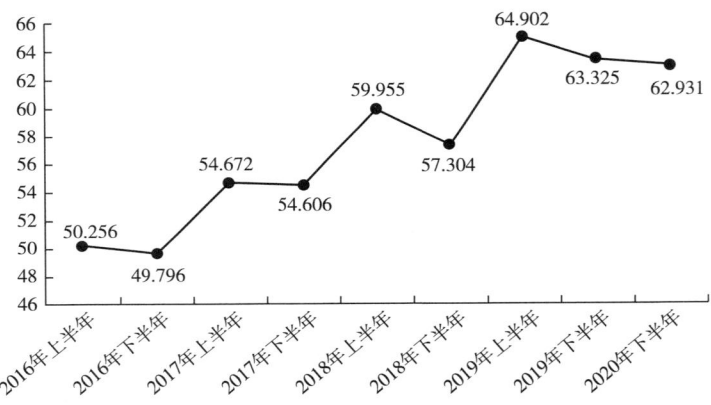

图 2-8　2016—2020 年纠纷解决机制指标得分

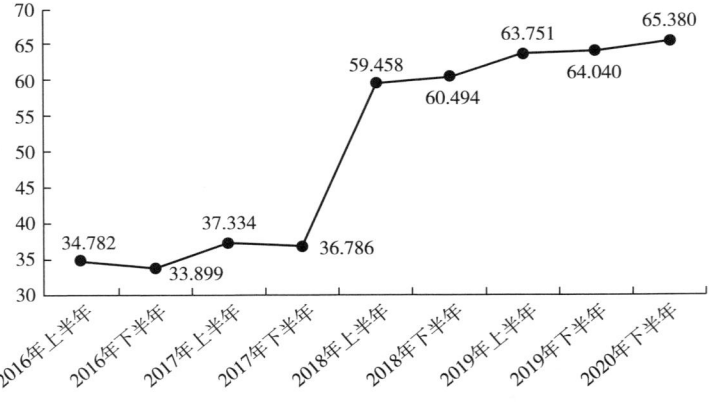

图 2-9　2016—2020 年政府服务水平指标得分

## 2.4 历年趋势分析

### 2.4.1 企业家发展信心总指数

2011—2020 年企业家发展信心总指数变化如图 2-10 所示。

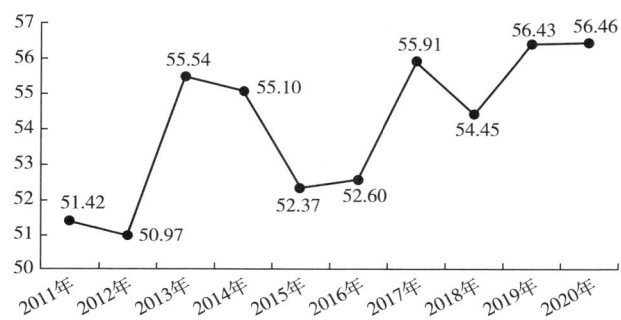

**图 2-10　2011—2020 年企业家发展信心总指数变化图**

注：2015 年以前的指数均按照 2015 年的指标体系进行了折算；2014 年、2015 年、2016 年、2017 年、2018 年、2019 年、2020 年是上下半年指数的平均；2020 年上半年的指数为估算。

### 2.4.2 与其他企业家信心指数比较

2011—2020 年与其他企业家信心指数比较如图 2-11 所示。

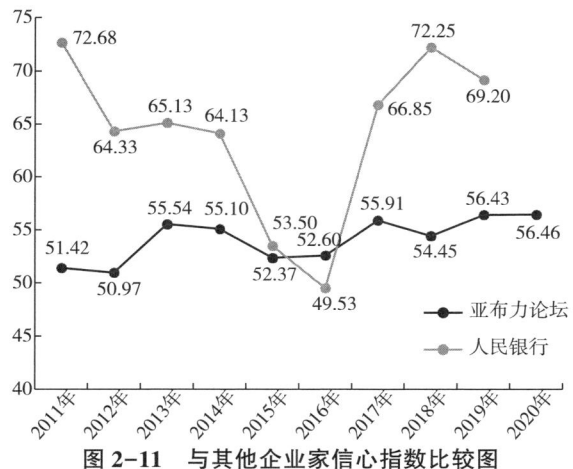

**图 2-11　与其他企业家信心指数比较图**

注：2015 年以前的指数均按照 2015 年的指标体系进行了折算；2014 年、2015 年、2016 年、2017 年、2018 年、2019 年、2020 年是上下半年指数的平均；2020 年上半年的指数为估算值。另外，中国人民银行仅披露 2019 年第一季度的企业家信心指数，因此人民银行在 2019 年的数据指第一季度数据。2020 年中国人民银行未披露企业家信心指数。

## 2.4.3 一级指标的变动图

2011—2020 年经济环境信心指标变动如图 2-12 所示。

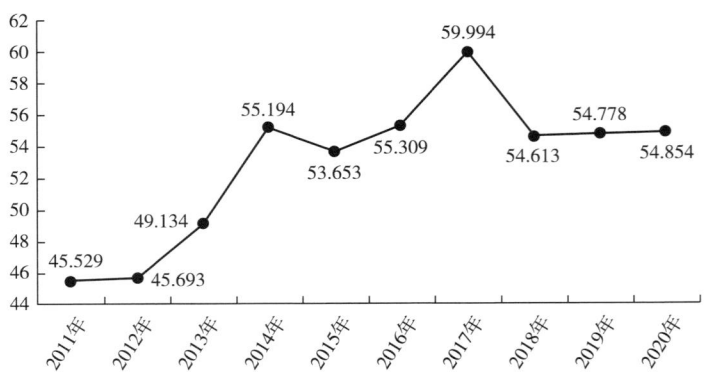

图 2-12 经济环境信心

注：2020 年上半年的指数为估算。

2011—2020 年政策环境信心指标变动如图 2-13 所示。

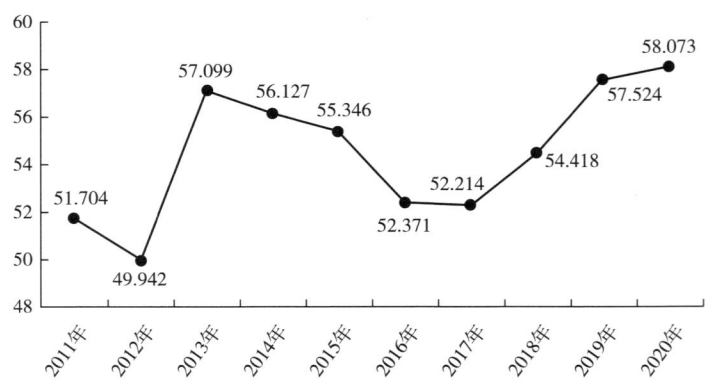

图 2-13 政策环境信心

注：2020 年上半年的指数为估算。

2011—2020年政治法律环境信心指标变动如图2-14所示。

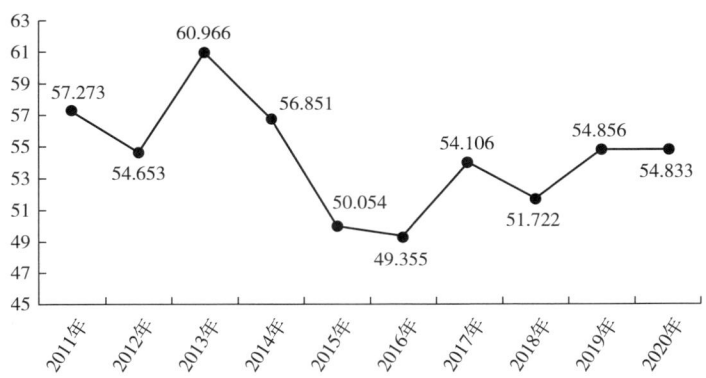

图 2-14 政治法律环境信心

注：2020年上半年的指数为估算。

2011—2020年社会文化环境信心指标变动如图2-15所示。

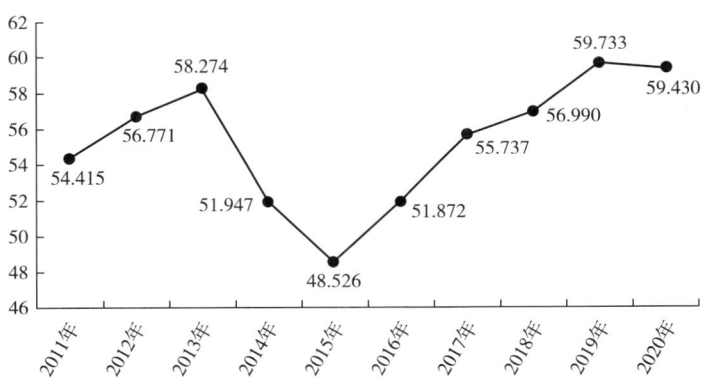

图 2-15 社会文化环境信心

注：2020年上半年的指数为估算。

## 2.4.4 具体指标历年比较图[①]

2020年，企业家对中国经济的乐观态度有所上升（见图2-16），对世

---

① 2020年上半年数据缺失，采用前后两期的平均值进行替代，下同。

界经济的乐观态度大幅下降（见图2-17）。

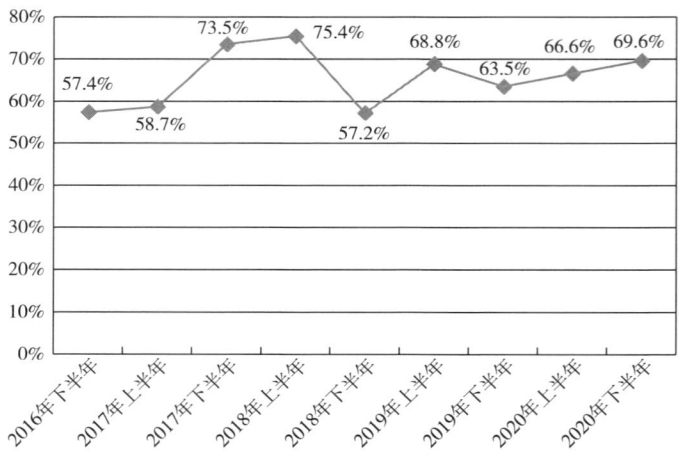

图2-16 对中国经济感到乐观的比例

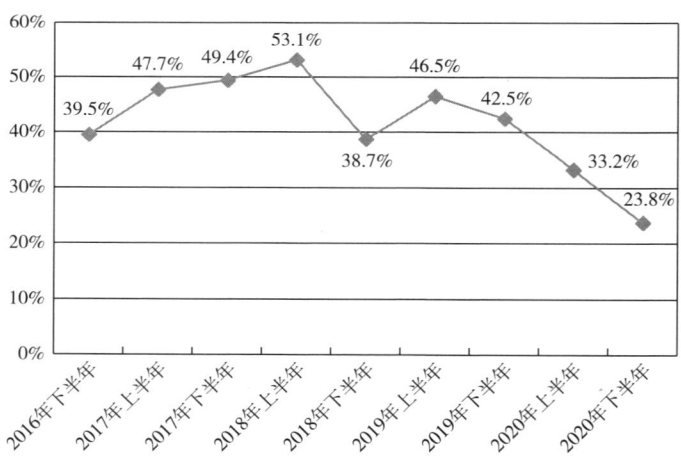

图2-17 对世界经济感到乐观的比例

2020年，销售收入正增长的公司比例有所下降（见图2-18），人力成本上升的公司比例大幅下降（见图2-19）。

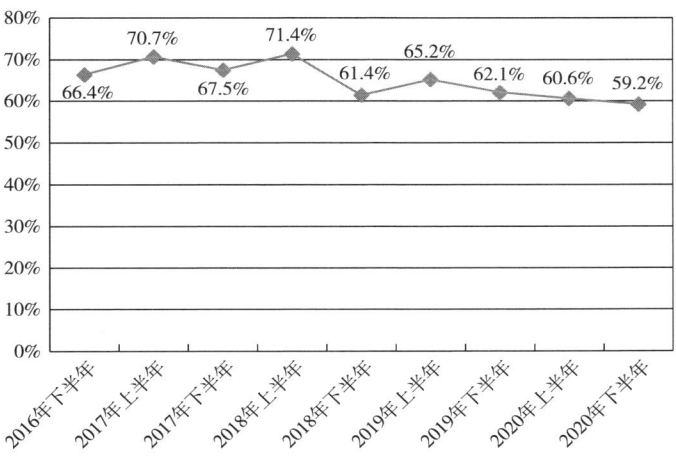

图 2-18　销售收入正增长的公司比例

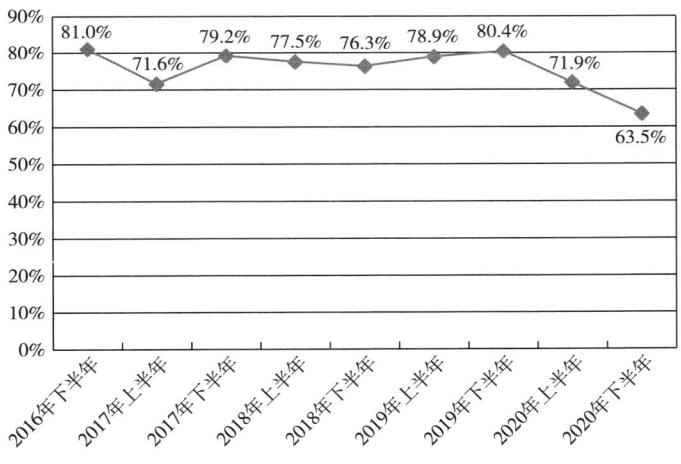

图 2-19　人力成本上升的公司比例

2020 年，赞同当前宏观调控政策的比例有所上升（见图 2-20），愿意在当前环境下投资的比例基本持平（见图 2-21）。

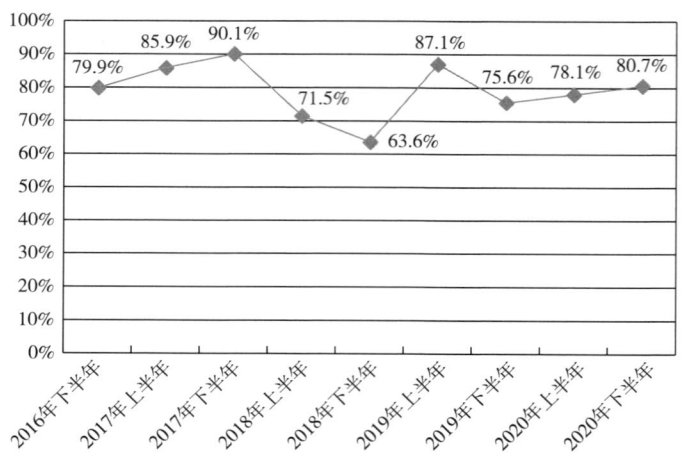

图 2-20　赞同政府当前的宏观调控政策的比例

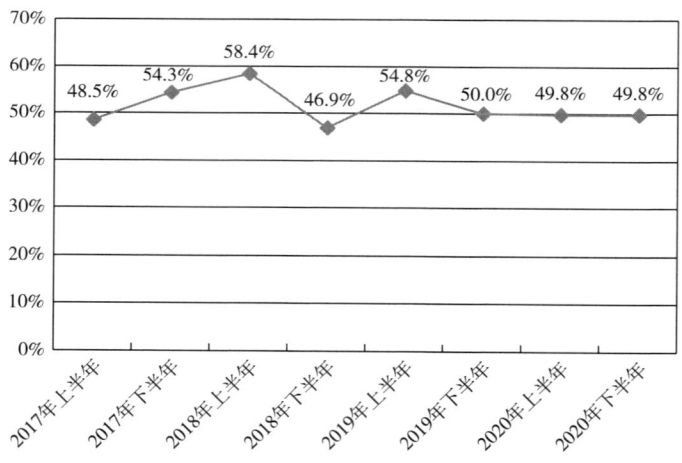

图 2-21　愿意在当前环境下投资的比例

2020年，认同司法公正的比例有所下降（见图2-22），认同"公众对企业家的社会地位评价提高"的比例有所下降（见图2-23）。

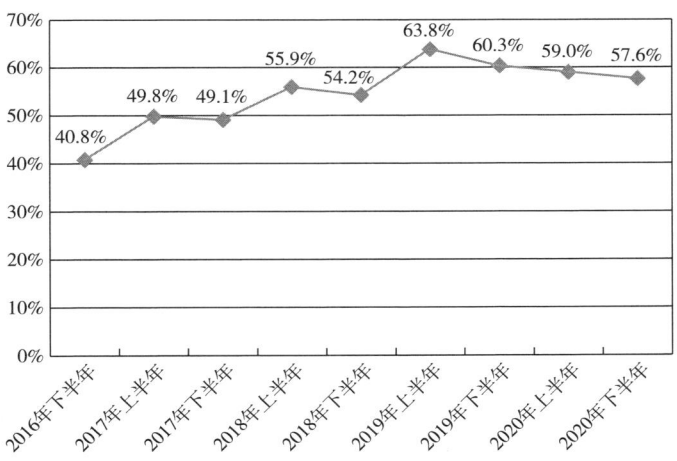

图 2-22 认为司法部门处理商业纠纷时"非常公正"或
"比较公正"的比例

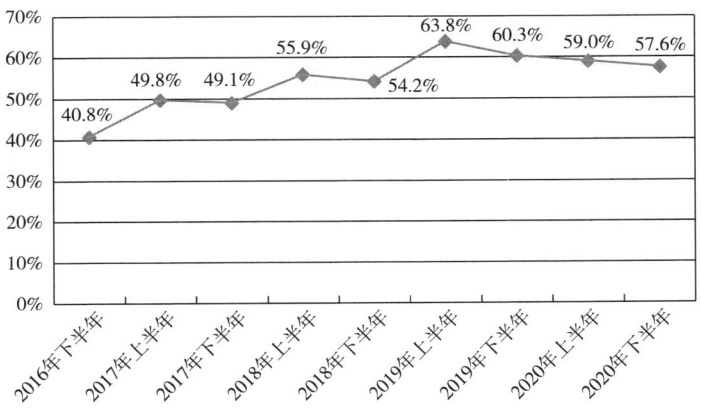

图 2-23 认同"公众对企业家的社会地位评价提高"的比例

2020年，认同商业环境诚信程度的比例有所上升（见图2-24），认为传统文化在塑造社会风气方面有积极作用的比例有所上升（见图2-25）。

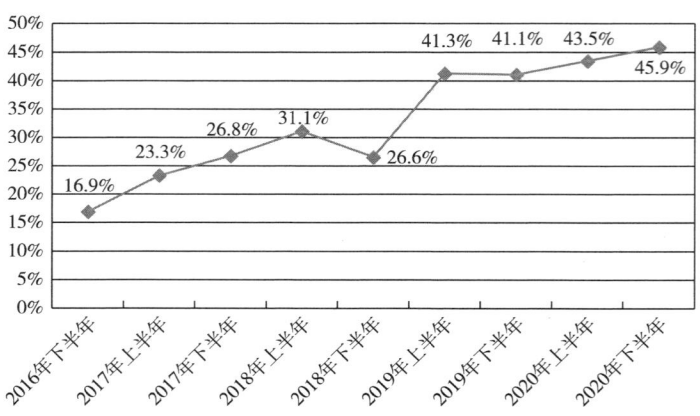

图 2-24 认为商业环境诚信程度"很好"或"较好"的比例

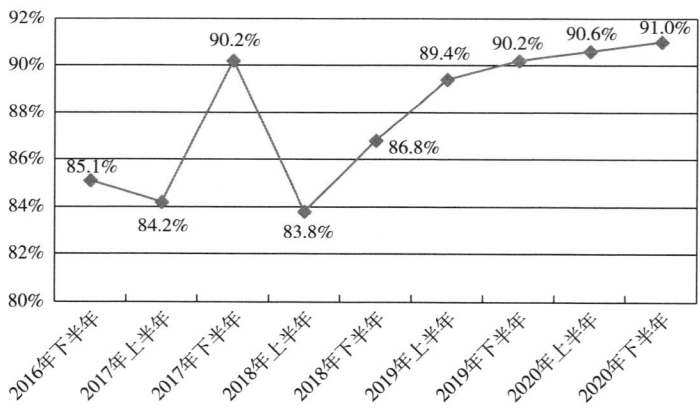

图 2-25 认为传统文化在塑造社会风气方面起到积极作用的比例

## 2.5 经济环境信心分析

### 2.5.1 宏观经济环境信心

2020 年，69.6%的企业家对中国宏观经济走势持乐观态度，与 2019 年同期相比有所上升；18.0%的企业家持悲观态度，与 2019 年同期相比有所下降(见图 2-26、表 2-5)。

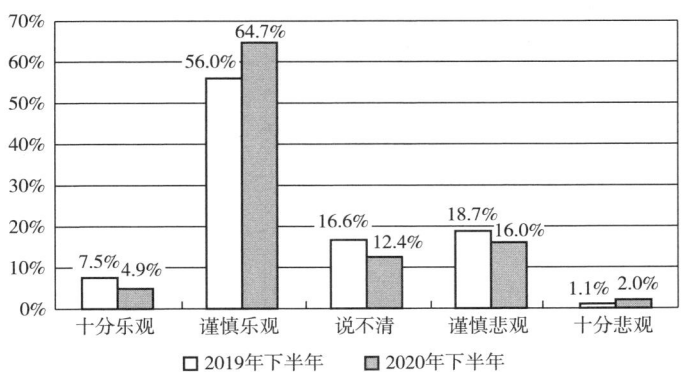

图 2-26　对中国宏观经济的走势预期

注:2019 年下半年 $N=1\,035$;2020 年下半年 $N=940$。①

表 2-5　2020 年下半年调查结果

|  |  | $N$ | 百分比(%) | 有效百分比(%) |
|---|---|---|---|---|
| 有效 | 十分乐观 | 46 | 4.9 | 4.9 |
|  | 谨慎乐观 | 608 | 64.3 | 64.7 |
|  | 说不清 | 117 | 12.4 | 12.4 |
|  | 谨慎悲观 | 150 | 15.9 | 16.0 |
|  | 十分悲观 | 19 | 2.0 | 2.0 |
|  | 合计 | 940 | 99.5 | 100.0 |
| 缺失 | 系统 | 5 | 0.5 |  |
| 总计 |  | 945 | 100.0 |  |

2020 年,55.0%的企业家对世界宏观经济走势持悲观态度,与 2019 年同期相比大幅上升;23.8%的企业家持乐观态度,与 2019 年同期相比大幅下降(见图 2-27、表 2-6)。

---

① 本章其后图、表中的 $N$ 均表示调查总人数。

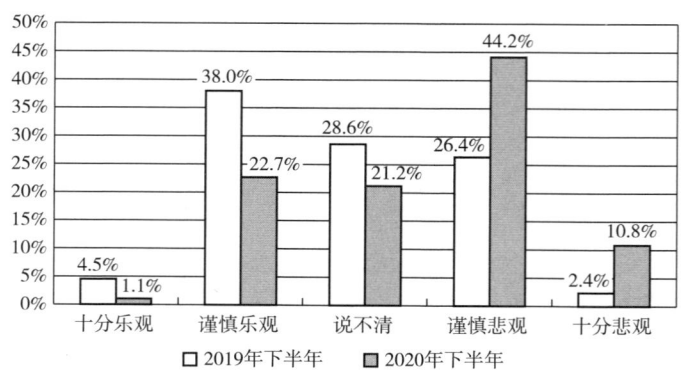

**图 2-27 对世界宏观经济明年的走势预期**

注：2019 年下半年 $N=1\,034$；2020 年下半年 $N=942$。

表 2-6  2020 年下半年调查结果

|  |  | $N$ | 百分比（%） | 有效百分比（%） |
|---|---|---|---|---|
| 有效 | 十分乐观 | 10 | 1.1 | 1.1 |
|  | 谨慎乐观 | 214 | 22.6 | 22.7 |
|  | 说不清 | 200 | 21.2 | 21.2 |
|  | 谨慎悲观 | 416 | 44.0 | 44.2 |
|  | 十分悲观 | 102 | 10.8 | 10.8 |
|  | 合计 | 942 | 99.7 | 100.0 |
| 缺失 | 系统 | 3 | 0.3 |  |
| 总计 |  | 945 | 100.0 |  |

2020 年，80.7%的企业家赞同当前的宏观调控政策，比 2019 年同期大幅上升；4.8%的企业家不赞同，与 2019 年同期基本持平（见图 2-28、表 2-7）。

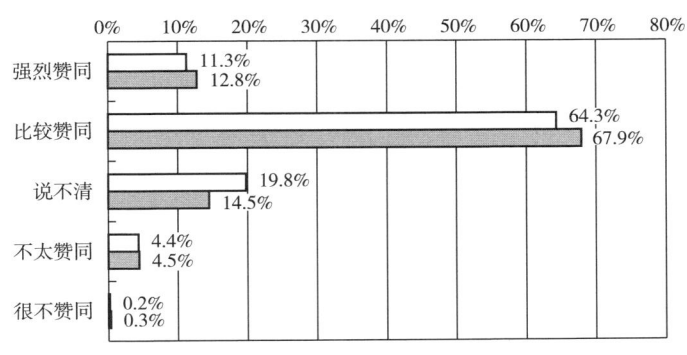

**图 2-28 政府当前的宏观调控政策对未来经济发展的影响如何**

注：2019 年下半年 $N=1\,026$；2020 年下半年 $N=939$。

表 2-7 2020 年下半年调查结果

| | | N | 百分比（%） | 有效百分比（%） |
|---|---|---|---|---|
| 有效 | 强烈赞同 | 120 | 12.7 | 12.8 |
| | 比较赞同 | 638 | 67.5 | 67.9 |
| | 说不清 | 136 | 14.4 | 14.5 |
| | 不太赞同 | 42 | 4.4 | 4.5 |
| | 很不赞同 | 3 | 0.3 | 0.3 |
| | 合计 | 939 | 99.4 | 100.0 |
| 缺失 | 系统 | 6 | 1 | |
| 总计 | | 945 | 100 | |

### 2.5.2 微观经济环境信心

2020 年，59.2%的企业在销售收入方面实现正增长，其比例与 2019 年同期相比有所下降；22.6%的企业在销售收入方面呈现负增长，其比例与 2019 年同期相比大幅上升（见图 2-29、表 2-8）。

# 中国企业家发展信心指数报告（2020）

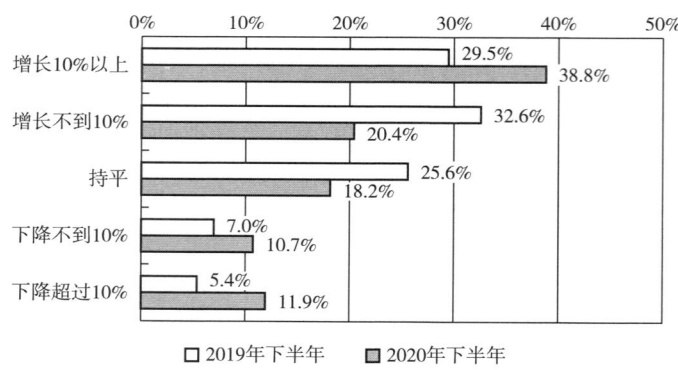

**图 2-29　预计公司的销售收入比去年同期增长多少**

注：2019 年下半年 $N=1\,001$；2020 年下半年 $N=931$。

**表 2-8　2020 年下半年调查结果**

|  |  | $N$ | 百分比（%） | 有效百分比（%） |
| --- | --- | --- | --- | --- |
| 有效 | 增长 10%以上 | 361 | 38.2 | 38.8 |
|  | 增长不到 10% | 190 | 20.1 | 20.4 |
|  | 持平 | 169 | 17.9 | 18.2 |
|  | 下降不到 10% | 100 | 10.6 | 10.7 |
|  | 下降超过 10% | 111 | 11.7 | 11.9 |
|  | 合计 | 931 | 98.5 | 100.0 |
| 缺失 | 系统 | 14 | 1.5 |  |
| 总计 |  | 945 | 100.0 |  |

2020 年，49.8%的企业家愿意在当前的投资环境下投资，与 2019 年同期基本持平；36.2%的企业家不愿意在当前的投资环境下投资，比 2019 年同期有所上升（见图 2-30、表 2-9）。

2020 年，63.5%的公司的人力成本上升，与 2019 年同期相比大幅下降；16.7%的公司的人力成本下降，与 2019 年同期相比大幅上升（见图 2-31、表 2-10）。

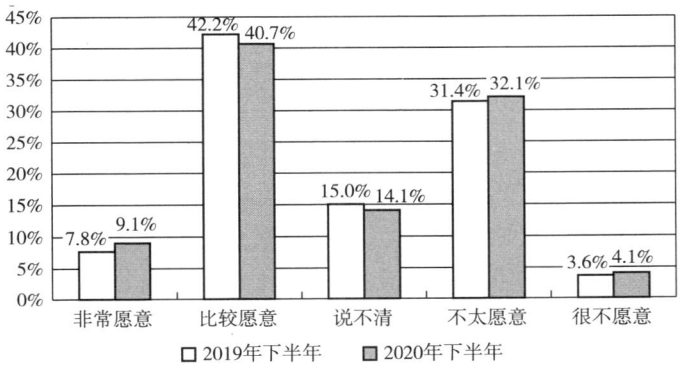

**图 2-30　当前的投资环境下您的企业是否愿意进行投资**

注：2019 年下半年 $N=1\,019$；2020 年下半年 $N=937$。

**表 2-9　2020 年下半年调查结果**

| | | $N$ | 百分比（%） | 有效百分比（%） |
|---|---|---|---|---|
| 有效 | 非常愿意 | 85 | 9.0 | 9.1 |
| | 比较愿意 | 381 | 40.3 | 40.7 |
| | 说不清 | 132 | 14.0 | 14.1 |
| | 不太愿意 | 301 | 31.9 | 32.1 |
| | 很不愿意 | 38 | 4.0 | 4.1 |
| | 合计 | 937 | 99.2 | 100.0 |
| 缺失 | 系统 | 8 | 0.8 | |
| 总计 | | 945 | 100.0 | |

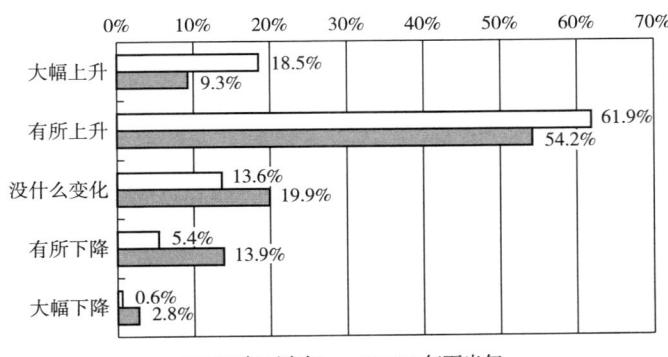

**图 2-31　和过去相比公司人力成本变动情况如何**

注：2019 年下半年 $N=1\,012$；2020 年下半年 $N=938$。

表 2-10 2020 年下半年调查结果

| | | $N$ | 百分比（%） | 有效百分比（%） |
|---|---|---|---|---|
| 有效 | 大幅上升 | 87 | 9.2 | 9.3 |
| | 有所上升 | 508 | 53.8 | 54.2 |
| | 没什么变化 | 187 | 19.8 | 19.9 |
| | 有所下降 | 130 | 13.8 | 13.9 |
| | 大幅下降 | 26 | 2.8 | 2.8 |
| | 合计 | 938 | 99.3 | 100.0 |
| 缺失 | 系统 | 7 | 0.7 | |
| 总计 | | 945 | 100.0 | |

自 2020 年 1 月以来，突如其来的新冠肺炎疫情使广大企业的运营面临严重困难，部分中小企业生存都出现问题。对此，各级政府部门纷纷从资金支持、员工稳岗、减税降费等多个角度为企业纾困解难。调查发现，91.2%的企业家认为，政府的帮扶措施对中小企业应对新冠肺炎疫情产生了积极作用（见图 2-32、表 2-11）。

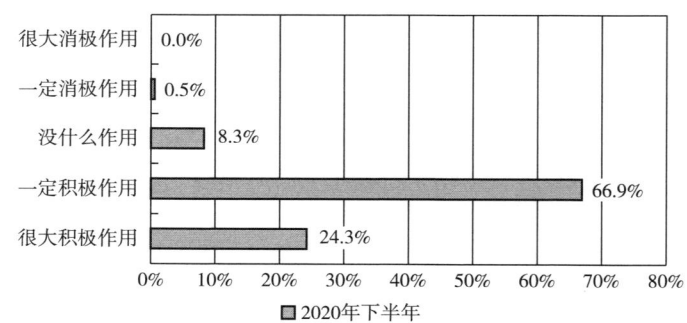

图 2-32 帮扶措施的作用

注：2020 年下半年 $N=944$。

表 2-11 2020 年下半年调查结果

| | | $N$ | 百分比（%） | 有效百分比（%） |
|---|---|---|---|---|
| 有效 | 很大积极作用 | 229 | 24.2 | 24.3 |
| | 一定积极作用 | 632 | 66.9 | 66.9 |
| | 没什么作用 | 78 | 8.3 | 8.3 |

续表

|  |  | N | 百分比（%） | 有效百分比（%） |
|---|---|---|---|---|
|  | 一定消极作用 | 5 | 0.5 | 0.5 |
|  | 很大消极作用 | 0 | 0.0 | 0.0 |
|  | 合计 | 944 | 99.9 | 100.0 |
| 缺失 | 系统 | 1 | 0.1 |  |
| 总计 |  | 945 | 100.0 |  |

面对新冠肺炎疫情，我国政府用一个多月的时间初步遏制住疫情蔓延势头，用两个月左右的时间将本土每日新增病例控制在个位数以内，目前已经进入统筹推进疫情防控和社会经济发展的新阶段。调查发现，93.3%的企业家认为，此次抗疫的成效体现了我国政府高超的治理能力（见图2-33、表2-12）。

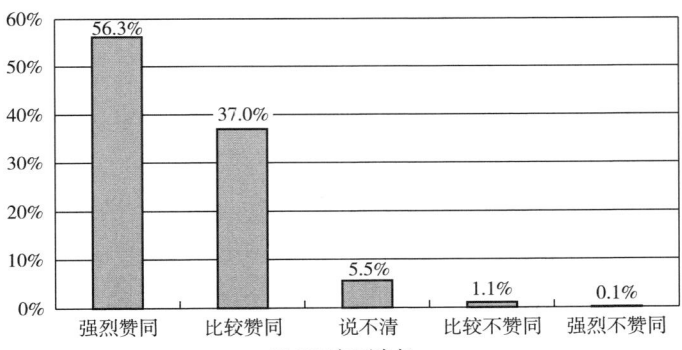

**图2-33　是否赞同此次抗疫的成效体现了我国政府具有高超的治理能力**

注：2020年下半年 $N$ = 945。

**表2-12　2020年下半年调查结果**

|  |  | N | 百分比（%） | 有效百分比（%） |
|---|---|---|---|---|
| 有效 | 强烈赞同 | 532 | 56.2 | 56.3 |
|  | 比较赞同 | 350 | 37.0 | 37.0 |
|  | 说不清 | 52 | 5.5 | 5.5 |
|  | 比较不赞同 | 10 | 1.1 | 1.1 |
|  | 强烈不赞同 | 1 | 0.1 | 0.1 |
|  | 合计 | 945 | 99.8 | 100.0 |
| 缺失 | 系统 | 2 | 0.2 |  |
| 总计 |  | 947 | 100.0 |  |

目前，随着中印关系的变化，中国外部环境较为严峻，同时受新冠肺炎疫情的影响，国内需求萎缩，供给受到冲击，我国企业面临着生死大考。当前企业面临哪些生死大考？企业应该如何面对这些大考？企业家选择各个选项的占比从大到小依次是：国内市场竞争的挑战、外部市场萎缩的考验、技术创新的考验、供应链管理的考验、防疫成本考验（见图2-34、表2-13）。

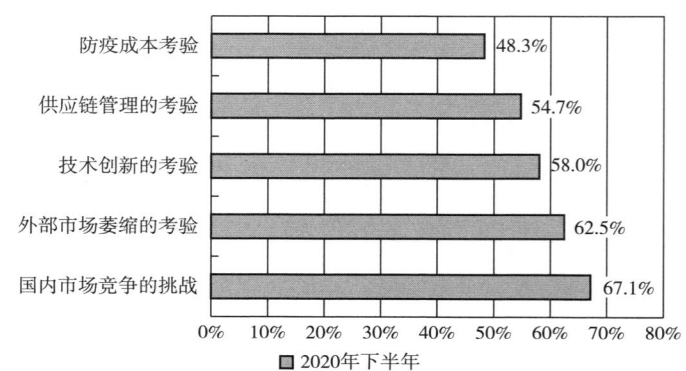

图 2-34　当前企业面临哪些生死大考？企业应该如何面对这些大考

注：2020年下半年 $N=943$。

表 2-13　2020年下半年调查结果

| | $N$ | 百分比（%） |
| --- | --- | --- |
| 防疫成本考验，企业应精细化管理，建立预警机制 | 455 | 48.3 |
| 外部市场萎缩的考验，外部逆风逆水因素增加，企业要适当调整战略重心 | 589 | 62.5 |
| 国内市场竞争的挑战，企业应提高核心竞争力 | 633 | 67.1 |
| 供应链管理的考验，企业需重新布局产业链，增加弹性 | 516 | 54.7 |
| 技术创新的考验，企业应该重视自主创新 | 547 | 58.0 |

# 2.6　政策环境信心分析

## 2.6.1　一般政策信心

2020年，54.1%的企业家认为国有企业和民营企业之间的公平程度有所改善，与 2019 年同期相比有所下降；14.8% 的企业家认为公平程度恶化，与 2019 年同期相比有所上升（见图 2-35、表 2-14）。

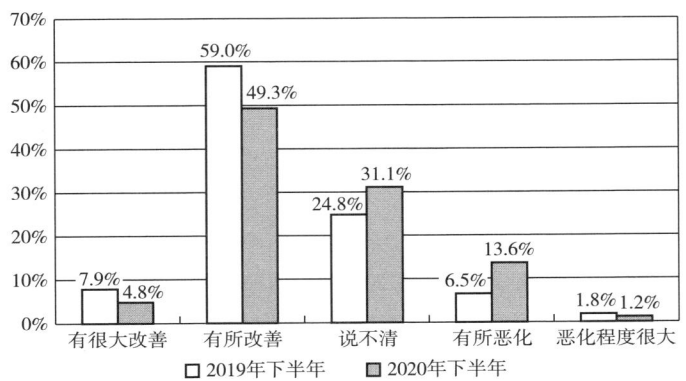

**图 2-35　过去一年国有企业和民营企业之间的公平程度是否有所改善**

注：2019 年下半年 $N=1\,031$；2020 年下半年 $N=939$。

**表 2-14　2020 年下半年调查结果**

| | | $N$ | 百分比（%） | 有效百分比（%） |
|---|---|---|---|---|
| 有效 | 有很大改善 | 45 | 4.8 | 4.8 |
| | 有所改善 | 463 | 49.0 | 49.3 |
| | 说不清 | 292 | 30.9 | 31.1 |
| | 有所恶化 | 128 | 13.5 | 13.6 |
| | 恶化程度很大 | 11 | 1.2 | 1.2 |
| | 合计 | 939 | 99.4 | 100.0 |
| 缺失 | 系统 | 6 | 0.6 | |
| 总计 | | 945 | 100.0 | |

2020 年，76.7% 的企业家认为政策稳定，与 2019 年同期相比有所上升；12.4% 的企业家认为不稳定，与 2019 年同期相比有所下降（见图 2-36、表 2-15）。

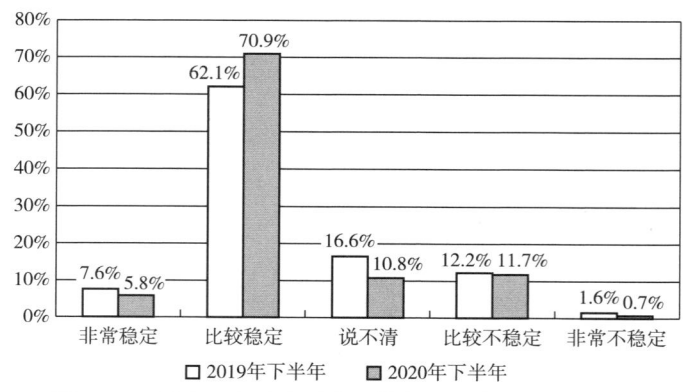

**图 2-36 过去一年政府对企业的各种政策的稳定性如何**

注：2019 年下半年 $N=1\,031$；2020 年下半年 $N=945$。

**表 2-15 2020 年下半年调查结果**

| | | N | 百分比（%） | 有效百分比（%） |
|---|---|---|---|---|
| 有效 | 非常稳定 | 55 | 5.8 | 5.8 |
| | 比较稳定 | 670 | 70.5 | 70.9 |
| | 说不清 | 102 | 10.7 | 10.8 |
| | 比较不稳定 | 111 | 11.7 | 11.7 |
| | 非常不稳定 | 7 | 0.7 | 0.7 |
| | 合计 | 945 | 99.5 | 100.0 |
| 缺失 | 系统 | 5 | 0.5 | |
| 总计 | | 950 | 100.0 | |

## 2.6.2 当前政策影响

2020 年 9 月，中国人民银行货币政策委员会召开例会，提出要深化利率市场化改革，引导贷款利率继续下行。如何看待货币政策的下一步走势？75.2% 的企业家认为货币政策将会进一步趋向宽松（见图 2-37、表 2-16）。

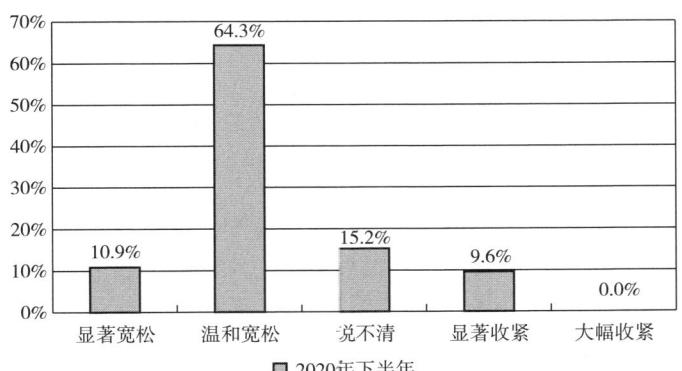

**图 2-37　如何看待货币政策的下一步走势**

注：2020 年下半年 $N=939$。

**表 2-16　2020 年下半年调查结果**

| | | $N$ | 百分比（%） | 有效百分比（%） |
|---|---|---|---|---|
| 有效 | 显著宽松 | 102 | 10.8 | 10.9 |
| | 温和宽松 | 604 | 63.9 | 64.3 |
| | 说不清 | 143 | 15.1 | 15.2 |
| | 显著收紧 | 90 | 9.5 | 9.6 |
| | 大幅收紧 | 0 | 0.0 | 0.0 |
| | 合计 | 939 | 99.4 | 100.0 |
| 缺失 | 系统 | 6 | 0.6 | |
| 总计 | | 945 | 100.0 | |

自 2020 年以来，人民币汇率出现较大幅度攀升，这是由中国经济的持续向好、美元的量化宽松等因素导致的。未来半年人民币汇率的走势会如何？62.1% 的企业家认为人民币汇率将会上涨（见图 12-38、表 2-17）。

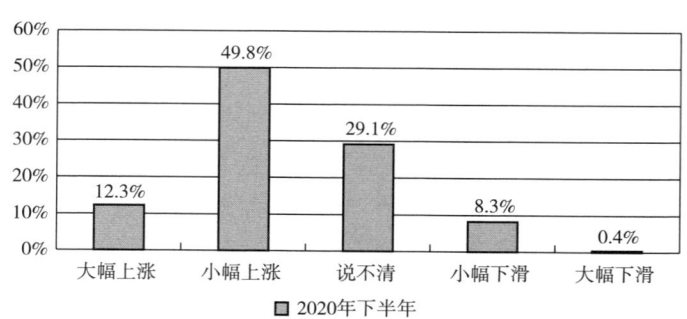

图 2-38 未来半年人民币汇率的走势会如何

注：2020 年下半年 $N=927$。

表 2-17　2020 年下半年调查结果

| | | $N$ | 百分比（%） | 有效百分比（%） |
|---|---|---|---|---|
| 有效 | 大幅上涨 | 114 | 12.1 | 12.3 |
| | 小幅上涨 | 462 | 48.9 | 49.8 |
| | 说不清 | 270 | 28.6 | 29.1 |
| | 小幅下滑 | 77 | 8.1 | 8.3 |
| | 大幅下滑 | 4 | 0.4 | 0.4 |
| | 合计 | 927 | 98.1 | 100.0 |
| 缺失 | 系统 | 18 | 1.9 | |
| 总计 | | 945 | 100.0 | |

2020年1月1日，《优化营商环境条例》正式实施。该条例从加强市场主体保护、优化市场环境、提升政务服务能力和水平等各个方面对优化营商环境进行了具体规定。这些规定能在多大程度上改善企业面临的营商环境？78.0%的企业家认为《优化营商环境条例》将改善企业面临的营商环境（见图 2-39、表 2-18）。

截至 2020 年 9 月，据有关机构统计，已有超过 300 家中国公司被美国列入不可靠实体清单并受到制裁。作为反制措施，中国商务部于 2020 年 9 月 19 日正式公布了《不可靠实体清单规定》，并从公布之日起施行。有人认为中国政府出台不可靠实体清单能够更好地维护国际经贸秩序，维护中国企业的权益。调查结果显示，78.0%的企业家赞同这种观点（见图 2-40、表 2-19）。

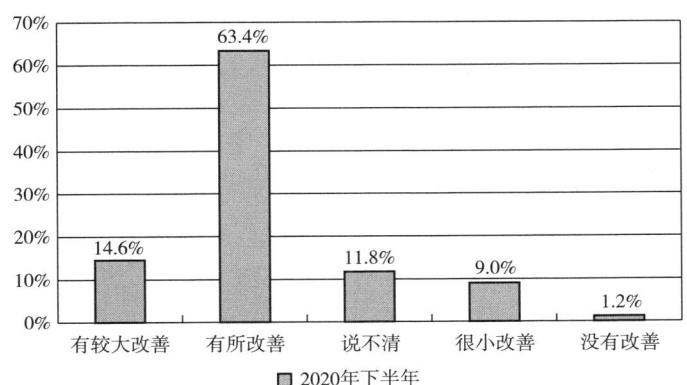

**图 2-39　这些规定能在多大程度上改善企业面临的营商环境**

注：2020 年下半年 $N=940$。

**表 2-18　2020 年下半年调查结果**

|  |  | $N$ | 百分比（%） | 有效百分比（%） |
|---|---|---|---|---|
| 有效 | 有较大改善 | 137 | 14.5 | 14.6 |
|  | 有所改善 | 596 | 63.1 | 63.4 |
|  | 说不清 | 111 | 11.7 | 11.8 |
|  | 很小改善 | 85 | 9.0 | 9.0 |
|  | 没有改善 | 11 | 1.2 | 1.2 |
|  | 合计 | 940 | 99.5 | 100.0 |
| 缺失 | 系统 | 5 | 0.5 |  |
| 总计 |  | 945 | 100.0 |  |

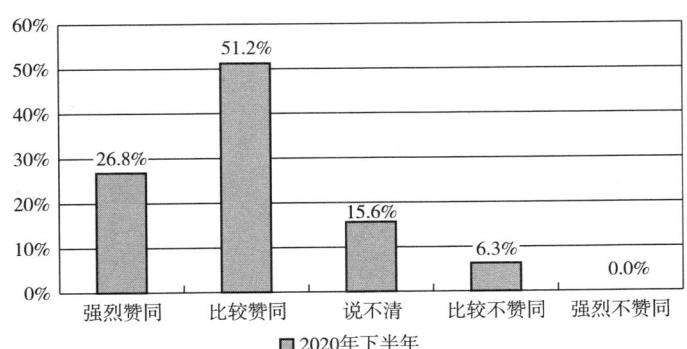

**图 2-40　是否赞同中国政府出台不可靠实体清单能够更好地维护国际经贸秩序，维护中国企业的权益**

注：2020 年下半年 $N=933$。

表 2-19 2020 年下半年调查结果

| | | N | 百分比（%） | 有效百分比（%） |
|---|---|---|---|---|
| 有效 | 强烈赞同 | 250 | 26.5 | 26.8 |
| | 比较赞同 | 478 | 50.6 | 51.2 |
| | 说不清 | 146 | 15.4 | 15.6 |
| | 比较不赞同 | 59 | 6.2 | 6.3 |
| | 强烈不赞同 | 0 | 0.0 | 0.0 |
| | 合计 | 933 | 98.7 | 100.0 |
| 缺失 | 系统 | 12 | 1.3 | |
| 总计 | | 945 | 100.0 | |

从芯片断供到软件禁用，美国政府的技术禁令让许多人意识到我国不少产业的关键核心技术仍然受制于人，不少"卡脖子"的技术还有待突破。各级政府纷纷出台措施以促进技术创新，争取早日掌握基础核心技术。调查发现，企业家对促进技术创新、掌握核心技术持有不同观点，他们选择各个选项的占比从大到小依次是：提高科研人员的待遇、科研攻关中重视市场的作用、依靠部分科研实力强的民企、重视技术的市场化应用、科研院所和国企是主力军（见图 2-41、表 2-20）。

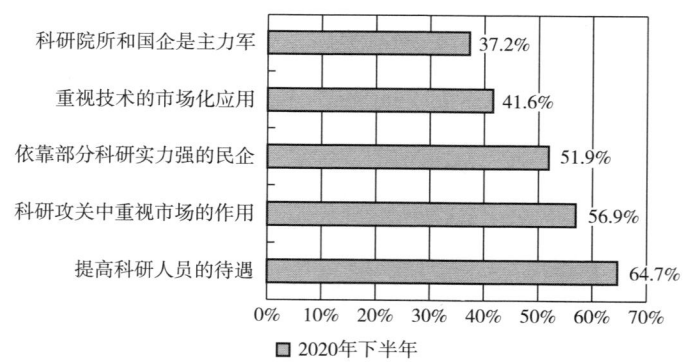

图 2-41 关键核心技术仍然受制于人，不少"卡脖子"的技术还有待突破

注：2020 年下半年 $N=945$。

表 2-20  2020 年下半年调查结果

| | N | 百分比（%） |
|---|---|---|
| 科研院所、大型国有企业是基础核心技术研究的主力军，民营企业这方面没有优势 | 352 | 37.2 |
| 科技攻关中要重视市场的作用，防止出现一哄而上造成资源浪费 | 538 | 56.9 |
| 部分民营企业已经具备很强的科研实力，可以依靠它们实现关键技术的突破 | 490 | 51.9 |
| 要高度重视基础核心技术的市场化应用，这方面民营企业具有优势 | 393 | 41.6 |
| 要进一步提高科研人员的待遇，吸引优秀人才从事基础科研创新 | 611 | 64.7 |

2020 年 6 月 30 日，中央深改委召开会议，审议通过了《国企改革三年行动方案（2020—2022 年）》。2020 年 9 月 27 日，国务院召开会议，提出国有企业改革三年行动是"可衡量、可考核、可检验、要办事的"。如何才能更好地推动国企改革，最关键的举措应该是哪些？

受调查的企业家们认为，要更好地推动国企改革，最关键的举措按顺序依次是：理顺国有资本和社会资本的关系、摆脱企业家和官员的双重身份、摆脱国有企业的行政级别、理顺董事会和党委之间的关系、理顺国资委和国有企业的关系（见图 2-42、表 2-21）。

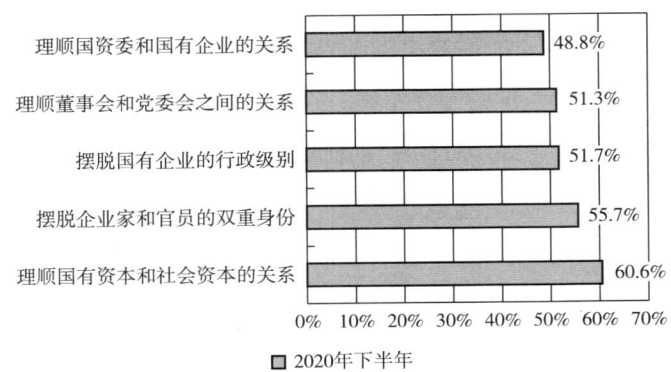

图 2-42  要更好地推动国企改革，最关键的举措应该是哪些

注：2020 年下半年 $N$ = 943。

表 2-21　2020 年下半年调查结果

|  | N | 百分比（%） |
|---|---|---|
| 理顺国资委和国有企业的关系，切实以管资本为主 | 460 | 48.8 |
| 理顺国有资本和社会资本的关系，切实推进混合所有制改革 | 571 | 60.6 |
| 理顺董事会和党委之间的关系，切实提高公司治理水平 | 484 | 51.3 |
| 摆脱国有企业的行政级别，切实把企业塑造为一个市场主体 | 488 | 51.7 |
| 摆脱企业家和官员的双重身份，切实发挥企业家精神 | 525 | 55.7 |

2020 年 3 月，中央政治局常务委员会召开会议，提出加快新型基础设施建设进度。新基建主要发力于科技端，包含 5G 基建、特高压、城际高速铁路和城际轨道交通、新能源汽车充电桩、大数据中心、人工智能、工业互联网等七大领域。新基建会带来哪些发展机遇？企业家们认为，新基建带来的发展机遇按由大到小的顺序依次是：互联网头部企业、中小企业、传统制造企业、西部地区、新能源汽车企业、外资企业（见图 2-43、表 2-22）。

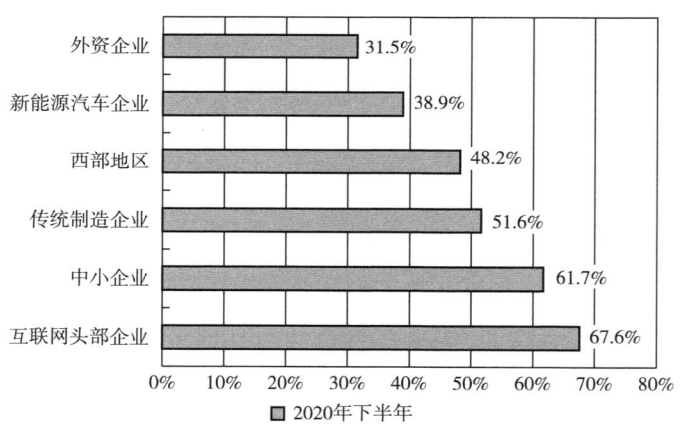

图 2-43　新基建会带来哪些发展机遇（可多选）

注：2020 年下半年 N=944。

表 2-22　2020 年下半年调查结果

|  | N | 百分比（%） |
|---|---|---|
| 互联网头部企业拥有数据和流量优势，在智慧城市建设中拥有绝对的竞争力 | 638 | 67.6 |

续表

|  | N | 百分比（%） |
| --- | --- | --- |
| 掌握核心技术的中小企业更容易在新基建时代迎来大跨越式发展 | 582 | 61.7 |
| 掌握关键技术的外资企业在新基建中迎来巨大的发展机遇 | 297 | 31.5 |
| 传统制造企业将进行互联网化改造，生产端会全面智能化 | 487 | 51.6 |
| 新基建为西部地区"一带一路"发展提供了"弯道超车"的机会 | 455 | 48.2 |

当地时间2020年10月6日，美国众议院反垄断小组委员会发布报告称，美国苹果、谷歌、亚马逊、脸书等四大科技公司利用自身的优势地位压制竞争，该委员会呼吁国会考虑强制科技巨头将其占主导地位的在线平台与其他业务分开。与此同时，中国、欧盟等国家和地区也在加强对科技巨头的监管。但从数字经济的发展历程来看，资源和市场向头部企业集中又是常见现象。应该如何对待数字经济领域的"赢家通吃"现象呢？

企业家们对数字经济领域的"赢家通吃"现象持有不同观点，他们选择各个选项的占比从大到小依次是：政府应加强监管、企业应建立反垄断风险意识、垄断不可能长期存在、高科技企业应自我限制、"赢家通吃"不应成为反垄断的原因（见图2-44、表2-23）。

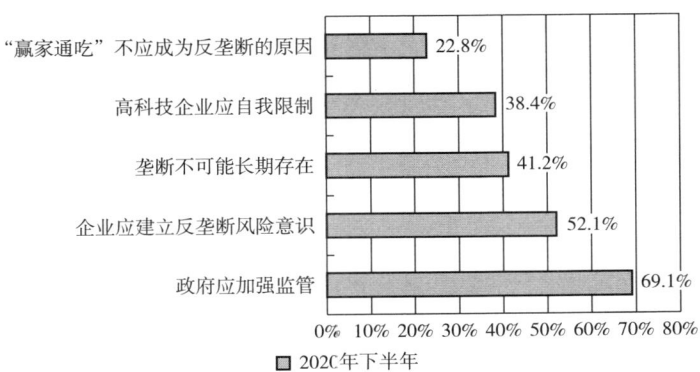

图2-44　应该如何对待数字经济领域的"赢家通吃"现象

注：2020年下半年 $N=941$。

表 2-23　2020 年下半年调查结果

| | N | 百分比（%） |
|---|---|---|
| 政府应进一步加强对高科技企业的监管，对垄断行为防微杜渐 | 650 | 69.1 |
| 高科技企业在定价等方面应自我限制，防止成为政府反垄断的目标 | 361 | 38.4 |
| 高技术企业应在企业内部加强反垄断方面的专业知识培训，建立反垄断风险意识和制度 | 490 | 52.1 |
| "赢家通吃"只是暂时现象，科技的发展使得垄断不可能长期存在 | 388 | 41.2 |
| "赢家通吃"体现的是市场对企业的肯定，不应该成为反垄断的直接原因 | 215 | 22.8 |

2020 年 2 月，工信部印发《关于应对新型冠状病毒肺炎疫情帮助中小企业复工复产共渡难关有关工作的通知》，出台了 20 条政策措施支持中小企业复工复产渡过难关。哪些政策对企业最为重要？

企业家们认为，支持中小企业复工复产的政策对企业很重要，他们选择各个选项的占比从大到小依次是：金融支持、缓缴税款社保、减免房租、就业政策、减免房地产税（见图 2-45、表 2-24）。

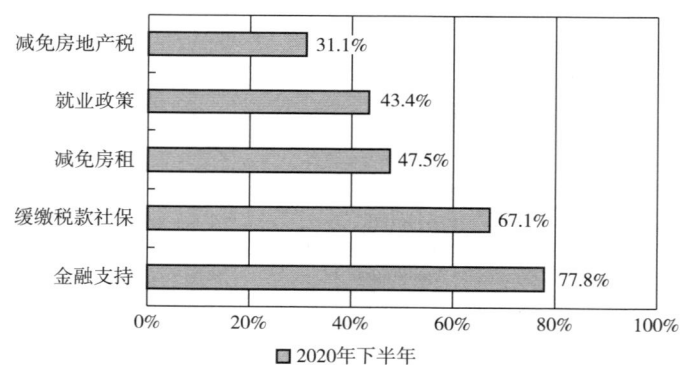

图 2-45　哪些政策对企业最为重要

注：2020 年下半年 $N=943$。

表 2-24　2020 年下半年调查结果

| | N | 百分比（%） |
|---|---|---|
| 金融支持，鼓励银行不抽贷、不断贷、不压贷 | 734 | 77.8 |

续表

|  | N | 百分比（%） |
|---|---|---|
| 缓缴税款、社保，返还失业保险费50% | 633 | 67.1 |
| 减免房租，对承租政府性资产中经营用房的企业，一免两减半 | 448 | 47.5 |
| 减免房地产税，对于疫情期间减免租金的出租方，减免房地产税 | 293 | 31.1 |
| 就业政策，向疫情期间坚持生产的企业发放稳岗补贴 | 409 | 43.4 |

2020年是深圳经济特区建立40周年。2020年10月11日，中共中央办公厅、国务院办公厅对外发布《深圳建设中国特色社会主义先行示范区综合改革试点实施方案（2020—2025年）》，赋予深圳在重点领域和关键环节改革上更多自主权，支持深圳在更高起点、更高层次、更高目标上推进改革开放。如何看待未来深圳发展的重点？

企业家们认为，未来深圳发展的重点按顺序依次是：打造市场化法治化国际化营商环境、完善科技创新环境制度、完善高水平开放型经济体制、完善要素市场化配置体制机制、完善民生服务供给体制（见图2-46、表2-25）。

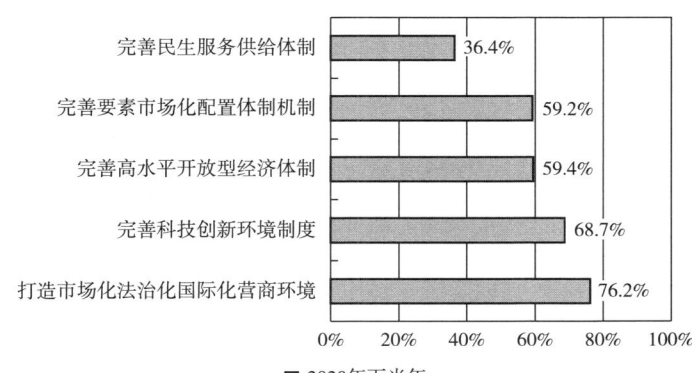

图2-46 未来深圳发展的重点是什么

注：2020年下半年 $N$ =943。

表2-25 2020年下半年调查结果

|  | N | 百分比（%） |
|---|---|---|
| 打造市场化法治化国际化营商环境 | 719 | 76.2 |

续表

|  | N | 百分比（%） |
|---|---|---|
| 完善科技创新环境制度 | 648 | 68.7 |
| 完善高水平开放型经济体制 | 560 | 59.4 |
| 完善民生服务供给体制 | 343 | 36.4 |
| 完善要素市场化配置体制机制 | 558 | 59.2 |

## 2.7　政治法律环境信心分析

### 2.7.1　政治环境信心

新冠肺炎疫情发生以来，不少国家提出要建立相对独立的经济体系，鼓励企业回流本国。有人认为这说明经济全球化进程事实上已经终结，世界经济的"逆全球化"未来将会持续很长一段时间。调查结果显示，47.3%的企业家认同这一观点，30.4%的企业家不认同这一观点（见图2-47、表2-26）。

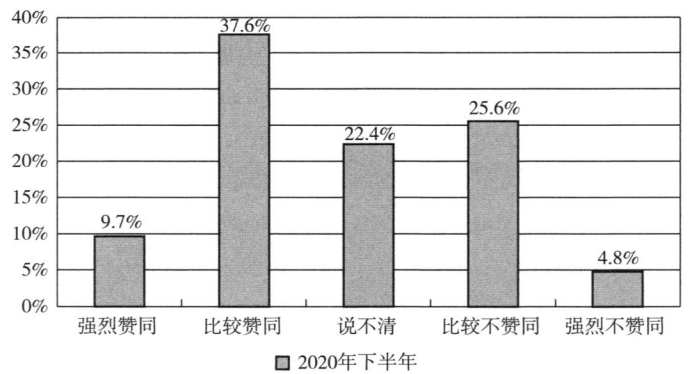

图2-47　是否赞同全球化进程已经终结，"逆全球化"将会持续很长一段时间

注：2020年下半年 N=943。

表 2-26  2020 年下半年调查结果

|  |  | N | 百分比（%） | 有效百分比（%） |
|---|---|---|---|---|
| 有效 | 强烈赞同 | 91 | 9.6 | 9.7 |
|  | 比较赞同 | 355 | 37.6 | 37.6 |
|  | 说不清 | 211 | 22.3 | 22.4 |
|  | 比较不赞同 | 241 | 25.5 | 25.6 |
|  | 强烈不赞同 | 45 | 4.8 | 4.8 |
|  | 合计 | 943 | 99.8 | 100.0 |
| 缺失 | 系统 | 2 | 0.2 |  |
| 总计 |  | 945 | 100.0 |  |

## 2.7.2 法律环境信心

2020 年，57.6%的企业家认为司法部门公正地处理了商业纠纷，其比例与 2019 年同期相比有所下降；8.6%的企业家认为不公正，其比例与 2019 年同期相比也有所下降（见图 2-48、表 2-27）。

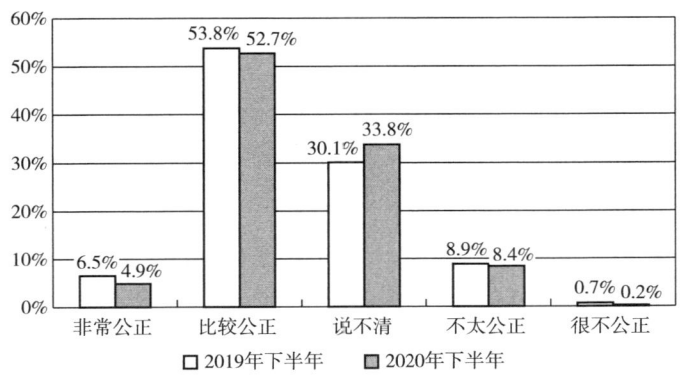

图 2-48  当地司法部门在处理商业纠纷时是否公正

注：2019 年下半年 $N=1\,024$；2020 年下半年 $N=941$。

表2-27　2020年下半年调查结果

|  |  | N | 百分比（%） | 有效百分比（%） |
|---|---|---|---|---|
| 有效 | 非常公正 | 46 | 4.9 | 4.9 |
|  | 比较公正 | 496 | 52.5 | 52.7 |
|  | 说不清 | 318 | 33.7 | 33.8 |
|  | 不太公正 | 79 | 8.4 | 8.4 |
|  | 很不公正 | 2 | 0.2 | 0.2 |
|  | 合计 | 941 | 99.6 | 100.0 |
| 缺失 | 系统 | 4 | 0.4 |  |
| 总计 |  | 945 | 100.0 |  |

82.2%的企业家认为政府部门的办事效率有所改善，与2019年同期相比有所下降；3.5%的企业家认为政府部门的办事效率有所恶化，与2019年同期相比也有所下降（见图2-49、表2-28）。

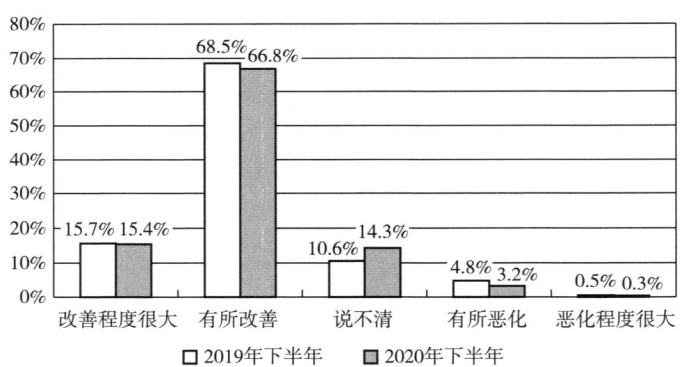

**图2-49　政府部门的办事效率是否有所改善**

注：2019年下半年 $N=1\,028$；2020年下半年 $N=945$。

表2-28　2020年下半年调查结果

|  |  | N | 百分比（%） | 有效百分比（%） |
|---|---|---|---|---|
| 有效 | 改善程度很大 | 146 | 15.3 | 15.4 |
|  | 有所改善 | 631 | 66.2 | 66.8 |
|  | 说不清 | 135 | 14.2 | 14.3 |

续表

|  |  | N | 百分比（%） | 有效百分比（%） |
|---|---|---|---|---|
|  | 有所恶化 | 30 | 3.1 | 3.2 |
|  | 恶化程度很大 | 3 | 0.3 | 0.3 |
|  | 合计 | 945 | 99.2 | 100.0 |
| 缺失 | 系统 | 8 | 0.8 |  |
| 总计 |  | 953 | 100.0 |  |

## 2.8 社会文化环境信心分析

### 2.8.1 社会认可度

2020年，68.6%的企业家认为企业家合法权益得到重视与保护，与2019年同期相比有所下降；7.7%的企业家不赞同这一观点，与2019年同期相比有所上升（见图2-50、表2-29）。

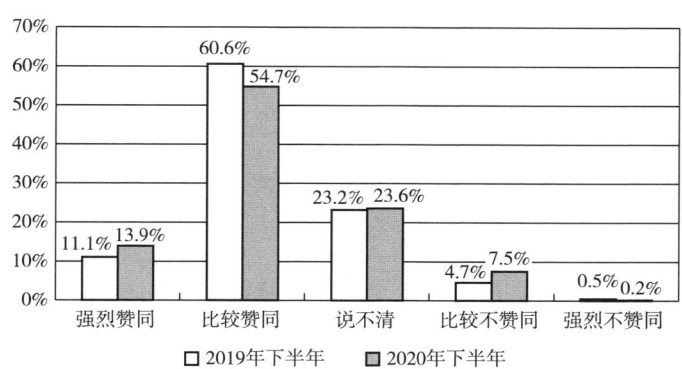

**图2-50 与去年相比，是否赞同企业家合法权益得到了更多的重视与保护**
注：2019年下半年 $N=1\,030$；2020年下半年 $N=941$。

**表2-29 2020年下半年调查结果**

|  |  | N | 百分比（%） | 有效百分比（%） |
|---|---|---|---|---|
| 有效 | 强烈赞同 | 131 | 13.9 | 13.9 |

续表

|  |  | N | 百分比（%） | 有效百分比（%） |
|---|---|---|---|---|
|  | 比较赞同 | 515 | 54.5 | 54.7 |
|  | 说不清 | 222 | 23.5 | 23.6 |
|  | 比较不赞同 | 71 | 7.5 | 7.5 |
|  | 强烈不赞同 | 2 | 0.2 | 0.2 |
|  | 合计 | 941 | 99.6 | 100.0 |
| 缺失 | 系统 | 4 | 0.4 |  |
| 总计 |  | 945 | 100.0 |  |

62.8%的企业家认为过去一年公众对企业家社会地位的评价提高了，与2019年同期相比有所下降；10.0%的企业家不赞同这一观点，与2019年同期相比有所上升（见图2-51、表2-30）。

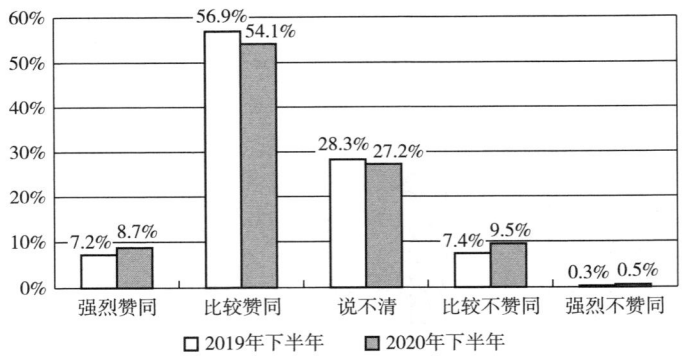

图2-51 是否赞同过去一年公众对企业家的社会地位评价提高了

注：2019年下半年 $N=1\,030$；2020年下半年 $N=941$。

表2-30 2020年下半年调查结果

|  |  | N | 百分比（%） | 有效百分比（%） |
|---|---|---|---|---|
| 有效 | 强烈赞同 | 82 | 8.7 | 8.7 |
|  | 比较赞同 | 509 | 53.9 | 54.1 |
|  | 说不清 | 256 | 27.1 | 27.2 |
|  | 比较不赞同 | 89 | 9.4 | 9.5 |

续表

|  |  | N | 百分比（%） | 有效百分比（%） |
|---|---|---|---|---|
|  | 强烈不赞同 | 5 | 0.5 | 0.5 |
|  | 合计 | 941 | 99.6 | 100.0 |
| 缺失 | 系统 | 4 | 0.4 |  |
| 总计 |  | 945 | 100.0 |  |

## 2.8.2 文化环境

对于当前商业环境的诚信程度，45.9%的企业家认为很好或较好，其比例与2019年同期相比有所上升；10.9%的企业家认为很差或较差，其比例与2019年同期相比有所下降（见图2-52、表2-31）。

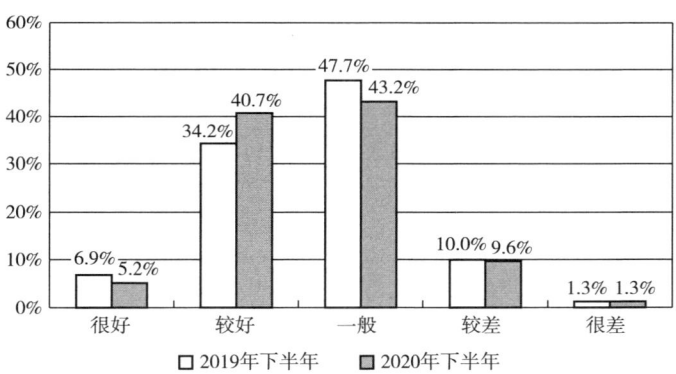

**图2-52 当前商业环境的诚信程度如何**

注：2019年下半年 $N=1\,035$；2020年下半年 $N=945$。

**表2-31 2020年下半年调查结果**

|  |  | N | 百分比（%） | 有效百分比（%） |
|---|---|---|---|---|
| 有效 | 很好 | 49 | 5.2 | 5.2 |
|  | 较好 | 385 | 40.7 | 40.7 |
|  | 一般 | 408 | 43.1 | 43.2 |
|  | 较差 | 91 | 9.6 | 9.6 |
|  | 很差 | 12 | 1.3 | 1.3 |

续表

|  |  | N | 百分比（%） | 有效百分比（%） |
|---|---|---|---|---|
|  | 合计 | 945 | 99.9 | 100.0 |
| 缺失 | 系统 | 1 | 0.1 |  |
| 总计 |  | 946 | 100.0 |  |

91.0%的企业家认同传统文化在塑造社会风气方面的作用，其比例与2019年同期相比略有上升；只有1.4%的企业家不赞同，其比例与2019年同期相比略有下降（见图2-53、表2-32）。

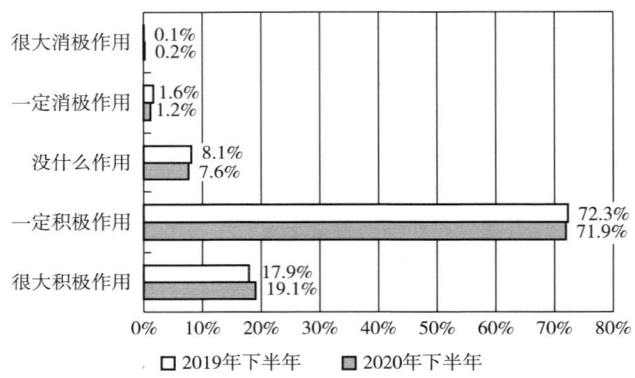

图2-53　传统文化在塑造社会风气方面起到的作用

注：2019年下半年 $N=1\,035$；2020年下半年 $N=944$。

表2-32　2020年下半年调查结果

|  |  | N | 百分比（%） | 有效百分比（%） |
|---|---|---|---|---|
| 有效 | 很大积极作用 | 180 | 19.0 | 19.1 |
|  | 一定积极作用 | 679 | 71.9 | 71.9 |
|  | 没什么作用 | 72 | 7.6 | 7.6 |
|  | 一定消极作用 | 11 | 1.2 | 1.2 |
|  | 很大消极作用 | 2 | 0.2 | 0.2 |
|  | 合计 | 944 | 99.9 | 100.0 |
| 缺失 | 系统 | 1 | 0.1 |  |
| 总计 |  | 945 | 100.0 |  |

### 2.8.3 生态文明

自 2020 年以来,在严格的治理举措下,我国很多地方雾霾状况都有了明显的好转。未来 2~3 年我国的生态环境将会有何变化?89.7%的企业家认为未来 2~3 年我国的生态环境将会改善,其比例与 2019 年同期相比有所上升;4.6%的企业家认为会恶化,其比例与 2019 年同期持平(见图 2-54、表 2-33)。

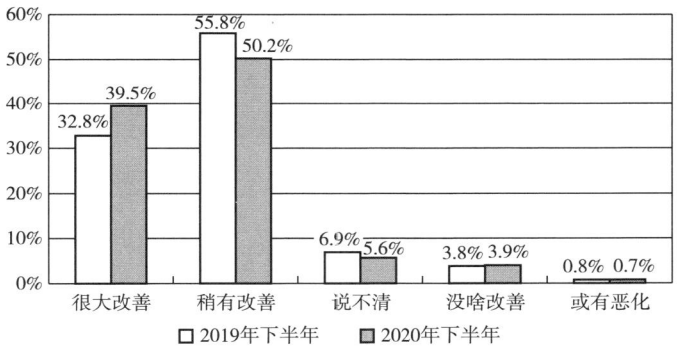

**图 2-54　未来 2~3 年我国的生态环境将会有何变化**

注:2019 年下半年 $N=1\,032$;2020 年下半年 $N=942$。

**表 2-33　2020 年下半年调查结果**

|  |  | $N$ | 百分比(%) | 有效百分比(%) |
|---|---|---|---|---|
| 有效 | 很大改善 | 372 | 39.4 | 39.5 |
|  | 稍有改善 | 473 | 50.1 | 50.2 |
|  | 说不清 | 53 | 5.6 | 5.6 |
|  | 没啥改善 | 37 | 3.9 | 3.9 |
|  | 或有恶化 | 7 | 0.7 | 0.7 |
|  | 合计 | 942 | 99.7 | 100.0 |
| 缺失 | 系统 | 3 | 0.3 |  |
| 总计 |  | 945 | 100.0 |  |

## 2.9 迷你专题：双循环发展新格局

企业家们认为，我国开辟双循环发展新格局的原因有很多，他们选择各个选项的占比从大到小依次是：世界经济持续低迷、调整经济结构的需要、推动技术进步的需要、外部环境不稳定不确定、满足国内需求的需要（见图2-55、表2-34）。

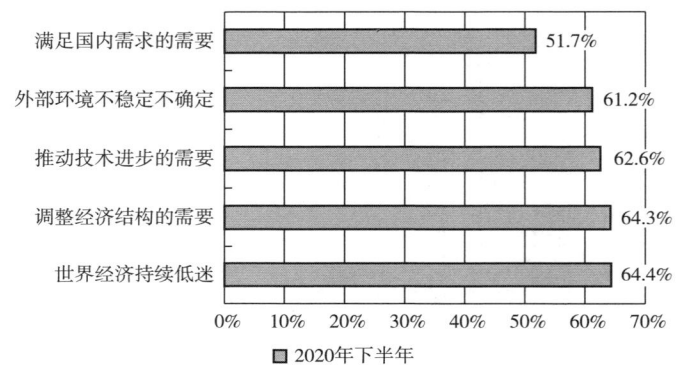

**图2-55　我国开辟双循环发展新格局的主要原因**

注：2020年下半年 $N=943$。

**表2-34　2020年下半年调查结果**

| | $N$ | 百分比（%） |
| --- | --- | --- |
| 我国发展逆风逆水的外部环境日益增多，不稳定性、不确定性较大 | 577 | 61.2 |
| 世界经济持续低迷，国际贸易和投资大幅萎缩，国际金融市场动荡，全球化遭遇逆流 | 607 | 64.4 |
| 满足国内需求的需要，特别是需要解决好国内人民日益增长的美好生活需求和不平衡不充分的发展之间的矛盾 | 488 | 51.7 |
| 调整经济结构的需要，国内当前正处于一个经济结构改变、优化并转变增长动能的攻坚期，需要重构国内产业链、重新布局区域经济 | 606 | 64.3 |
| 由于推动技术进步的需要，我国已进入高质量发展阶段，需要突破"卡脖子"技术，实现创新驱动高质量发展 | 590 | 62.6 |

不少学者认为,要实现双循环发展需要打通很多堵点。那么需要打通的堵点有哪些?企业家选择各个选项的占比从大到小依次是:技术环节、消费环节、生产环节、分配环节、开放环节(见图2-56、表2-35)。

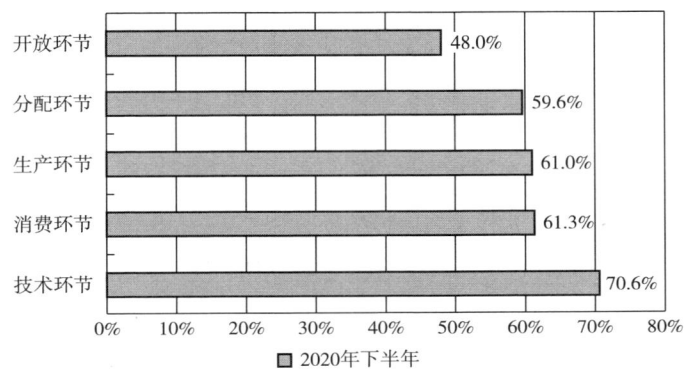

**图2-56 实现双循环发展需要打通的堵点**

注:2020年下半年 $N=943$。

**表2-35　2020年下半年调查结果**

|  | $N$ | 百分比(%) |
|---|---|---|
| 生产环节需要注重效率,更加强调关键技术环节的突破 | 575 | 61.0 |
| 分配环节需要注重公平,使得生产、消费循环更加畅通 | 562 | 59.6 |
| 消费环节需要关注有效需求能否实现,以提高我国人均可支配收入 | 578 | 61.3 |
| 技术环节需要加大创新,解决好高新技术领域削减成本、加快普及的问题 | 666 | 70.6 |
| 开放环节需要实现更高层次的开放,注重好"引进来"与"走出去"的关系 | 453 | 48.0 |

自"双循环发展新格局"理念提出以来,免税概念股成为2020年第一强板块。其中,中国中免的股票价格连连飙高,从2020年5月份的90元左右涨到9月份的220多元,涨幅高达150%左右,表现惊人。随着"十四五"期间双循环新格局的发展,还有哪些消费服务行业存在投资机会?企业家们认为,随着"十四五"期间双循环新格局的发展,一些消费服务行业存在投资机会,他们选择各个选项的占比从大到小依次是:医

疗、养老等大健康产业，在线教育与知识付费等行业，跨境贸易与电商，金融服务行业，游戏等互动娱乐产业（见图2-57、表2-36）。

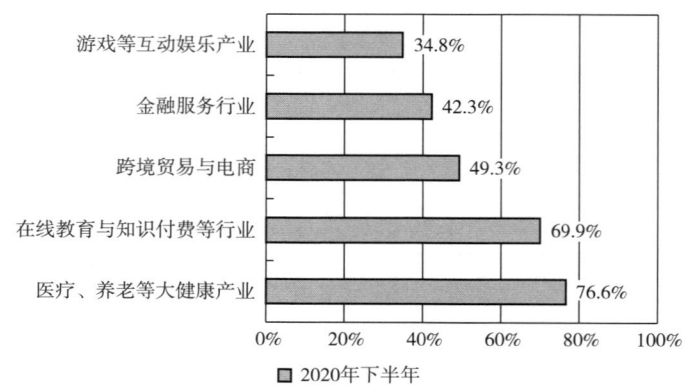

图 2-57　哪些消费服务行业存在投资机会（可多选）

注：2020 年下半年 $N$ = 941。

表 2-36　2020 年下半年调查结果

| | $N$ | 百分比（%） |
| --- | --- | --- |
| 跨境贸易与电商 | 464 | 49.3 |
| 金融服务行业 | 398 | 42.3 |
| 游戏等互动娱乐产业 | 327 | 34.8 |
| 医疗、养老等大健康产业 | 721 | 76.6 |
| 在线教育与知识付费等行业 | 658 | 69.9 |

企业家们认为，双循环发展新格局对我国产业发展产生较大影响，他们选择各个选项的占比从大到小依次是：新基建和信息化将形成新的生产力、制造业产业结构向数字化转型升级、新型城镇化带动投资和消费需求、基础设施建设力度加大、消费产业迎来发展机会（见图2-58、表2-37）。

企业家们认为，在双循环发展的背景下，我国企业的供应链会有一些调整，他们选择各个选项的占比从大到小依次是：数字化发展是未来发展方向、高端产品聚焦技术创新、区域化、近岸化特征更趋明显、以客户为导向、从成本竞争力转向风险竞争力（见图2-59、表2-38）。

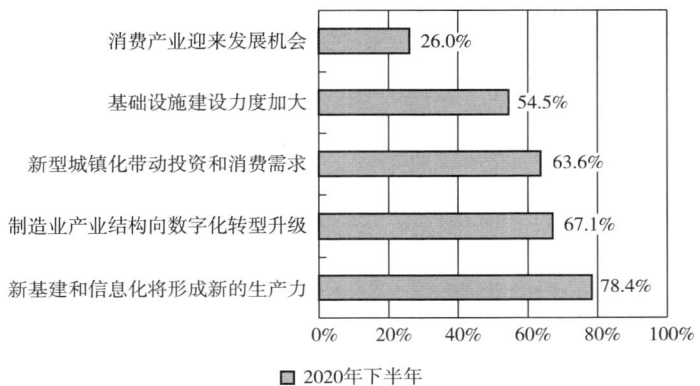

**图 2-58 双循环发展新格局对我国产业发展会有什么影响**

注：2020 年下半年 $N=940$。

**表 2-37　2020 年下半年调查结果**

|  | $N$ | 百分比（%） |
| --- | --- | --- |
| 家电、轻工业制品等消费产业迎来发展机会 | 244 | 26.0 |
| 基础设施建设力度加大，尤其是交通、水利等重大工程建设 | 512 | 54.5 |
| 新基建和信息化是双循环发展的关键，将形成新的生产力 | 737 | 78.4 |
| 制造业产业结构向数字化转型升级，更多产业链环节和终端将依靠本国市场 | 631 | 67.1 |
| 新型城镇化将发挥内需潜力，带动投资和消费需求 | 598 | 63.6 |

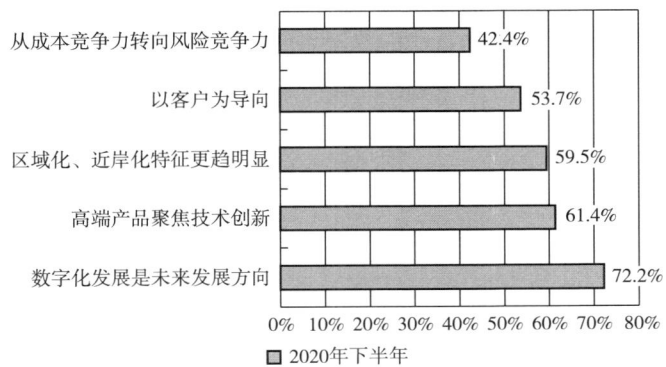

**图 2-59　在双循环发展的背景下，我国企业的供应链会有哪些调整**

注：2020 年下半年 $N=896$。

表 2-38　2020 年下半年调查结果

|  | N | 百分比（%） |
| --- | --- | --- |
| 企业供应链思维范式将从成本竞争力转向风险竞争力 | 380 | 42.4 |
| 供应链集群发展，区域化、近岸化特征更趋明显 | 533 | 59.5 |
| 企业供应链数字化发展是未来发展方向 | 647 | 72.2 |
| 企业搭建供应链体系将以客户为导向 | 481 | 53.7 |
| 高端产品聚焦技术创新，提高客户体验 | 550 | 61.4 |

# Ⅲ

# 区域营商环境篇

# 3 中国区域营商环境分析[①]

## 3.1 指标体系与评价方法

自 2015 年 10 月中共十八届五中全会提出"完善法治化、国际化、便利化的营商环境"以来,党中央、国务院及各级政府和部门为改善营商环境,推出了诸多富有成效的改革措施。

2016 年 3 月通过的"十三五"规划纲要明确提出,"营造公平竞争的市场环境、高效廉洁的政务环境、公正透明的法律政策环境和开放包容的人文环境"[②]。

2018 年 11 月,国务院常务会议确定,按照"国际可比、对标世行、中国特色"原则,开展中国营商环境评价。

2019 年 10 月,国务院公布了中国优化营商环境领域的第一部综合性行政法规——《优化营商环境条例》,为各地区优化营商环境实践提供指导方向与制度保障。该条例结合世界银行的定义和中国国情,将营商环境界定为"企业等市场主体在市场经济活动中所涉及的体制机制性因

---

[①] 本章作者:张三保,武汉大学经济与管理学院副教授,武汉大学中国企业家研究中心研究人员,北京大学光华管理学院管理创新交叉学科平台外聘研究员;张志学(通讯作者),北京大学光华管理学院组织与战略管理系教授、行为科学研究中心主任、光华管理学院管理创新交叉学科平台召集人。本研究受国家自然科学基金重点项目(71632002)和面上项目(72072137)的资助,在此一并致谢。

[②] 《中共中央关于制定国民经济和社会发展第十四个五年规划和二〇三五年远景目标的建议》中关于营商环境的表述为:"持续优化市场化法治化国际化营商环境",未提及新概念,故沿用该指标是合适的。

素和条件",并提出"建立和完善以市场主体和社会公众满意度为导向的营商环境评价体系,发挥营商环境评价对优化营商环境的引领和督促作用"。

按照国务院常务会议精神和《优化营商环境条例》的明确要求,并借鉴世界银行等既有评价体系和"十三五"规划纲要的维度划分,本章构建出中国内地 31 个省份营商环境评价指标体系,并进行量化评价和分析,进而为各省优化营商环境提供依据。[①]

### 3.1.1 评价指标构成

依据"国际可比、对标世行、中国特色"的评价原则,我们将"十三五"规划纲要关于营商环境建设的四个方面——市场环境、政务环境、法律政策环境、人文环境,确定为中国省份营商环境评价指标体系的一级指标,并分别以公平竞争、高效廉洁、公正透明、开放包容为效果目标。

随后,对照 4 个一级指标及其效果目标,从两个方面确定二级指标:一方面,吸纳世界银行(World Bank,2019)、经济学人智库(The Economist Intelligence Unit,EIU,2014)、中国市场化指数(樊纲等,2001;王小鲁等,2018)、中国城市营商环境(李志军,2019)、中国城市政商关系(聂辉华等,2019)等国内外主流评价指标体系中的相关指标;另一方面,从《优化营商环境条例》条款中提炼相关指标。由此,获得"融资、创新、竞争公平、资源获取和市场中介""政企关系、政府廉洁与政府效率""政策透明、司法公正",以及"对外开放、社会信用"等 12 个二级指标。

之后,逐条对照《优化营商环境条例》与二级指标内涵并编码,计算出各二级指标权重,并加总获得相应的一级指标权重。

最后,基于既有参照指标体系和数据可获得性,确定了二级指标的 24 项三级指标。由此,构建出中国省份营商环境评价指标体系(见表 3-1)。该体系包括 4 个一级指标、12 个二级指标、24 项三级指标。

---

① 为表述方便起见,下文统一以"省"或"省份"指代中国除港澳台地区外的内地省、自治区和直辖市。

表 3-1 中国省份营商环境评价指标体系与数据来源

| 一级指标及其权重 | 目标 | 二级指标及其权重 | 三级指标 | 计算方法 | 基础数据来源 |
|---|---|---|---|---|---|
| 市场环境 28.21% | 公平竞争 | 融资 3.85% | 融资水平 | 省份社会融资规模增量/GDP | 中国人民银行 |
| | | 创新 3.85% | 研发投入 | 省份研究与试验发展(R&D)经费内部支出/GDP | EPS数据库 |
| | | | 科研机构 | 省份普通高等学校(机构)数量 | |
| | | | 研发产出 | 创新指数 | 中国城市和产业创新力报告 |
| | | 竞争公平 10.26% | 创业活力 | 创业企业价值指数 | |
| | | | 非国有经济比重 | 非国有企业社会固定资产投资/内资企业全社会固定资产投资 | EPS数据库 |
| | | 资源获取 3.85% | 水价 | 非居民自来水单价 | 中国水网 |
| | | | 地价 | 商业用地价格 | EPS数据库 |
| | | | 人力资本 | 人口迁入率 | |
| | | | 交通服务 | 交通运行指数 | 滴滴出行城市交通出行报告 |
| | | 市场中介 6.41% | 律师事务所 | 律师事务所数量/企业数 | 各省统计年鉴 |
| | | | 会计师事务所 | 会计师事务所数量/企业数 | 中国会计年鉴 |
| | | | 租赁及商业服务业企业 | 租赁及商业服务业企业数量/企业数 | EPS数据库 |
| 政务环境 35.9% | 高效廉洁 | 政企关系 6.41% | 政府关怀 | 政府关心指数 | 中国政商关系报告 |
| | | 政府廉洁 6.41% | 政府廉洁度 | 政府廉洁指数 | |
| | | 政府效率 23.08% | 政府支出 | 一般公共预算支出/GDP | EPS数据库 |
| | | | 电子政务水平 | 电子服务能力指数 | 政府电子服务能力指数报告 |

续表

| 一级指标及其权重 | 目标 | 二级指标及其权重 | 三级指标 | 计算方法 | 基础数据来源 |
|---|---|---|---|---|---|
| 法律政策环境 30.77% | 公正透明 | 政策透明 14.1% | 政府透明度 | 政府透明度指数 | 中国政府透明度指数报告 |
| | | 司法公正 16.67% | 司法质量 | 司法文明指数 | 中国司法文明指数报告 |
| 人文环境 5.13% | 开放包容 | 对外开放 1.28% | 贸易依存度 | 海关进出口金额/GDP | EPS数据库 |
| | | | 外资企业比 | 外商直接投资企业数/企业数 | |
| | | | 对外投资度 | 对外非金融投资额/GDP | |
| | | 社会信用 3.85% | 信用市场建设 | 信用信息共享平台得分 | 国家信息中心中经网信用状况简报 |
| | | | 商业机构用信意识 | 商业机构用信意识 | |

#### 3.1.1.1 市场环境方面

依照《优化营商环境条例》第三章"市场环境"的具体内容，总结出融资、创新、竞争公平、资源获取和市场中介5个二级指标。

融资指标借鉴EIU（2014）的营商环境评价体系，关注区域金融机构为企业经营提供资金的情况，计算方法为地区社会融资规模增量与GDP的比例。其中，地区社会融资规模增量为当年该区域内实体经济从金融体系中获得的资金总额，数据来源于中国人民银行公开的统计结果。

创新指标借鉴李志军（2019）的中国城市营商环境评价体系，衡量区域研发投入与产出。同时，还关注为区域创新提供技术支持与人才保障的区域创新机构数量，并使用普通高等学校数量来测量。研发投入为省份研究与试验发展（R&D）经费内部支出占GDP的比重。前述二者数据均来自EPS数据库。研发产出数据是通过专利更新模型计算的区域专利价值，选自复旦大学产业发展研究中心和第一财经研究院（2019）《中国城市和产业创新力报告》中的创新指数。

竞争公平指标依照《优化营商环境条例》第五条"保障各类市场主体公平参与市场竞争"要求，包括两方面内容：一是非国有经济比重，借鉴樊纲等（2001）的中国市场化指数，为各省非国有企业社会固定资产投资占总企业固定资产投资比例，数据来源于 EPS（economy prediction system，经济预测系统）数据库。二是创业活力，源自前述《中国城市和产业创新力报告》中的创业指数，为各省所有新成立企业的注册资本金总和。

资源获取指标主要衡量企业运营所需资源的获取情况。参考世界银行营商环境评价指标体系，选取区域内企业获取水、地、人力与交通四种资源的成本作为三级指标。其中：企业水价与地价分别为中国水网的非居民自来水单价和统计年鉴中的商业营业用房平均销售价格；人力资本聚集状况为人口迁入率；区域交通状况为《滴滴出行城市交通出行报告》中的交通运行指数（滴滴出行智慧交通事业部，2018）。

市场中介指标除了沿用樊纲等（2001）市场化指数中的律师和会计师两种中介组织，还选取能够为企业经营提供便利服务的租赁及商业服务业企业作为三级指标，以更加全面地衡量区域中介组织的发育程度。通过计算中介组织数量占企业数的比重反映上述指标。其中，律师事务所数据来自各省统计年鉴，会计师事务所数量来源于《中国会计年鉴》，租赁及商业服务业企业数据来源于 EPS 数据库。

### 3.1.1.2 政务环境方面

政务环境方面使用政企关系、政府廉洁与政府效率 3 个二级指标刻画。政府效率符合"十三五"规划中营造"高效廉洁"政务环境的目标，"政府廉洁"和"政企关系"则反映了习近平总书记（2016）提出的构建"亲""清"新型政商关系的要求。

政府廉洁与政企关系分别下设政府廉洁度与政府关怀作为三级指标，指标测量使用聂辉华等（2019）《中国城市政商关系排行榜》的政府廉洁指数和政府关心指数。其中，政府廉洁指数通过腐败官员比例和腐败新闻数量反映，政府关心指数则从市领导考察和座谈两个方面衡量。

政府效率指标部分沿用李志军（2019）的评估方法，选取政府支出和电子政务水平两项三级指标。其中，政府支出反映了政府规模，为政府一般公共预算支出与 GDP 之比。该指标数据越小，表明该省的行政效率越高。电子政务水平反映企业获取政府服务的便利程度，数据来源于南京大学胡广伟课题组（2019）发布的《政府电子服务能力指数报告》。

### 3.1.1.3 法律政策环境方面

根据"十三五"规划中"公正透明"的效果目标，以及《优化营商环境条例》第三条"各级人民政府及其部门应当坚持政务公开透明"的要求，选取政策透明和司法公正作为二级指标。

政策透明指标使用政府透明度评估，源自中国社会科学院（2018）《中国政府透明度指数报告》中的省级政府透明度指数。该指数衡量内容包括决策公开、政策解读等方面。

司法公正指标借鉴世界银行营商环境评价体系，衡量区域司法质量，数据源自国家司法文明协同创新中心（2019）《中国司法文明指数报告》中的司法文明指数。该指数评价了包括司法程序、司法公开、司法权力在内的十项指标，全面系统地反映了省份司法情况。

#### 3.1.1.4 人文环境方面

在"开放包容"目标下，依照《优化营商环境条例》第六条"国家进一步扩大对外开放，积极促进外商投资"，以及第三十条"加强社会信用体系建设"的要求，选取对外开放和社会信用两个二级指标。

在第二届中国国际进口博览会上，习近平（2019）将"继续优化营商环境"作为中国持续推进更高水平对外开放的措施之一，表明营商环境与对外开放的密切联系。对外开放指标包含"引进来"与"走出去"两个方面。区域对外开放程度包括贸易依存度、外资企业比和对外投资度三个指标，计算方法依次为：海关进出口金额占 GDP 的比重、外商直接投资企业数占企业总数的比重、对外非金融投资额占 GDP 的比重，数据均来自 EPS 数据库。

社会信用指标包括两方面指标：一方面，借鉴世界银行营商环境指标，衡量区域信用评价体系建设程度；另一方面，使用国家信息中心《信用状况简报》中的商业机构用信意识——单纯衡量信用信息提供是片面的，企业应有相应的使用信息能力。

### 3.1.2 指标权重设置

本研究依据《优化营商环境条例》内容对评价体系的二级指标进行赋权，通过考察各二级指标评价内容在《优化营商环境条例》中的体现频率确定权重。具体规则为：将上述 12 个二级指标编码为 $Z_1—Z_{12}$，《优化营商环境条例》中除总则外的 62 条条例编码为 1—62，依照编码顺序逐条分析条例，若编码 $j$ 条例强调的优化工作属于编码 $Z_i$ 指标的考察内容，则其对应的编码值 $Z_{i,j}=1$，否则 $Z_{i,j}=0$。例如，《优化营商环境条例》中第二十三条（条例编码为14）"政府及其有关部门应当完善政策措施、强化创新服务……"仅反映出"创新"指标的考察内容（指标编码为 $Z_2$），故 $Z_{2,14}=1$，$Z_{i,14}=0(i\neq 2)$。

依据上述规则，由3名专业研究人员对《优化营商环境条例》进行分析：若3人对编码 $j_0$ 条例对应的编码值一致，即 $Z_{i,j_0}$ 均相同，则确认该条例对应的编码值；若出现不一致，则请营商环境研究专家加入讨论并确定结果。最后，由专家审查前面3人研究小组确认一致的结果。通过式（1）、式（2）计算出《优化营商环境条例》中各二级指标的体现频次 $V_{Z_i}$ 和频率 $W_{Z_i}$：

$$V_{Z_i} = \sum_{j=1}^{62} Z_{i,j} \quad (i = 1, 2, \cdots, 12) \tag{1}$$

$$W_{Z_i} = V_{Z_i} / \sum_{i=1}^{12} V_{Z_i} \quad (i = 1, 2, \cdots, 12) \tag{2}$$

其中，体现频率 $W_{Z_i}$ 为二级指标 $Z_i$ 的权重，一级指标权重为该指标对应二级指标权重之和。

### 3.1.3 数据与计算方法

首先，根据构建的中国省份营商环境评价体系，获取31个省份各项三级指标的具体数据。①

对于获取的原始数据处理采用效用值法，效用值值域为[0，100]。正向三级指标效用值计算公式见式（3），逆向三级指标效用值计算公式见式（4）：②

$$y_{ab} = \frac{x_{ab} - x_{a\min}}{x_{a\max} - x_{a\min}} \times 100 \tag{3}$$

$$y_{ab} = \frac{x_{a\max} - x_{ab}}{x_{a\max} - x_{a\min}} \times 100 \tag{4}$$

---

① （1）在数据时限上，本研究所使用的数据多来自统计年鉴等公开渠道，相关数据往往具有滞后性。考虑到数据的可获得性和年份一致性，我们在2020年第4期《经济管理》论文定稿时使用的主要指标数据反映了2018年的情况，另有少量指标使用了截至该研究完成时可获得的最新数据。考虑到不同省份数据在一年内出现巨大变化的可能性较小，这种状况不大可能影响本报告得出的主要结论。当然，课题组会在未来研究中具体展示各省因地制宜地改善具体环境指标所带来的变化。（2）在数据层次上，由于非居民自来水单价、交通运行指数、信用信息共享平台得分及商业机构用信意识等四项指标缺少省份数据，使用省会城市数据替代；政府关怀与政府廉洁度两项三级指标缺乏省份数据，使用该省各城市平均值替代。

② 逆向三级指标包括三项：水价、地价和政府支出。

其中，$a$ 表示三级指标，$b$ 表示区域，$x_{ab}$ 表示 $b$ 区域 $a$ 三级指标原始数据，$x_{a\max}$ 表示 $a$ 三级指标最大值，$x_{a\min}$ 表示 $a$ 三级指标最小值，$y_{ab}$ 表示 $b$ 区域 $a$ 三级指标效用值。

继而，对各二级指标下设的三级指标效用值进行简单平均，形成二级指标得分。① 最后，按照评价指标体系权重与二级指标得分，分别计算各省一级指标得分与营商环境总分。

## 3.2 区域营商环境评价结果与分析

如上所述，基于表 3-1 中所构建的评价指标体系，结合数据的可获得性，运用效用值法将各二级指标评估内容的原始数据进行标准化，并简单平均标准化得分形成二级指标得分。随后，依据二级指标得分与指标权重，计算出各省营商环境评价指数。之后，根据评价结果，计算出各省四个子环境排名的标准差，即子环境的均衡度——标准差越小，表明该省四个子环境的均衡度越高。所有结果如表 3-2 所示。此外，还计算了中国不同区域的营商环境得分。

### 3.2.1 中国省份营商环境评价的结果

#### 3.2.1.1 省份营商环境排名

如表 3-2 所示，在全国各省级行政区营商环境的指数排名中，北京第一，上海第二，排名前十的省份还依次包括：广东、四川、江苏、重庆、浙江、安徽、山东和贵州。

进一步，根据营商环境评价指标体系的评价结果，将各省营商环境从高到低划分为 A+、A、A-、B+、B、B-、C 等 7 个等级，对应的水平分别为：标杆、领先、前列、中上、中等、落后和托底。分类结果如表 3-3 所示。

---

① 对于一些省份的三级指标数据存在缺失的情况，则忽略缺失值，仅计算不存在缺失的三级指标效用值。具体而言，由于交通服务和律师事务所两项三级指标的部分省份数据存在缺失，课题组使用相同二级指标下其他三级指标效用值的均值作为二级指标得分。比如，新疆缺少交通服务数据，则使用水价、地价和人力资本三项三级指标效用值计算资源获取指标得分。

表 3-2 中国内地省份营商环境排行榜

| 省份 | 营商环境 总序 | 营商环境 总分 | 子环境均衡度 排序 | 子环境均衡度 标准差 | 市场环境 排序 | 市场环境 得分 | 政务环境 排序 | 政务环境 得分 | 法律政策环境 排序 | 法律政策环境 得分 | 人文环境 排序 | 人文环境 得分 |
|---|---|---|---|---|---|---|---|---|---|---|---|---|
| 北京 | 1 | 78.23 | 1 | 1.00 | 1 | 80.03 | 3 | 66.92 | 3 | 89.68 | 3 | 78.70 |
| 上海 | 2 | 76.95 | 1 | 1.00 | 3 | 53.90 | 1 | 77.22 | 1 | 95.90 | 1 | 88.02 |
| 广东 | 3 | 68.69 | 4 | 2.08 | 2 | 56.61 | 5 | 64.63 | 7 | 82.99 | 4 | 77.71 |
| 四川 | 4 | 67.53 | 3 | 1.50 | 6 | 48.41 | 4 | 64.89 | 4 | 87.85 | 7 | 69.18 |
| 江苏 | 5 | 63.20 | 13 | 4.04 | 4 | 53.58 | 13 | 53.62 | 8 | 81.89 | 5 | 70.93 |
| 重庆 | 6 | 60.95 | 14 | 4.08 | 16 | 38.38 | 7 | 61.28 | 9 | 79.97 | 8 | 68.58 |
| 浙江 | 7 | 60.68 | 22 | 7.04 | 5 | 49.21 | 6 | 61.84 | 18 | 66.49 | 2 | 80.73 |
| 安徽 | 8 | 59.27 | 27 | 9.87 | 10 | 40.38 | 26 | 44.11 | 2 | 93.88 | 12 | 61.48 |
| 山东 | 9 | 59.26 | 10 | 3.70 | 7 | 44.73 | 14 | 53.47 | 10 | 79.29 | 15 | 59.35 |
| 贵州 | 10 | 58.11 | 30 | 11.03 | 28 | 31.66 | 2 | 70.30 | 15 | 69.38 | 21 | 50.57 |
| 河南 | 11 | 57.15 | 6 | 2.50 | 8 | 43.77 | 12 | 55.53 | 14 | 70.47 | 11 | 62.11 |
| 海南 | 12 | 55.27 | 18 | 5.25 | 13 | 39.03 | 15 | 53.28 | 13 | 74.45 | 24 | 43.39 |
| 江西 | 13 | 54.54 | 12 | 4.03 | 18 | 38.09 | 21 | 47.60 | 12 | 76.66 | 14 | 60.78 |
| 福建 | 14 | 54.36 | 18 | 5.26 | 14 | 38.49 | 16 | 51.69 | 16 | 69.37 | 6 | 70.23 |
| 云南 | 15 | 54.13 | 31 | 11.35 | 30 | 28.69 | 20 | 50.13 | 5 | 85.35 | 28 | 34.62 |
| 河北 | 16 | 53.93 | 20 | 5.74 | 17 | 38.33 | 11 | 56.88 | 17 | 67.44 | 25 | 37.91 |
| 湖北 | 17 | 53.17 | 21 | 5.94 | 15 | 38.45 | 9 | 58.98 | 22 | 57.80 | 10 | 65.48 |
| 天津 | 18 | 51.76 | 24 | 7.72 | 22 | 35.76 | 25 | 44.62 | 11 | 78.51 | 29 | 29.18 |
| 宁夏 | 19 | 51.73 | 29 | 10.47 | 27 | 32.67 | 29 | 40.80 | 6 | 83.22 | 23 | 44.01 |
| 吉林 | 20 | 51.21 | 16 | 4.72 | 9 | 41.66 | 17 | 52.08 | 20 | 58.35 | 17 | 54.62 |
| 黑龙江 | 21 | 47.98 | 11 | 4.00 | 19 | 37.36 | 27 | 43.05 | 19 | 62.81 | 19 | 51.76 |
| 辽宁 | 22 | 47.43 | 25 | 9.11 | 10 | 41.60 | 23 | 46.40 | 27 | 50.74 | 9 | 66.72 |
| 山西 | 23 | 46.74 | 8 | 2.87 | 21 | 36.49 | 24 | 45.89 | 24 | 55.79 | 18 | 54.57 |
| 陕西 | 24 | 46.27 | 4 | 2.08 | 23 | 35.30 | 22 | 46.89 | 25 | 54.80 | 20 | 50.94 |
| 内蒙古 | 25 | 44.97 | 15 | 4.57 | 26 | 32.73 | 19 | 51.56 | 26 | 51.14 | 30 | 29.15 |
| 湖南 | 26 | 44.95 | 26 | 9.42 | 11 | 40.77 | 10 | 58.58 | 30 | 30.18 | 13 | 61.09 |
| 新疆 | 27 | 43.19 | 7 | 2.63 | 29 | 30.24 | 28 | 42.04 | 23 | 57.80 | 27 | 34.83 |

续表

| 省份 | 营商环境 总序 | 营商环境 总分 | 子环境均衡度 排序 | 子环境均衡度 标准差 | 市场环境 排序 | 市场环境 得分 | 政务环境 排序 | 政务环境 得分 | 法律政策环境 排序 | 法律政策环境 得分 | 人文环境 排序 | 人文环境 得分 |
|---|---|---|---|---|---|---|---|---|---|---|---|---|
| 青海 | 28 | 43.05 | 23 | 7.50 | 31 | 17.87 | 16 | 52.92 | 21 | 57.86 | 31 | 23.53 |
| 甘肃 | 29 | 41.22 | 28 | 10.10 | 25 | 33.26 | 8 | 59.67 | 31 | 24.58 | 16 | 55.58 |
| 广西 | 30 | 37.92 | 17 | 4.99 | 20 | 36.58 | 30 | 36.54 | 29 | 38.78 | 22 | 49.59 |
| 西藏 | 31 | 35.78 | 9 | 2.99 | 24 | 34.08 | 31 | 32.63 | 28 | 41.07 | 26 | 35.29 |

表 3-3　中国 31 个省营商环境评价等级分类

| 等级 | 值域 | 排名 | 水平 | 省级行政区 |
|---|---|---|---|---|
| A+ | >75 | 1~2 | 标杆 | 北京、上海 |
| A | 65~75 | 3~4 | 领先 | 广东、四川 |
| A- | 60~65 | 5~7 | 前列 | 江苏、重庆、浙江 |
| B+ | 55~60 | 8~12 | 中上 | 安徽、山东、贵州、河南、海南 |
| B | 50~55 | 13~20 | 中等 | 江西、福建、云南、河北、湖北、天津、宁夏、吉林 |
| B- | 40~50 | 21~29 | 落后 | 黑龙江、辽宁、山西、陕西、内蒙古、湖南、新疆、青海、甘肃 |
| C | 30~40 | 30~31 | 托底 | 广西、西藏 |

如表 3-3 所示，北京和上海为 A+级。两市营商环境处于国际先进水平，率先开展营商环境优化工作，取得了显著成绩。具体而言，上海将企业感受作为第一感受，对标国际最高标准、最高水平，深化"互联网+政务服务"，通过"关税保证保险"等试点推广，降低企业成本。北京则从"简流程、优服务、降成本、强监管"四个方面深化改革，如推动"网上可办"转向"全程通办"，与企业开展"一对一"服务，实施普惠性税收减免政策等举措，从而使得"市场环境"指标得分远高于其他省份。两市改革措施已经国务院同意，在全国推广。紧随其后，广东、四川两省处于 A 级。与各自地理禀赋或行政级别较为匹配，江苏、重庆和浙江三省分列第三等级。广西和西藏则处于托底水平。

值得注意的是，一些省份的营商环境排名与地理禀赋或行政级别并不匹配。比如，作为直辖市的天津和拥有国家中心城市武汉的湖北，营商环境排名均低于全国省份中位数。其中，天津的政务环境与人文环境得分较低。尽管其政策透明与竞争公平等二级指标得分较高，仍无法弥补政府廉洁指标得分较低的短板。根据聂辉华等（2019），政府廉洁指标衡量内容包括食品安全许可证代办价格与腐败新闻条数。天津该项指标的得分较低，可能是由于中共十八大以来较多的腐败新闻披露。湖北的法律政策环境得分和排名均低于平均水平。事实上，评价结果与认知的这种差异，表明经济发展水平并不简单等同于企业营商环境。

此外，吉林、黑龙江和辽宁分属 B 级和 B-级，表明东北三省亟待"加快服务型政府建设，改善营商环境，加快发展民营经济"，革新"投资不过山海关"的刻板印象。

#### 3.2.1.2 省份营商环境的均衡度

除了整体考量，我们还计算出各省四个子环境的均衡度，即四种子环境排名的标准差。标准差越小，即营商环境的均衡度越高。

比较各省整体营商环境排名与子环境均衡度的排名（见图3-1），可以发现：①整体营商环境排名前十的省份中：北京、上海、广东和四川的整体营商环境和子环境均衡度均表现卓越，是中国营商环境优化的标杆。浙江、安徽和贵州三省虽然整体排名前十，但子环境均衡度较差，存在严重倒挂；三省未来应在保持优势子环境水平的同时，着力补齐短板——比如浙江的法律政策环境、安徽的政务环境以及贵州的市场环境和人文环境。②子环境均衡度排名前十的省份中，尽管山西、陕西、新疆、西藏的子环境均衡水平高，但整体营商环境不尽如人意。未来需结合自身禀赋，寻找优化突破点，提升整体排名，再补齐短板。

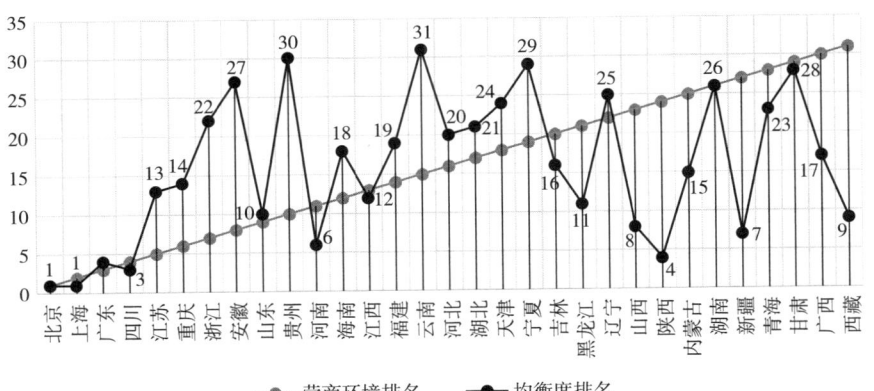

**图 3-1　整体营商环境与子环境均衡度的排序比较**

### 3.2.1.3 省份营商环境的子环境分析

（1）市场环境排名分析。市场环境指数前五名依次为北京、广东、上海、江苏、浙江。其中，北京得分 80.03 分，远高于第二名广东（56.61 分）。市场环境分值高是北京能够位居营商环境总指数第一的重要原因。在市场环境下的 5 项二级指标中，北京有四项排名第一；由于企业生产要素成本较高，"资源获取"一项未能夺魁。全国各省份市场环境指数平均分为 40.26 分，有 12 个省份高于平均分。

（2）政务环境排名分析。政务环境指数前五名依次为上海、贵州、北京、四川、广东。贵州（70.30 分）能够力压北京位居第二，除政企关系外，也得益于其出色的政府电子服务能力。全国 31 省政务环境指数平均分为 53.10 分。

（3）法律政策环境排名分析。法律政策环境指数前五名依次为上海、安徽、北京、四川、云南。各省法律政策环境指数平均分为 66.92 分。

（4）人文环境排名分析。上海人文环境得分 88.02 分居首，浙江、北京、广东、江苏紧随其后。可见，沿海省份更容易实施对外开放，其人文环境得分普遍较高。在营商环境的四项子环境中，上海取得了三项第一。由于社会信用评价体系建设不足，河北与天津排名靠后；河北虽为沿海省份，但是对外开放程度低，未能发挥环京津地区的优势。全国各省人文环境指数平均分为 55.5 分。

## 3.2.2　中国不同区域营商环境的比较

《中共中央关于制定国民经济和社会发展第十四个五年规划和二〇三五年远景目标的建议》从四个方面提出了区域协调发展：第一，推动西部大开发形成新格局，推动东北振兴取得新突破，促进中部地区加快崛起，鼓励东部地区加快推进现代化；第二，推进京津冀协同发展、长江经济带发展、粤港澳大湾区建设、长三角一体化发展；第三，推动黄河流域生态保护和高质量发展；第四，推动共建"一带一路"高质量发展。以下根据评价结果，分别介绍相关区域的营商环境。

### 3.2.2.1　地理上的七大区域营商环境比较

如图 3-2 所示，在七大区域的整体营商环境中，华东地区得分（61.18 分）居首；西南（55.30 分）、华北（55.13 分）、华南（53.96 分）三个地区紧随其后，均高于全国 31 省均值（53.86 分）；之后的华中

（51.76 分）、东北（48.87 分）和西北（45.09 分）则低于全国均值。

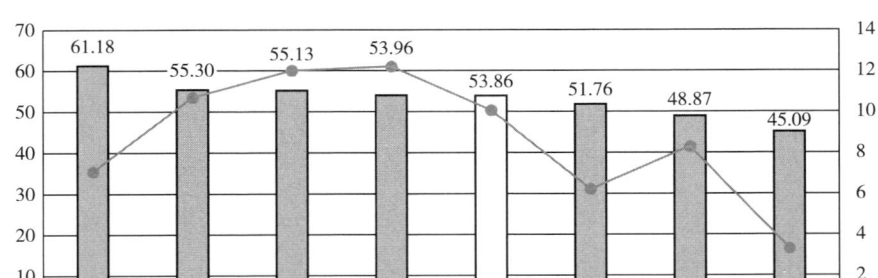

图 3-2 中国七大区域营商环境及其子环境均衡度

除中国台湾外，华东地区涵盖上海、山东、江苏、安徽、浙江、福建、江西七省。营商环境指数均值为 61.18，远高于全国总体均值（53.86）；营商环境指数标准差为 7.08，低于全国总体标准差（10.06）。

西南地区包括四川、贵州、重庆、云南、西藏五省。营商环境指数均值为 55.30，高于全国总体均值；营商环境指数标准差为 10.69，略高于全国总体标准差（10.06）。

华北地区除北京外，还包括天津、河北、山西、内蒙古四个省份。该区五省营商环境指数均值为 55.13，高于全国总体均值（53.86）；区域营商环境指数标准差为 12，高于全国总体标准差（10.06）。

除港澳之外①，华南地区覆盖广东、广西、海南三省，营商环境指数均值为 53.96，与全国总体均值（53.86）大致持平；营商环境指数标准差为 12.20，高于全国总体标准差（10.06）。

华中地区覆盖河南、湖北、湖南三省，营商环境指数均值为 51.76，略低于全国总体均值（53.86）；营商环境指数标准差为 6.22，低于全国总体标准差（10.06）。

东北三省营商环境指数均值为 48.87，低于全国总体均值（53.86）；

---

① 限于统计数据的可获得性，本研究未将位于华东地区的中国台湾及位于华南地区的中国香港和中国澳门列入比较。

营商环境指数标准差为8.29，低于全国总体标准差（10.06）。

西北地区包括宁夏、新疆、青海、陕西、甘肃五省。营商环境指数均值为45.09，低于全国总体均值（53.86）；营商环境指数标准差为3.3，远低于全国总体标准差（10.06），差距较小。

### 3.2.2.2 九大区域发展战略下的营商环境比较①

如图3-3所示，在区域发展战略方面，综合早期四大战略和新时代四大战略及"一带一路"倡议，可以发现：长三角一体化、21世纪海上丝绸之路、东部率先发展、京津冀协同发展、长江经济带发展等区域的营商环境高于全国均值；而中部崛起、黄河流域生态保护和高质量发展、东北振兴、西部大开发和丝绸之路经济带等区域的营商环境指数则低于全国均值，需要加大力度推进优化。

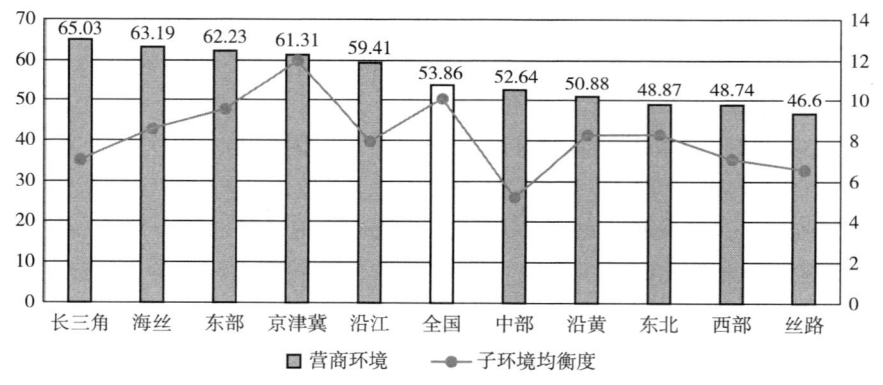

图3-3　中国九大区域战略营商环境及其子环境均衡度

（1）早期四大区域战略。西部大开发战略涵盖四川、陕西、甘肃、青海、云南、贵州、重庆、广西、内蒙古、宁夏、新疆和西藏十二省。营商环境指数均值为48.74，低于全国总体均值（53.86）；营商环境指数标准差为9.37，低于全国总体标准差（10.06）。

东北振兴战略覆盖黑龙江、辽宁与吉林三省。营商环境指数均值为48.87，低于全国总体均值（53.86）；各省营商环境指数标准差为8.29，

---

① 由于"粤港澳大湾区建设"和"海南全面深化改革开放"两大国家战略仅涉及本研究中的个别省份，故未单独列出，仅在广东和海南两省报告的政策建议中提及。此外，"一带一路"倡议是一个整体，但在图中将"一带""一路"分开统计。

低于全国标准差（10.06）。

中部崛起战略涵盖湖北、湖南、河南、山西、江西、安徽六省。营商环境指数均值为52.64，与全国总体均值持平；营商环境指数标准差为5.20，低于全国总体标准差（10.06）。

东部率先发展战略涵盖北京、天津、河北、山东、江苏、上海、浙江、福建、广东和海南十省。营商环境指数均值为62.23，高于全国总体均值（53.86）；营商环境指数标准差为9.52，低于全国总体标准差（10.06）。

（2）新时期四大区域战略。京津冀协同发展战略涵盖北京、天津、河北三省，其营商环境指数均值为61.31，高于全国总体均值（53.86）；营商环境指数标准差为12，高于全国总体标准差（10.06）。

长江经济带发展战略覆盖上海、江苏、浙江、安徽、江西、湖北、湖南、重庆、四川、云南和贵州11省份。其营商环境指数均值为59.41，高于全国总体均值（53.86）；营商环境指数标准差为7.94，低于全国总体标准差（10.06）。

长三角一体化战略涵盖上海、江苏、浙江、安徽四省，营商环境指数均值为65.03，高于全国总体均值（53.86）；营商环境指数标准差为7.03，低于全国总体标准差（10.06）。

黄河流域生态保护和高质量发展战略涵盖青海、四川、甘肃、宁夏、内蒙古、陕西、山西、河南、山东九省。营商环境指数均值为50.88，略低于全国总体均值（53.86）；营商环境指数标准差为8.27，低于全国总体标准差（10.06）。

（3）"一带一路"倡议。丝绸之路经济带圈定重庆、云南、宁夏、吉林、黑龙江、辽宁、陕西、内蒙古、新疆、青海、甘肃、广西、西藏十三省。其营商环境指数均值为46.60，低于全国总体均值（53.86）；营商环境指数标准差为6.57，远低于全国总体标准差（10.06）。

21世纪海上丝绸之路途经上海、广东、浙江、海南、福建五省。营商环境指数均值为63.19，远高于全国总体均值（53.86）；营商环境指数标准差为8.56，低于全国总体标准差（10.06）。

### 3.2.3 中国不同省份营商环境情况与建议

结合以上评价指标和研究结论，以下逐一介绍31个省份的营商环境概况与优化建议。

### 3.2.3.1 北京市

营商环境指数为78.23，全国第1（A+级），优化营商环境的标杆，与人均GDP排名持平；子环境均衡度在31个省份中居首，四个子环境排名由高到低依次为：市场环境（第1），政务环境（第3），法律政策环境（第3），人文环境（第3）。未来应保持整体领先优势，并进一步优化政务环境、法律政策环境、人文环境。

### 3.2.3.2 天津市

营商环境指数为51.76，全国第18，处于中等水平（B级），远低于人均GDP排名（第7）；子环境均衡度全国第24，四个子环境排名由高到低依次为：法律政策环境（第11），市场环境（第22），政务环境（第25），人文环境（第29）。未来应着力优化市场环境、政务环境、人文环境，提高整体营商环境水平。

### 3.2.3.3 河北省

营商环境指数为53.93，全国第16，处于中等水平（B级），高于人均GDP排名（第25）；子环境均衡度全国第20，四个子环境排名由高到低依次为：政务环境（第11），市场环境（第17），法律政策环境（第17），人文环境（第25）。除政务环境外，其余三个子环境尤其是人文环境均处于全国中下游，尚存较大提升空间。

### 3.2.3.4 山西省

营商环境指数为46.74，全国第23，处于落后水平（B-级），略高于人均GDP排名（第26）；子环境均衡度全国第8，处于上游。四个子环境排名由高到低依次为：人文环境（第18），市场环境（第21），法律政策环境（第24），政务环境（第24）。未来应着重优化政务环境和法律政策环境，从而提升整体营商环境排名。

### 3.2.3.5 内蒙古自治区

营商环境指数为44.97，全国第25，处于落后水平（B-级），远低于人均GDP排名（第11）；子环境均衡度排名第15，四个子环境排名由高到低依次为：政务环境（第19），市场环境（第26），法律政策环境（第26），人文环境（第30）。可见，人文环境、市场环境和法律政策环境是未来需要着力优化的领域。

### 3.2.3.6 辽宁省

营商环境指数为47.43，全国排名第22，处于落后水平（B-级），远低于人均GDP排名（第14）；子环境均衡度排名第25，四个子环境排名由高到低依次为：人文环境（第9），市场环境（第10），政务环境（第23），法律政策环境（第27）。未来应保持人文环境和市场环境的相对优势，大力优化政务环境和法律政策环境。

### 3.2.3.7 吉林省

营商环境指数为51.21，全国排名第20，处于中等水平（B级），高于人均GDP排名（第28）；子环境均衡度排名第16，四个子环境排名由高到低依次为：市场环境（第9），人文环境（第17），政务环境（第17），法律政策环境（第20）。未来应保持市场环境的相对优势，着力优化法律政策环境。

### 3.2.3.8 黑龙江省

营商环境指数为47.98，全国排名第21，处于落后水平（B-级），高于人均GDP排名（第30）；子环境均衡度排名第11，相对均衡，四个子环境排名由高到低依次为：市场环境（第19），人文环境（第19），法律政策环境（第19），政务环境（第27）。这种较低水平的均衡表明，黑龙江各个子环境均有较大提升空间，尤其应着力优化政务环境。

### 3.2.3.9 上海市

营商环境指数为76.95，全国排名第2，与人均GDP排名持平（第2），是中国优化营商环境的标杆城市（A+级）；营商环境的子环境均衡度全国排名第1，四个子环境排名由高到低依次为：政务环境（第1），法律政策环境（第1），人文环境（第1），市场环境（第3）。未来上海应保持国内领先优势，对标国际先进水准，进一步优化市场环境。

### 3.2.3.10 江苏省

营商环境指数为63.20，全国排名第5，处于全国前列（A-级），略低于人均GDP排名（第3）。营商环境的子环境均衡度在31个省份中排名第13，远低于其整体营商环境排名。四个子环境排名由高到低依次为：市场环境（第4），人文环境（第5），法律政策环境（第8），政务环境（第13）。未来应致力于确保市场环境和人文环境的领先优势，逐步优化法律政策环境，苦练内功优化政务环境。

### 3.2.3.11 浙江省

营商环境指数为60.68，全国排名第7，位居全国前列（A-级），略低于其当年人均GDP排名（第4）；子环境均衡度在31个省份中排名第22，四个子环境排名由高到低依次为：人文环境（第2），市场环境（第5），政务环境（第6），法律政策环境（第18）。未来应保持人文环境、市场环境、政务环境的优势，着力优化法律政策环境。

### 3.2.3.12 安徽省

营商环境指数为59.27，全国排名第8，处于中等偏上水平（B+级），高于其当年人均GDP排名（第13）；子环境均衡度在31个省份中排名第27，四个子环境排名由高到低依次为：法律政策环境（第2），人文环境（第12），市场环境（第12），政务环境（第26）。政务环境是拉低安徽子环境均衡度的首要因素，未来应重点关注，力求补齐短板。

### 3.2.3.13 福建省

营商环境指数为54.36，全国排名第14，处于全国中游水平（B级），远低于其同年人均GDP排名（第5）。营商环境的子环境均衡度在31个省份中排名第19。四个子环境排名由高到低依次为：人文环境（第6），市场环境（第14），法律政策环境（第16），政务环境（第18）。未来应在保持人文环境优势的基础上，全力优化政务环境、法律政策环境和市场环境。

### 3.2.3.14 江西省

营商环境指数为54.54，全国排名第13，远高于人均GDP排名（第21），处于全国中游（B级）；子环境均衡度在31个省份中排名第12，四个子环境排名由高到低依次为：法律政策环境（第12），人文环境（第14），市场环境（第18），政务环境（第21）。未来应稳步优化法律政策环境和人文环境，着力补齐市场环境、政务环境两个短板。

### 3.2.3.15 山东省

营商环境指数为59.26，全国排名第9，略高于其当年人均GDP排名（第10），处于全国中等偏上水平（B+级）；子环境均衡度排名第10，四个子环境排名由高到低依次为：市场环境（第7），法律政策环境（第10），政务环境（第14），人文环境（第15）。未来应保持市场环境和法律政策环境的前列水平，着重优化政务环境和人文环境。

### 3.2.3.16 河南省

营商环境指数为57.15，全国排名第11，处于中等偏上水平（B+级），高于当年人均GDP排名（第17）；子环境均衡度排名第6，四个子环境排名由高到低依次为：市场环境（第8），人文环境（第11），政务环境（第12），法律政策环境（第14）。政务环境和法律政策环境排名相对落后，是未来优化工作的重点。

### 3.2.3.17 湖北省

营商环境指数为53.17，全国排名第17，处于中游水平（B级），远低于人均GDP排名（第8）；子环境均衡度排名第21，四个子环境排名由高到低依次为：政务环境（第9），人文环境（第10），市场环境（第15），法律政策环境（第22）。其中，法律政策环境和市场环境相对落后。从4个一级指标看，湖北应致力于确保政务环境、人文环境的相对优势，提升市场环境排名，并着力优化失分较多的法律政策环境。

### 3.2.3.18 湖南省

营商环境指数为44.95，全国排名第26，处于落后水平（B-级），远低于其同年人均GDP排名（第15）；营商环境的子环境均衡度位列第26，四个子环境排名由高到低依次为：政务环境（第10），市场环境（第11），人文环境（第13），法律政策环境（第30）。从4个一级指标来看，湖南应致力于保持并继续发挥政务环境、市场环境和人文环境的优势，并着力优化失分较多的法律政策环境。

### 3.2.3.19 广东省

营商环境指数为68.69，全国排名第3，高于人均GDP排名（第6），是中国优化营商环境的领先省份（A级）；子环境均衡度在全国排名第4，四个子环境排名由高到低依次为：市场环境（第2），人文环境（第4），政务环境（第5），法律政策环境（第7）。其中，市场环境和人文环境与营商环境排名接近，政务环境和法律政策环境的改善空间相对更大。

### 3.2.3.20 广西壮族自治区

营商环境指数为37.92，全国排名第30，处于托底水平（C级），近乎其同年人均GDP全国排名（第29）；营商环境的子环境均衡度在31个省份中排名第17，四个子环境排名由高到低依次为：市场环境（第20），人文环境（第22），法律政策环境（第29），政务环境（第30）。四个子环境亟排全国后列，其中法律政策环境和政务环境亟须优化。

### 3.2.3.21 海南省

营商环境指数为55.27，全国排名第12，高于同年人均GDP排名（第16），在全国处于中等偏上的水平（B+级）；子环境均衡度排名第18，四个子环境排名由高到低依次为：市场环境（第13），法律政策环境（第13），政务环境（第15），人文环境（第24）。人文环境为短板，有较大改善空间。

### 3.2.3.22 重庆市

营商环境指数为60.95，全国排名第6，高于人均GDP排名（第9），是中国营商环境排名前列的省份（A-级）；子环境均衡度在全国排名第14，远低于其整体排名，四个子环境排名由高到低依次为：政务环境（第7）、人文环境（第8）、法律政策环境（第9）、市场环境（第16）。未来应保持政务环境、人文环境和法律政策环境等优势指标稳中有进，大力优化市场环境。

### 3.2.3.23 四川省

营商环境指数为67.53，全国排名第4，远高于人均GDP排名（第19），是中国营商环境优化的领先省份（A级）；子环境均衡度在全国排名第3，四个子环境排名由高到低依次为：政务环境（第4），法律政策环境（第4），市场环境（第6），人文环境（第7）。政务环境、法律政策环境排名与营商环境整体排名相同，市场环境和人文环境则有一定的改善空间。

### 3.2.3.24 贵州省

营商环境指数为58.11，全国排名第10，处于中等偏上水平（B+级），远高于人均GDP排名（第27）；子环境均衡度在全国排名倒数第二，四个子环境排名由高到低依次为：政务环境（第2），法律政策环境（第15），人文环境（第21），市场环境（第28）。未来应保持政务环境的优势，推动法律政策环境稳中有进，着力优化人文环境和市场环境。

### 3.2.3.25 云南省

营商环境指数为54.13，全国排名第15，排名中游（B级），远高于其当年人均GDP排名（第24）；营商环境的子环境均衡度在全国排名末位，四个子环境排名由高到低依次为：法律政策环境（第5），政务环境（第

20)、人文环境（第28）、市场环境（第30）。仅法律政策环境排名全国前列，未来应着力优化市场环境、政务环境和人文环境。

### 3.2.3.26 西藏自治区

营商环境指数为35.78，全国排名垫底（C级），远低于其同年人均GDP排名（第23）；营商环境的子环境均衡度在31个省份中排名第9，四个子环境排名由高到低依次为：市场环境（第24）、人文环境（第26）、法律政策环境（第28）、政务环境（第31）。这种低水平的较高均衡表明，四个子环境均存在很大改进空间，尤其是垫底的政务环境。西藏未来应在保证市场环境逐步优化的同时，着力弥补得分较低的法律政策环境、人文环境与政务环境。

### 3.2.3.27 陕西省

营商环境指数为46.27，全国排名第24，处于落后水平（B-级），远低于人均GDP排名（第12）；子环境均衡度排名全国第4，四个子环境排名由高到低依次为：人文环境（第20）、政务环境（第22）、市场环境（第23）、法律政策环境（第25）。可见，四个子环境均有较大的优化空间。

### 3.2.3.28 甘肃省

营商环境指数为41.22，全国排名第29，处于落后水平（B-级），略高于人均GDP排名（第31）；子环境均衡度排名全国第28，四个子环境排名由高到低依次为：政务环境（第8）、人文环境（第16）、市场环境（第25）、法律政策环境（第31）。未来应保持政务环境的优势，推动人文环境稳中求进，并着力优化市场环境和法律政策环境。

### 3.2.3.29 青海省

营商环境指数为43.05，全国排名第28，处于落后水平（B-级），低于其当年人均GDP排名（第22）；营商环境的子环境均衡度在全国排名第23，四个子环境排名由高到低依次为：政务环境（第16）、法律政策环境（第21）、人文环境（第31）、市场环境（第31）。从4个一级指标来看，青海应进一步优化政务环境、法律政策环境，并下大力气改善人文环境、市场环境。

### 3.2.3.30 宁夏回族自治区

营商环境指数为51.73，全国排名第19，排名中游（B级），接近其当年人均 GDP 排名（第20）；营商环境的子环境均衡度在31个省份中排名第29，四个子环境排名由高到低依次为：法律政策环境（第6），人文环境（第23），市场环境（第27），政务环境（第29）。未来应保持法律政策环境的优势，并进一步优化人文环境、市场环境、政务环境。

### 3.2.3.31　新疆维吾尔自治区

营商环境指数为43.19，全国排名第27，较为落后（B-），低于其当年人均 GDP 排名（第18）；营商环境的子环境均衡度在全国位列第7，四个子环境排名由高到低依次为：法律政策环境（第23），人文环境（第27），政务环境（第28），市场环境（第29）。从四个子环境来看，新疆应在稳步改善法律政策环境的同时，着力优化相对落后的市场环境、政务环境和人文环境。

## 3.2.4　基于省份营商环境评价的结论

第一，中国各省营商环境呈现出层次化特征。作为世界银行评价中国内地营商环境的样本，北京和上海在中国内地省份营商环境上表现最优；广东和四川紧随其后；江苏、重庆和浙江位列第三；湖北和天津虽拥有或被定位为国家中心城市，但仍处于全国中游以下；吉林、黑龙江和辽宁三省的营商环境亟待提升；广西和西藏处于托底水平。

第二，中国各省营商环境的子环境均衡度也存在较大差异。北京、上海、广东和四川高居前四，与整体营商环境排名匹配；浙江、安徽和贵州的均衡度排名，与其位居前列的整体营商环境排名严重倒挂；山西、陕西、新疆和西藏虽然子环境发展较为均衡，但整体营商环境亟待提升。

第三，中国不同区域间的营商环境存在显著差异。地理上的七大区域方面，华东地区显著高于其他区域；西南、华北、华南、华中次之；东北和西北最为落后。区域发展战略方面，长三角一体化、21世纪海上丝绸之路、东部率先发展、京津冀协同发展、长江经济带发展，以及中部崛起、黄河流域生态保护和高质量发展、东北振兴、西部大开发和丝绸之路经济带等区域的营商环境指数依次递减。

中国省份营商环境评价体系的建立及其评估结果，为后续营商环境的优化提供了参照。立足于指标体系的量化结果，各省政府可对照自身得分与排名，采取针对性措施优化辖区营商环境。比如，北京、上海、广东和四川应继续深化改革，持续引领；整体排名靠前但子环境均衡度较低的浙江、安徽和贵州，未来应在保持整体优势的同时，着力优化排名较低的子环境；对于整体排名靠后的省份，则应基于当地资源禀赋，通过聚焦优化某些具有比较优势的子环境，从而提升整体营商环境水平，之后再择机弥补其他子环境短板。

营商环境评价是为各省提供比较标杆与工作方向，以充分发挥"以评促建、以评促优"功能。正如李克强总理所强调的，"营商环境'评价'体系不是'考核'体系，而是要树立一个标杆，让各地区各部门主动作为，照着标杆去努力"。本文构建的营商环境评价体系，有助于促进省份之间形成互动学习机制，为平衡省际发展差异，实现高质量发展和"十四五"良好开局奠定基础。

**参考文献：**

［1］The Economist Intelligence Unit. Business Environment Ranking and Index 2014［R］. The Economist Intelligence Unit，2014.

［2］World Bank Group. Doing Business 2020［R］. The World Bank，2019.

［3］World Bank Group. Doing Business in China 2008［R］. The World Bank，2008.

［4］滴滴出行智慧交通事业部，CCF-滴滴大数据联合实验室. 2018年城市交通出行报告［R］. 北京：滴滴出行，2018.

［5］第一财经研究院，复旦大学产业发展研究中心. 中国城市和产业创新力报告2017［R］. 上海：第一财经研究院与复旦大学，2018.

［6］樊纲，王小鲁，张立文. 中国各地区市场化进程报告［J］. 中国市场，2001（6）：58-61.

［7］国家司法文明协同创新中心. 中国司法文明指数报告2018［R］. 北京：国家司法文明协同创新中心，2019.

［8］国务院. 优化营商环境条例［EB/OL］.［2019-05-06］. http：//www.gov. cn/zhengce/content/2019-10/23/content_ 5443963. htm.

［9］胡广伟课题组. 政府电子服务能力指数报告2019［R］. 南京大学国家双创示范基地，新华网股份有限公司，南京大学政务数据资源研究所，2019.

［10］李志军. 中国城市营商环境评价［M］. 北京：中国发展出版社，2019.

［11］聂辉华，韩冬临，马亮. 中国城市政商关系排行榜2018［R］. 北京：人大国发院政企关系与产业发展研究中心，2019.

［12］王小鲁，樊纲，余静文. 中国分省份市场化指数报告（2018）［M］. 北京：社会科学文献出版社，2018.

［13］习近平. 开放合作，命运与共［EB/OL］.［2019-07-08］. http：//www.

xinhuanet. com/politics/leaders/2019-11/05/c_ 1125194860. htm.

［14］张三保，康璧成，张志学. 中国省份营商环境评价：指标体系与量化分析［J］. 经济管理，2020（4）：5-19.

［15］中共中央关于制定国民经济和社会发展第十四个五年规划和二〇三五年远景目标的建议［EB/OL］.［2020-02-03］. http：//www.xinhuanet.com/politics/2020-11/03/c_ 1126693293. htm.

［16］中国社会科学院法学研究所法治指数创新工程项目组. 中国政府透明度指数报告 2018［R］. 北京：中国社会科学院，2018.

# 4

# 2020年优化营商环境政策法规综述[①]

优化营商环境是新时代建设现代化经济体系和进一步深化市场经济体制改革的重要内容，是企业家提升发展信心的重要动因，也是推动高质量发展的重要驱动力。"十三五"时期，在党中央的坚强领导和国务院的重点部署下，各部门、各地政府发挥合力，以"放管服"改革为抓手，推动资源配置和企业行为的市场化，强化事中、事后监管，不断提升政务服务能力和服务水平，推动营商环境持续改善。

为持续优化营商环境，2019年10月22日，国务院发布了《优化营商环境条例》（以下简称《条例》），各地方政府也在此前或《条例》出台后制定了本地的优化营商环境的政策措施，出台相关行动方案。

本章汇总了31个省份营商环境条例出台情况（见表4-1）。之后，对于已经制定了相关政策法规的省份，基于该省的营商环境表现，并结合中央或省级主要领导关于该省营商环境的表态，逐一提出努力方向和前景。

---

[①] 本章作者：张三保，武汉大学经济与管理学院副教授，武汉大学中国企业家研究中心研究人员，北京大学光华管理学院管理创新交叉学科平台外聘研究员；张志学（通讯作者），北京大学光华管理学院组织与战略管理系教授、行为科学研究中心主任、光华管理学院管理创新交叉学科平台召集人。本研究受国家自然科学基金重点项目（71632002）和面上项目（72072137）的资助，在此一并致谢。

表 4-1 中央及各省营商环境条例出台情况

| 编号 | 省份 | 名称 | 出台时间 | 实施时间 | 机构 | 章条数 | 篇章结构 | 字数 | 官方链接 |
|---|---|---|---|---|---|---|---|---|---|
| 0 | 中央 | 优化营商环境条例 | 2019年10月22日 | 2020年1月1日 | 国务院 | 七章72条 | 总则9条；市场主体保护9条；市场环境15条；政务服务17条；监管执法10条；法治保障11条；附则 | 10 116 | http://www.gov.cn/zhengce/content/2019-10/23/content_5443963.htm |
| 1 | 北京 | 北京市优化营商环境条例 | 2020年3月27日 | 2020年4月28日 | 市人大 | 六章83条 | 总则8条；市场环境19条；政务服务23条；监管执法13条；法治保障18条；附则 | 11 330 | http://www.beijing.gov.cn/zhengce/zhengcefagui/202004/t20200401_1781837.html |
| 2 | 天津 | 天津市优化营商环境条例 | 2019年7月31日 | 2019年9月1日 | 市人大 | 八章73条 | 总则8条；政务环境17条；市场环境13条；人文环境11条；监督保障7条；法律责任4条；附则 | 8 080 | http://www.tj.gov.cn/sy/ztzl/ztlbtwo/qyjfw/zcxx/202006/t20200616_2674258.html |

续表

| 编号 | 省份 | 名称 | 出台时间 | 实施时间 | 机构 | 章条数 | 篇章结构 | 字数 | 官方链接 |
|---|---|---|---|---|---|---|---|---|---|
| 3 | 河北 | 河北省优化营商环境条例 | 2017年12月1日 | 2018年1月1日 | 省人大 | 七章65条 | 总则7条；优化政务环境18条；优化市场环境13条；优化法治环境11条；监督保障7条；法律责任7条；附则 | 9 991 | http://slt.hebei.gov.cn/a/2020/06/29/1F3DE4A6707E4313BEFD1F02670C899A.html |
| 4 | 山西 | 山西省优化营商环境条例 | 2020年11月18日 | 2020年3月1日 | 省人大 | 七章59条 | 总则6条；优化审批8条；市场环境11条；政务服务16条；法治保障5条；监管执法12条；附则 | 8 480 | http://www.dlyg.gov.cn/dtygv/szfxw/202008/79533<br>9f17a86482b8cb2a012f3<br>08f9e3.shtml |
| 5 | 内蒙古 | 内蒙古自治区人民代表大会常务委员会关于进一步优化营商环境的决定 | 2020年9月23日 | 2020年9月23日 | 区人大 | 10条 | | 2 143 | http://www.nmgrd.gov.cn/jdsx/cwhjy/2020_1/202009/t20200924_367472.html |

续表

| 编号 | 省份 | 名称 | 出台时间 | 实施时间 | 机构 | 章条数 | 篇章结构 | 字数 | 官方链接 |
|---|---|---|---|---|---|---|---|---|---|
| 6 | 辽宁 | 辽宁省优化营商环境条例 | 2019年7月30日 | 2019年10月1日 | 省人大 | 七章65条 | 总则7条；公平竞争市场环境11条；高效便利政务环境12条；规范公正法治环境17条；诚信开放人文环境11条；法律责任6条；附则 | 9 384 | http://www.lnrd.gov.cn/important/show-42988.html |
| 7 | 吉林 | 吉林省优化营商环境条例 | 2019年5月30日 | 2019年5月30日 | 省人大 | 七章73条 | 总则8条；优化市场环境16条；优化政务环境20条；优化法治环境14条；监督保障8条；法律责任5条；附则 | 12 274 | http://www.jlrd.gov.cn/xwzx/dtxfg/201906/12019 0606_5910444.html |
| 8 | 黑龙江 | 黑龙江优化营商环境条例 | 2019年1月18日 | 2019年3月1日 | 省人大 | 七章63条 | 总则9条；政务环境14条；市场环境9条；法治环境6条；法律监督保障6条；责任6条；附则 | 12 037 | https://www.hlj.gov.cn/n200/2019/0127/c313-10892769.html |

续表

| 编号 | 省份 | 名称 | 出台时间 | 实施时间 | 机构 | 章条数 | 篇章结构 | 字数 | 官方链接 |
|---|---|---|---|---|---|---|---|---|---|
| 9 | 上海 | 上海市优化营商环境条例 | 2020年4月10日 | 2020年4月10日 | 市人大 | 八章80条 | 总则8条;市场环境14条;政务服务21条;公共服务10条;监管执法9条;法治保障15条;法律责任2条;附则 | 14 453 | http://www.shanghai.gov.cn/nw12344/20200813/0001-12344_64686.html |
| 10 | 江苏 | 江苏省优化营商环境条例 | 2020年11月27日 | 2021年1月1日 | 省人大 | 六章82条 | 总则9条;市场环境25条;政务服务21条;监管执法11条;法治保障15条;附则 | 16 324 | http://www.jsrd.gov.cn/zyfh/sifg/202012/t20201209_527504.shtml |
| 11 | 浙江 | 浙江省保障"最多跑一次"改革规定 | 2018年11月30日 | 2019年1月1日 | 省人大 | 八章49条 | 总则3条;一般规定12条;商事登记5条;企业投资项目10条;事中事后监管6条;数据共享6条;法律责任4条;附则 | 9 163 | http://www.zjrd.gov.cn/mobile/dllf_m/lfzt/zdpyc/2019 01/t20190123_87401.html |

续表

| 编号 | 省份 | 名称 | 出台时间 | 实施时间 | 机构 | 章条数 | 篇章结构 | 字数 | 官方链接 |
|---|---|---|---|---|---|---|---|---|---|
| 12 | 安徽 | 安徽省实施《优化营商环境条例》办法 | 2019年12月27日 | 2020年1月1日 | 省人民政府 | 七章67条 | 总则9条；市场主体保护7条；市场环境12条；政务服务18条；监管执法10条；法治保障10条；附则 | 10 148 | http://www.ah.gov.cn/public/1681/8239091.html |
| 13 | 福建 | | | | 省人大 | | 草案编制中 | | |
| 14 | 江西 | 江西省优化营商环境条例 | 2020年11月25日 | 2021年1月1日 | 省人大 | 七章70条 | 总则11条；市场主体保护6条；市场环境17条；政务服务16条；监管执法10条；法治保障9条；附则 | 13 220 | http://www.jiangxi.gov.cn/art/2020/12/17/art_38662_3000129.html |
| 15 | 山东 | 山东省优化营商环境条例 | 2020年9月25日 | 2021年1月1日 | 省人大 | 七章67条 | 总则8条；市场环境18条；政务环境13条；法治环境10条；监督保障12条；法律责任4条；附则 | 9 911 | http://www.sdrd.gov.cn/articles/ch00177/202009/f6845108-4b43-4451-b9e4-c9ec9a5ef5b7.shtml |

续表

| 编号 | 省份 | 名称 | 出台时间 | 实施时间 | 机构 | 章条数 | 篇章结构 | 字数 | 官方链接 |
|---|---|---|---|---|---|---|---|---|---|
| 16 | 河南 | 河南省优化营商环境条例 | 2020年11月28日 | 2021年1月1日 | 省人大 | 八章90条 | 总则9条；优化市场环境17条；优化政务环境21条；优化法治环境16条；优化宜居宜业环境9条；营商环境工作监督9条；法律责任7条；附则 | 13 886 | https://www.henan.gov.cn/2020/12-08/1933282.html |
| 17 | 湖北 | 湖北省优化营商环境办法 | 2020年8月17日 | 2020年10月1日 | 省人民政府 | 五章50条 | 总则7条；市场环境13条；政务环境14条；法治环境15条；附则 | 8 407 | http://www.hubei.gov.cn/zfwj/szfl/202009/t20200917_2912641.shtml |
| 18 | 湖南 | 湖南省优化经济发展环境规定 | 2019年10月22日 | 2019年10月22日 | 省人民政府 | 36条 | | 4 467 | http://www.hunan.gov.cn/hnszf/xxgk/wjk/szfhgf/201910/t20191024_10490279.html |
| 19 | 广东 | 广东省深化营商环境综合改革行动方案 | 2018年8月9日 | 2018年8月9日 | 省人民政府 | 八方面34条 | | 9 110 | http://www.gd.gov.cn/zwgk/wjk/zcfgk/content/post_2938593.html |

续表

| 编号 | 省份 | 名称 | 出台时间 | 实施时间 | 机构 | 章条数 | 篇章结构 | 字数 | 官方链接 |
|---|---|---|---|---|---|---|---|---|---|
| 20 | 广西 | 广西壮族自治区优化营商环境条例 | 2020年5月19日 | 2020年7月1日 | 区人大 | 六章76条 | 总则11条；市场环境17条；监管执法10条；政务服务24条；法治保障12条；附则 | 14 710 | http://www.gxzf.gov.cn/zwgk/flfg/dfxfg/t5511720.shtml |
| 21 | 海南 | | 2020年10月10日 | 2020年10月10日 | | 十一部分31条 | 编制已启动，暂以《海南省创一流营商环境行动计划（2020—2021年）》替代 | 1 942 | http://www.hainan.gov.cn/hainan/swygwj/202010/8e785681c0994cf98871a6143ecc3a38.shtml |
| 22 | 重庆 | 重庆市优化营商环境条例 | 2021年3月31日 | 2021年7月1日 | 市人大 | 五章80条 | 总则9条；市场环境28条；政务服务20条；法治保障22条；附则 | 12 840 | http://www.ccpc.cq.cn/home/index/more/id/221758.html |
| 23 | 四川 | 四川省优化营商环境条例 | 2021年3月26日 | 2021年7月1日 | 省人大 | 五章77条 | 总则10条；市场环境19条；政务服务29条；法治保障18条；附则 | 13 158 | http://www.scspc.gov.cn/yjxj/202011/W020201130573120528374.docx |

114

续表

| 编号 | 省份 | 名称 | 出台时间 | 实施时间 | 机构 | 章条数 | 篇章结构 | 字数 | 官方链接 |
|---|---|---|---|---|---|---|---|---|---|
| 24 | 贵州 | 草案制定中 | | | | | | | |
| 25 | 云南 | 云南省优化营商环境办法 | 2020年6月30日 | 2020年8月1日 | 省人大 | 七章71条 | 总则9条；市场主体保护17条；市场环境10条；政务服务16条；监管执法8条；法治保障10条；附则 | 10 239 | http://www.yn.gov.cn/zwgk/zcwj/zxwj/202007/t20200706_207113.html |
| 26 | 西藏 | | 2020年6月10日 | 2020年6月10日 | | 三个部分 | 暂以《西藏自治区2020年优化营商环境工作方案》替代 | 8 566 | http://www.xizang.gov.cn/zwgk/xxfb/zbwj/202007/t20200710_162078.html |
| 27 | 陕西 | 陕西省优化营商环境条例 | 2020年11月26日修订 | 2021年1月1日 | 省人大 | 七章77条 | 总则9条；市场主体保护20条；市场环境6条；政务服务20条；监管执法10条；法治保障11条；附则 | 12 044 | http://www.sxrd.gov.cn/shanxi/gg/127191.htm |
| 28 | 甘肃 | | | | | | 无相关信息 | | |

续表

| 编号 | 省份 | 名称 | 出台时间 | 实施时间 | 机构 | 草条数 | 篇章结构 | 字数 | 官方链接 |
|---|---|---|---|---|---|---|---|---|---|
| 29 | 青海 | | | | | | 草案在省司法厅审核 | | |
| 30 | 宁夏 | | | | | | 计划2021年制定 | | |
| 31 | 新疆 | 《新疆维吾尔自治区实施〈优化营商环境条例〉办法（草案征求意见稿）》 | 2020年6月17日 | | 区政府 | 七章92条 | 总则9条；市场主体保护13条；市场环境19条；政务环境22条；监管执法12条；法治环境15条；附则2条 | 31 765 | http://xjdrc.xinjiang.gov.cn/xjdrc/gsgg/f3fc9444dd959436c9633cd48856c9bab.shtml |

注：统计截至2021年5月1日，赵可心协助整理。

## 4.1 北京

《北京市优化营商环境条例》于 2020 年 3 月 27 日由北京市第十五届人民代表大会常务委员会第二十次会议通过，自 2020 年 4 月 28 日起实施。该条例主要从市场环境、政务服务、监管执法、法治保障四个方面出发积极优化营商环境。

北京是全国优化营商环境的标杆城市。北京市委领导强调，"优化营商环境没有休止符，没有最好，只有更好"；"要打造国际一流营商环境，全力念好服务这本经，为各类市场主体在京长期稳定发展创造良好条件"。北京各区各部门若能切实落实上述指示，营商环境优化将会取得新突破、新成效，在推动高质量发展上实现更大作为。

## 4.2 天津

《天津市优化营商环境条例》于 2019 年 7 月 31 日由天津市第十七届人民代表大会常务委员会第十二次会议通过。该条例从政务服务、市场环境、法治环境、人文环境、监督保障五个方面制定了优化营商环境的一系列政策。

天津营商环境在全国处于中等偏下水平，很大程度上受制于政务环境和人文环境。天津市委领导指出，"要对照国际一流营商环境评价指标体系，深入查找分析营商环境、投资服务环境的差距和短板，逐项研究梳理，制定改进措施，迎头追赶、加紧赶超。要加快打造便捷高效的政务环境，进一步优化企业开办服务，深入推进'一网通办'和各部门信息互认共享，提高项目开工建设效率，简化纳税环节，完善市场监管机制。要加快打造富有活力的市场环境，提升供电、用水、用气等服务水平，深化政府采购和招投标改革，推动跨境贸易，提高企业融资便利度。要加快打造法治化营商环境，完善信用体系建设，加强知识产权创造、保护和运用，加大中小投资者保护力度，提升创新创业活跃度和市场开放度"。天津各区各部门若能落实上述各项要求，一方面保持对外开放、政策透明等优势，另一方面着力克服社会信用、资源获取等短板，营商环境水平将有望迅速提升。

## 4.3 河北

《河北省优化营商环境条例》于 2017 年 12 月 1 日由河北省第十二届人民代表大会常务委员会第三十三次会议通过，自 2018 年 1 月 1 日起施行。该条例从政务服务、市场环境、法治环境、监督保障四个方面制定了优化营商环境的一系列政策。

河北营商环境在全国处于中上水平。河北省委领导人多次强调，要切实优化营商环境，构建"亲清"新型政商关系，在全社会营造尊重企业、支持企业、服务企业的浓厚氛围。许勤省长也要求，要着力改革开放创新，持续深化"放管服"改革，不断优化营商环境。若河北各地市各部门能坚决落实上述指示，发挥在全国率先制定省级营商环境条例的先发优势，根据形势发展对其加以修订并切实执行，当地营商环境必将持续优化，市场活力和社会创造力也会得到更有效激发。

## 4.4 山西

2020 年 1 月 18 日《山西省优化营商环境条例》出台，从优化审批、市场环境、政务服务、监管执法、法治保障五个方面制定了优化营商环境的一系列政策。

山西的营商环境处在全国下游水平，营商环境主要受到政务环境和法律政策环境两大短板的限制。山西省委领导指出"'三对''六最'营商环境的工作目标"，"'三对'就是坚持对表中央要求，对标发达地区做法，对接国际通行的投资贸易规则，打造审批最少、流程最优、体制最顺、机制最活、效率最高、服务最好的营商环境"。山西各地各部门若能锚定上述方向，发挥特有的晋商文化，集中改善政务环境和法律政策环境，打造新型政企关系，营商环境将有望跃上新台阶。

## 4.5 内蒙古

2020 年 9 月 23 日《内蒙古人大常委会关于进一步优化营商环境的决定》出台，为建设市场化、法治化、国际化的营商环境提出了一系列决定。

内蒙古营商环境位居全国下游。内蒙古领导人强调，"各级政府要拿出自我革命精神下大气力优化营商环境，实打实、硬碰硬地推动解决承诺不兑现、政策不落地、服务不到位等问题，围绕准入、成本、税费、融资、基础设施、产业配套、产权保护、人力资源、公共服务、社会治理等方面推出一揽子政策举措，切实让各类市场主体有实实在在的公平感、获得感、安全感"。内蒙古各地各部门若能贯彻落实上述指示，其营商环境将能得到迅速优化，为"十四五"良好开局打下坚实基础。

## 4.6 辽宁

《辽宁省优化营商环境条例（2019）》针对营商环境的优化制定了较为具体的行动目标，从市场环境、政务环境、法治环境、人文环境四个方面制定了优化营商环境的一系列政策，并规定了违反政策的法律责任。

辽宁营商环境还存在很大的改进空间。若辽宁各地各部门能切实贯彻辽宁省委领导的要求，"瞄准世界标准、国内一流的目标"，"以敬畏之心对待群众、对待市场主体"，则营商环境有望得到大幅改善。

## 4.7 吉林

2019年5月30日《吉林省优化营商环境条例》出台，从市场环境、政务环境、法治环境、监督保障、法律责任五个方面制定了优化营商环境的一系列政策。

吉林营商环境位于全国下游水平，主要受到法律政策环境的限制。若吉林各地各部门能落实省委领导人"要聚焦激发市场主体活力，持续深化'放管服'和'最多跑一次'改革，着力打造市场化、法治化、国际化营商环境"的指示精神，"志存高远、满怀信心、攻坚克难、众志成城"地抓营商环境，则当地营商环境水平有望大幅提升，为新时代东北振兴注入强劲动力。

## 4.8 黑龙江

2019年1月18日《黑龙江省优化营商环境条例》出台，从政务环境、市场环境、法治环境、监督保障、法律责任五个方面制定了优化营商环境的一系列政策。

习近平总书记到黑龙江考察工作时特别强调,"坚持把改进干部作风作为振兴发展的重要保证"。黑龙江省委书记张庆伟提出:"坚持用改革的办法破难点、通堵点,对标先进做法,不断优化政策环境、法治环境、政务环境和市场环境。"如果黑龙江在优化政务环境、打造和谐政企关系、深化工程项目建设审批制度改革、提高政府服务效率方面的力度更大,那么其整体营商环境水平将有望提升,将能在东北振兴中取得突破。

## 4.9 上海

《上海市优化营商环境条例》由上海第十五届人民代表大会常务委员会第二十次会议于2020年4月10日通过并施行。该条例针对营商环境的优化制定了较为具体的行动目标,从市场环境、政务服务、公共服务、监管执法、法治保障、法律责任等方面制定了优化营商环境的一系列政策。

上海是全国营商环境的标杆城市。上海市委领导指出:"营商环境没有最好、只有更好,没有完成时、只有进行时。要把优化营商环境作为推动高质量发展的关键一招。"上海各区各部门若能贯彻落实习近平总书记考察上海的重要讲话精神,"始终把优化营商环境摆在突出位置,全市上下锲而不舍、驰而不息,以更大力度、更实举措把优化营商环境各项工作向纵深推进",将能实现制度创新更大突破,让企业和群众有更多获得感,为经济社会发展注入更强动力,也为其他省份创造更多可供复制的优化营商环境经验。

## 4.10 江苏

《江苏省优化营商环境条例》针对营商环境的优化制定了较为具体的行动目标,从市场环境、政务服务、监管执法、法治保障四个方面制定了优化营商环境的一系列政策。

江苏营商环境现状整体优于大部分省份。江苏省委领导强调,构建亲清和谐的营商环境,"要把民营企业家当自己人,引导党员干部既积极作为，又守住底线、把好分寸，增强党员干部服务企业的主动性"。江苏各地市各部门若能贯彻落实上述指示，加强优化营商环境的组织领导，主动作为，推动优化营商环境精准施策，一方面继续发挥自身优势指标，并对部分优势指标保持清醒认知，另一方面下大力气克服前述短板，相信江苏整体营商环境水平能再上新台阶。

## 4.11 浙江

《浙江省保障"最多跑一次"改革规定》（以下简称《规定》）于2018年11月30日由浙江省第十三届人民代表大会常务委员会第七次会议通过。《规定》针对营商环境的优化制定了较为具体的行动目标，主要从深化"最多跑一次"改革角度出发积极优化营商环境。

浙江营商环境居于全国前列。浙江省委领导强调，"优化营商环境核心是优化创新创业创造生态；重中之重是深化政府自身改革，以政府有为带动市场有效、企业有利、百姓受益"。浙江各地各部门若能落实上述指示，继续深化"放管服"改革和"最多跑一次"改革，加快政府数字化转型，不断优化营商环境，对外将推动杭州入选世界银行评价中国营商环境的样本城市，对内则有望增创市场有效、政府有为、企业有利、百姓受益的体制机制新优势，为全国改革发展大局作贡献。

## 4.12 安徽

2019年12月27日《安徽省实施〈优化营商环境条例〉办法》出台，从市场主体保护、市场环境、政务服务、监管执法、法治保障五个方面制定了优化营商环境的一系列政策。

安徽营商环境处在全国上游水平，其营商环境主要受到政务环境这一短板的限制，在今后营商环境改善进程中可以借鉴同处长江经济带的上海、浙江两地的政务环境建设方案。安徽各部门各地区若能做到安徽省委领导提到的"别分亲疏，一视同仁搞好服务；平时多沟通，遇事好商量，真正做到'清'上加'亲'"，构建和谐的政企关系，着重改善政务环境，则全省营商环境有望更上一层楼，实现习近平总书记调研安徽时提出的殷殷期望——"决胜全面建成小康社会、决战脱贫攻坚，在构建以国内大循环为主体、国内国际双循环相互促进的新发展格局中实现更大作为，在加快建设美好安徽上取得新的更大进展"。

## 4.13 福建

福建政府办公厅于 2019 年 4 月 3 日出台相关实施意见，聚焦企业关切，破解堵点难点，从 7 个方面提出 21 条具体措施，进一步推动优化营商环境政策落实落地。

福建营商环境在全国处于中等水平。与"21 世纪海上丝绸之路"的其他省市相比处于劣势，在很大程度上受制于政务环境和法律政策环境。福建各地各部门若能主动作为，深入贯彻王宁省长强调的"深化'放管服'改革、聚焦重点、对标先进、精准发力"，一方面继续发挥自身在人文环境、地理位置方面的优势，另一方面下大力气克服前述短板，加快出台《福建省优化营商环境条例》，则营商环境预期将再上台阶。

## 4.14 江西

《江西省优化营商环境条例》于 2020 年 11 月 25 日由江西省第十三届人民代表大会常务委员会第二十五次会议通过，针对营商环境的优化制定了较为具体的行动目标，从市场主体保护、市场环境、政务服务、监管执法、法治保障等方面制定了优化营商环境的一系列政策。

江西营商环境在全国处于中等偏上水平，仍有较大改善空间。刘奇书记强调，要深入贯彻落实习近平总书记视察江西重要讲话精神，努力打造"四最"营商环境，让企业家在江西投资放心、发展安心、生活舒心。江西各地市各部门若能贯彻落实上述指示，积极"当好'店小二''保姆'，倾听企业心声，服务企业发展，帮助企业解决实际困难"，"抓紧建立营商环境评价指标体系，让各类市场主体在江西得到充足的阳光雨露"，当地营商环境水平将有望得到更大提升。

## 4.15 山东

2020 年 9 月 25 日，山东省第十三届人大常委会通过《山东省优化营商环境条例》，自 2021 年 1 月 1 日起施行。该条例主要从市场环境、政务环境、法治环境、监督环境、法律责任等几个角度出发积极优化营商环境。

山东营商环境处于全国前列。刘家义书记指出，"要促进企业做优做强做大，打造市场化、国际化、法治化营商环境，培育一大批优秀企业家，推动企业向高质量发展、产品向中高端迈进"。山东各地各部门若能贯彻上述部署着力优化营商环境，在构建新发展格局中勇于实践积极作为，将能加快实现"十四五"时期的高质量发展。

## 4.16　河南

《河南省优化营商环境条例》于 2020 年 11 月 28 日由河南省第十三届人民代表大会通过。该条例从市场环境、政务环境、法治环境、宜居宜业环境、营商环境工作监督、法律责任等方面制定了优化营商环境的一系列政策。

河南营商环境在全国处于中等偏上水平。王国生书记强调，"营商环境是企业生存发展的土壤，要持续深化'放管服'改革，紧扣企业需求找差距、补短板，打造高效便捷的政务服务体系，为市场主体健康发展营造更好环境"。若河南各地各部门能更加重视非公有制经济，鼓励企业创新，一方面就能继续发挥竞争公平、政府廉洁等优势指标作用，继续营造公平的竞争环境，保持政府廉洁，对部分优势指标保持清醒认知；另一方面还下大力气克服对外开放、资源获取等短板，使当地营商环境水平将稳步提升。

## 4.17　湖北

《湖北省优化营商环境办法》于 2020 年 8 月 17 日由湖北省人民政府常务会议审议通过，从市场环境、政务环境、法治环境三个方面制定了优化营商环境的一系列政策。

湖北营商环境在全国处于中等水平，与中部地区及长江经济带的其他省市相比处于劣势。应勇书记指出，湖北营商环境的优化，应"以企业评价为第一评价，以市场主体感受为第一感受"，并"将优化营商环境纳入巡视巡察，加大问责力度，持续发力"。王晓东省长也强调，"要提高站位，把优化营商环境作为主动作为、奋发有为的政治担当，作为必须完成的政治任务，作为关系战略和全局的要事、大事、关键事，作为我省疫后重振、高质量发展的重要突破口，作为刀刃向内、转变政府职能的'一把手'工程来实施"。若湖北各地市各部门能切实落实省委书记和省长的决策部署，则其营商环境水平预期将有较大幅度提升。

## 4.18 湖南

《湖南省优化经济发展环境规定》旨在促进投资贸易和创新开放，激发市场活力，营造稳定、公正、公平、透明、可预期的经济发展环境，推动湖南经济社会持续健康发展。

湖南营商环境处于全国下游水平，在相同地理区位或发展战略省份中均排名垫底。许达哲书记强调，"要以更高的站位抓好'放管服'改革和优化营商环境工作；要以更大的力度纵深推进'放管服'改革；要以更实的举措打造市场化、法治化、国际化营商环境"。湖南各地各部门若能把思想和行动统一到习近平总书记关于深化改革、转变政府职能的重要论述和指示上来，认真贯彻许达哲书记部署，落实好《湖南省优化经济发展环境规定》以及对接"北上广"优化大环境工作方案97项改革举措，则营商环境水平有望得到显著提升。

## 4.19 广东

《广东省深化营商环境综合改革行动方案》针对营商环境的优化制定了较为具体的行动目标，从深化商事制度改革、加快工程建设项目审批制度改革、完善企业投资管理体制、推进贸易便利化改革等方面制定了优化营商环境的一系列政策。

广东营商环境在全国处于领先水平，与东部率先发展战略的一些地区相比处于劣势。李希书记强调，广东"要着力营造国际一流营商环境，激发全社会创新创业创造活力。一要营造鼓励创新创业创造的社会环境，持续深化科技领域'放管服'改革和科研成果评价转化机制改革，为中小企业研发创新、年轻人创新创业提供更有利条件；二要营造稳定、公平、透明、可预期的市场环境，坚持'两个毫不动摇'，鼓励支持引导民营经济发展，落实好国家减税降费和广东'民营经济十条'等政策措施，让广大民营企业获得实实在在的支持、服务和保障；三要营造对接国际高标准贸易和投资规则的开放环境，抓住粤港澳大湾区建设重大历史机遇，对标国际最高、最好、最优，加快构建开放型经济新体制"。广东各地各部门若能落实上述指示，则其营商环境将有望攀上新台阶。

## 4.20 广西

2020年5月19日，广西壮族自治区第十三届人民代表大会常务委员会第十五次会议通过《广西壮族自治区优化营商环境条例》。该条例从市场环境、政务服务、监管执法、法治保障四个方面制定了优化营商环境的一系列政策。

广西营商环境排名基本处于全国垫底的位置，仅优于西藏。对照前述分析和建议，未来广西各地各部门若能贯彻习近平总书记亲自赋予的"三大定位"新使命和"五个扎实"新要求，落实鹿心社书记强调的"奔着问题去，瞄准问题改""精准发力综合施策""将之作为'一把手'工程"等重要指示，借鉴短中长期对标省份的典型措施，基于当地资源禀赋主动作为，在持续优化自身优势指标的基础上，下大力气攻克短板，相信广西营商环境会有很大改进。

## 4.21 海南

2020年10月10日，海南省委办公厅、海南省人民政府办公厅出台《海南省创一流营商环境行动计划（2020—2021年）》，制定了较为具体的优化营商环境行动目标。

海南营商环境在全国处于中上水平。沈晓明书记曾表示，海南应"在优化海南营商环境的过程中特别重视两个方面：一是公平、透明和可预期；二是摆正政府和企业的位置"。海南若能在这两个方面协同推进，加快出台符合本地实际情况的营商环境条例，发挥自身地理位置和资源优势，重视人文环境的优化，营商环境将有望继续进步。

## 4.22　重庆

2021年3月31日出台的《重庆市优化营商环境条例》是重庆为了持续优化营商环境，发挥重庆在推进新时代西部大开发中的支撑作用、在推进共建"一带一路"中的带动作用、在推进长江经济带绿色发展中的示范作用，推动成渝地区双城经济圈建设，形成西部高质量发展的重要增长极，根据国务院《优化营商环境条例》和有关法律、行政法规，结合该市实际而制定的。该条例针对营商环境的优化制定了总的指导方针原则，并从市场环境、政务服务、法治保障三个方面制定了优化营商环境的一系列具体条例。

重庆营商环境位居全国前列，在司法公正、资源获取、融资、政府效率、政企关系等方面都可圈可点，但在市场中介、政府廉洁等方面尚有较大提升空间。陈敏尔书记强调，"各级各有关部门要立足高效率"，"加快建设内陆开放高地"。重庆若能对标四川和上海，在保持优势指标、积极扩大优势的同时，重点改善劣势指标——如加强廉洁政府建设，大力营造创新氛围，积极引导市场中介组织发展，则更加优化的营商环境指日可待。

## 4.23　四川

《四川省优化营商环境条例》于2021年3月26日由四川省第十三届人民代表大会常务委员会第二十六次会议通过。该条例针对营商环境的优化制定了较为具体的行动目标，从市场环境、政务服务、法治保障三个方面制定了优化营商环境的一系列政策。

四川营商环境在全国处于领先水平。在优化营商环境方面，彭清华书记建议，"深化要素市场化配置改革，进一步激发各类市场主体活力，壮大推动高质量发展的市场力量"。四川各地各部门若能落实该项建议，对照前述评价结果，持续优化市场环境、政务环境、法治环境，为市场主体营造更加稳定、公平、透明、可预期的发展环境，则其营商环境排名将有望稳中有进。

## 4.24 云南

《云南省优化营商环境办法》于 2020 年 6 月 30 日出台，从市场主体保护、市场环境、政务服务、监管执法、法治保障等方面制定了优化营商环境的一系列政策。

云南营商环境处于全国中游水平。阮成发书记要求"各地各部门坚持问题导向，清醒看到全省营商环境方面存在的审批效率还不高、减税降费政策落实还不到位、融资难融资贵、企业运营成本高、项目落地难、通关便利化水平不高、中介服务机构缺乏和管理混乱、民营企业享受公平待遇难、个别地方政府失信、法治化不够等问题"。云南各地区各部门若能统一思想认识，明确目标任务，层层压实责任，一级一级抓落实，将有望形成竞相优化营商环境的良好局面，为推动云南高质量跨越式发展提供良好环境支撑。

## 4.25 西藏

《西藏自治区 2020 年优化营商环境工作方案》是西藏为贯彻落实党中央、国务院关于深化"放管服"改革、优化营商环境的决策部署，做好《优化营商环境条例》实施工作，加快打造稳定、公平、透明、可预期的营商环境，激发市场主体活力和社会创造力，为经济社会高质量发展提供强劲动力，并结合西藏实际制定的方案。

西藏营商环境处于全国垫底水平，其营商环境各指标均存在很大提升空间。习总书记强调，"面对新形势、新任务，必须全面贯彻新时代党的治藏方略"。吴英杰书记也要求"不断深化'放管服'改革和商事制度改革"，"坚持依法行政、依法办事"，"切实转变作风，带着感情为企业和企业家服务"。未来，西藏若能加快制定适合自身实情的营商环境条例，有针对性地改进营商环境各项指标，同心发挥优势，缪力共克短板，对标先进，主动作为，则其营商环境水平有望得到迅速提升。

## 4.26 陕西

《陕西省优化营商环境条例》于 2018 年 3 月 31 日通过，2018 年 5 月 1

日开始实施；并于2020年11月26日经修订，于2021年1月1日起正式施行。该条例从市场主体保护、市场环境、政务服务、监管执法、法治保障等方面进行了规范。

　　陕西营商环境在目前的评价体系中处于全国下游。刘国中书记要求，各级各部门"坚持目标导向、问题导向、结果导向"，"牢固树立正确政绩观，始终坚持质量第一原则"，"务求实效、形成合力"。陕西具备良好的规则意识，在全国率先制定出地方性的营商环境条例，并根据形势发展持续修订完善。未来若能切实执行该条例，主动对标营商环境优化的先进地区，保持优势指标，改善劣势指标，整体营商环境水平定能得到迅速提升。

## 4.27　新疆

　　《新疆维吾尔自治区实施〈优化营商环境条例〉办法（草案）征求意见稿》（以下简称《办法（草案）》）针对营商环境的优化制定了较为具体的行动目标，从市场主体保护、市场环境、政务环境、监管执法、法治环境五个方面制定了优化营商环境的一系列政策。

　　新疆营商环境水平处于全国下游水平。陈全国书记强调："要持续优化营商环境，深化'放管服'改革，增强协同性、针对性，减少审批程序，提高办事效率，降低准入门槛，维护公平竞争，为经济高质量发展增添动力。"新疆各地各部门若能响应号召，进一步采取措施完善并落实《办法（草案）》，注重市场主体活力的激发，帮助企业解决实际问题，降低企业准入门槛，营商环境预期将有更大改进。

# IV

## 专题篇

# 5

# 关于新冠肺炎疫情对中小微企业影响的调查[①]

2020年1月,一场突如其来的新型冠状病毒引起的肺炎疫情从武汉蔓延至全国,国内众多省市启动了重大突发公共卫生事件一级响应机制。受不断加重的疫情影响,交通运输、住宿餐饮、旅游服务等行业受到前所未有的冲击。为深入了解本次疫情对中小微企业尤其是民营企业的冲击,亚布力中国企业家论坛通过问卷的形式对新冠肺炎疫情的影响进行了调查。

本次调查主要通过定向发送问卷的形式进行,受调查企业分别来自北京、上海、天津等直辖市及广东、浙江、湖北等国内20多个省,包括上市企业、成长型企业以及初创企业,涉及农牧业、制造业、建筑业、批发和零售业、住宿餐饮业、软件和信息技术服务业、金融业、房地产业、租赁和商务服务业、教育、医疗卫生、文化产业及公共服务等14个行业大类。

## 5.1 调查结果

### 5.1.1 中小微企业积极捐钱捐物抗击疫情

根据调查,自疫情发生以来,受调查企业积极响应号召,迅速行动,

---

[①] 本章为亚布力中国企业家论坛于2020年2月进行的"疫情对中小微企业影响"专题研究的成果,完成于2020年2月末。目前新冠肺炎疫情虽然整体已得到控制,企业已复工复产,疫情对企业的影响已较2020年第一季度时有很大缓解,但企业面临的一些深层次问题并没有因为疫情缓解而得到根本解决。我们将这一成果选入本书,希望这些问题能引起各方重视,从而更好地为企业排忧解难。

发扬企业家精神,主动为抗击疫情贡献力量,除少数企业因复工晚没有向有关省市或机构捐赠钱物抗击新冠肺炎以外,98%的受调查企业已向有关省市或机构捐赠钱物。有4%的企业捐赠金额在1亿元以上,捐赠金额在5 000万~1亿元之间的企业占2%,捐赠100万~300万元的企业占12%,捐赠10万~100万元的企业占80%(见图5-1)。而根据对亚布力中国企业家论坛理事的调查,截至2020年2月11日,亚布力论坛理事捐款已达21亿元,捐物折合价值6.7亿元。

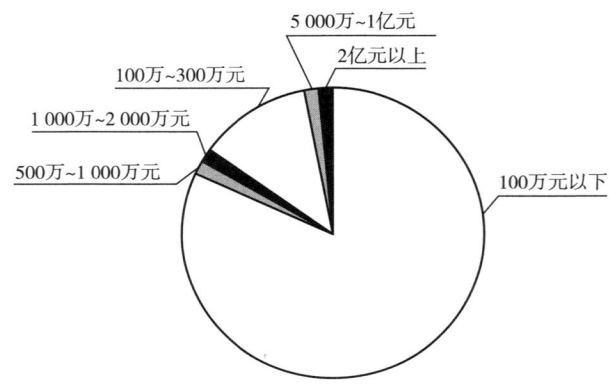

图5-1 中小微企业捐款抗击新冠疫情的金额分布

## 5.1.2 停产停业是疫情对中小微企业产生的最大影响

根据调查,此次疫情对受调查企业产生了严重的负面影响,80%的企业认为疫情对企业最大的影响是停产停业;70%的企业认为停业期间人员工资成本压力增大给企业造成了较大的影响,企业难以承受;61%的企业认为各地封路、员工返程受阻、返程后隔离导致员工无法按时到岗给企业的正常运营造成负面影响。此外,因为停业停产没有营业收入,导致企业现金流紧张,也给企业造成了严重的负面影响(见图5-2)。

## 5.1.3 疫情直接造成的经济损失行业差异明显

根据调查,疫情对各行业造成的直接经济损失差异明显,除去春节长假等因素,除零售、酒店及餐饮等行业外,目前疫情对金融、制造等行业的实质影响还没有明显显现,61%的企业受疫情影响带来的直接经济损失

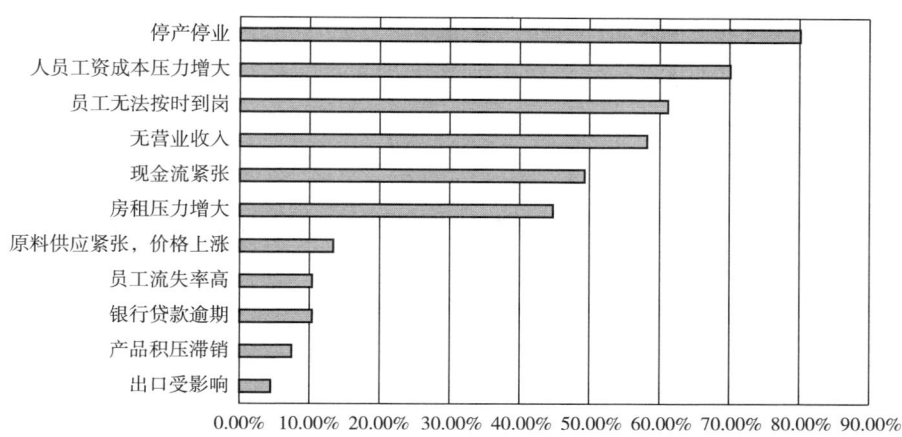

图 5-2 疫情对企业造成的影响

在 500 万元以内，而零售、旅游、酒店与餐饮业的经济损失较大，3%的企业经济损失高达 1 亿元以上，16%的企业损失在 500 万~1 000 万元之间（见图 5-3）。

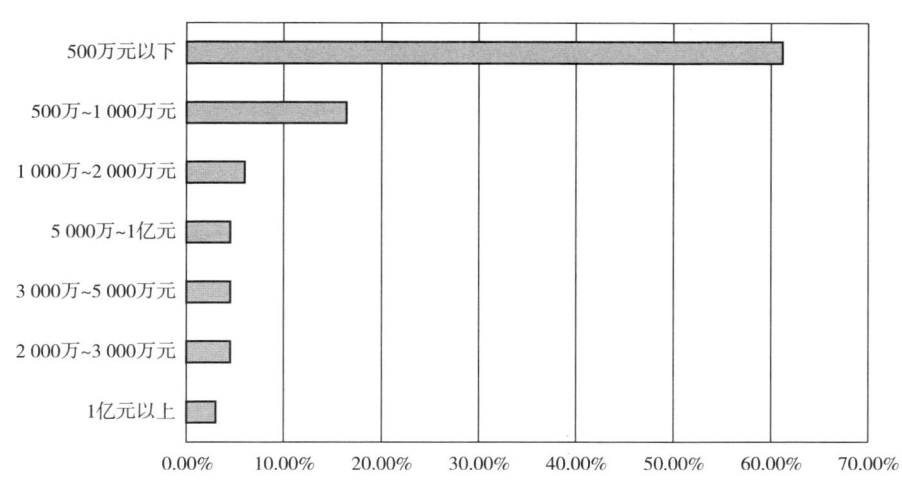

图 5-3 疫情暴发以来对中小微企业造成的经济损失分布图

## 5.1.4 10%的企业 1 个月之后将出现运营困难

根据调查，受疫情影响，在目前状态下，只有约 5%的企业不会出现明显的运营困难，18%的企业还能维持 5 个月以上，39%的企业还能维持 3 个月，22%的企业只能维持 2 个月，还有 10%的企业只能维持 1 个月（见图 5-4）。

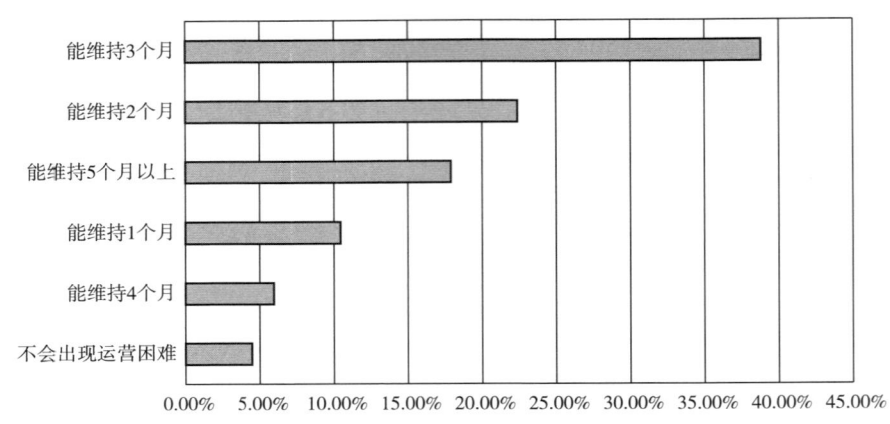

图 5-4　中小微企业应对疫情的资金维持情况

### 5.1.5　50%的企业预计到疫情完全结束时收入同比下降 30%以上

根据调查，从 2020 年初到疫情得到有效控制，除与防护疫情相关的企业以外，绝大多数受调查企业都预计收入将比 2019 年同期出现不同程度的下降。有 52.2%的企业预计收入同比下降 30%以上，有 12%的企业预计收入同比下降 20%~30%；16%的企业预计收入同比下降 10%~20%；只有 6%的与疫情防护相关的企业预计收入会有 10%以上的增长（见图 5-5）。

### 5.1.6　推迟调整社保缴费基数与延长社保缴费期成为主要扶持措施

根据调查，目前有 64%的地方已出台针对疫情的企业支持政策，其中推迟调整社保缴费基数的占 26.9%，延长社保缴费期的占 31.3%，返还上年度部分税费的占 12%，降低本年度部分税费、贷款贴息的各占 10.5%，提前发放相关补贴的占 4.4%。截至 2020 年 2 月 12 日，也有 36%的地方尚未出台相关政策支持中小企业应对疫情（见图 5-6）。

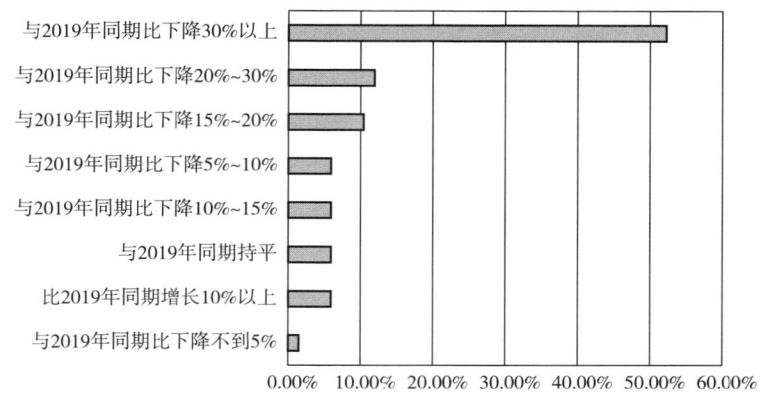

图 5-5　疫情对中小微企业收入的预估影响

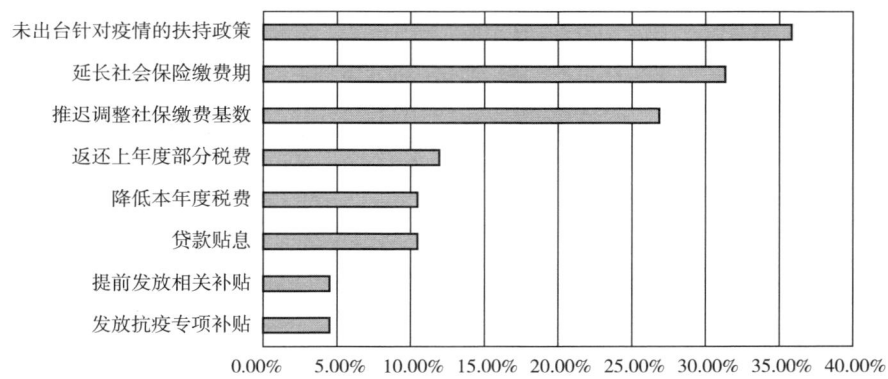

图 5-6　各地政府出台的扶持中小微企业的政策措施

## 5.1.7　31%的中小微企业没有享受到当地政府出台的政策利好

根据调查，在出台了帮助中小微企业应对疫情政策的地方，有31%的受调查企业表示，企业完全享受不到当地政府支持企业应对疫情的政策利好，比如地方政府出台的承租国有企业物业租金减免的政策，应对疫情的专项贷款、贴息等；只有不足8%的企业能充分享受当地政府出台的扶持政策；有61%的企业只能享受政府出台的部分扶持政策的利好（见图5-7）。

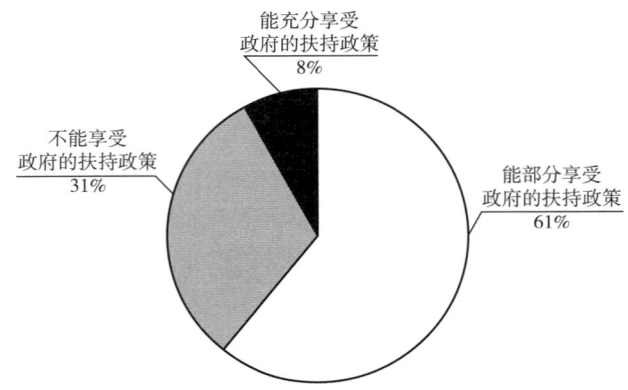

图 5-7　政府应对疫情的扶持政策覆盖面

## 5.2　中小微企业存在的主要困难①

根据对受访企业的调查，受新冠肺炎疫情影响，企业的困难主要集中在以下三个方面：

一是资金承压，现金流紧张。由于会展、旅游、餐饮等行业企业处于停工停业状态，无营业收入，加上不能确定业务何时恢复正常，企业现金流承压，大多数企业在疫情状态下最多能支撑 1~2 个月。而且餐饮、旅游、会展等传统行业企业多数不符合抗疫专项信贷支持的条件，正面临客户欠款无法支付、原有贷款不能按时归还、房租及员工工资难以支付等困难。

二是销售下降，业务收入锐减。一方面，在企业内部，非疫区的企业虽然已复工，但目前多数企业员工因返程受阻及自我隔离等因素影响而不能全部到岗，外出客户拜访全部停止，线下业务中断，开拓市场受阻，加上交通受阻，物资供应不足，导致开工受限；另一方面，合作客户也多数受疫情影响而不能正常运营，导致合同不能执行，业务处于中断状态；此外，从外部环境看，疫情目前尚未出现拐点，商业环境完全恢复正常还有待时日。这都使得企业的业务收入锐减，并进一步加剧现金流的紧张。

三是原材料供应受限，成本压力增大。受疫情影响，部分地区原材料供应商因延迟复工而不能按时供货。同时，各地不同程度加强了交通管制，企

---

①　本报告成稿于 2020 年 2 月末，本文中的"目前"均皆指 2020 年 2 月末期间。

业原材料运输受到影响，导致原材料物流成本上升，推高原材料成本。

## 5.3 中小微企业应对困难的主要措施

根据调查，面对目前疫情导致的困难，中小微企业拟采取的自救措施主要有以下几个方面：

一是最大限度保证人员安全。按照当地政府要求，防控等待疫情形势好转，同时采取在家远程办公方式，减少员工感染的概率。

二是开启第二战线，线下转线上。一方面，开展线上业务，探索新业务模式；另一方面，通过线上沟通等形式维持原有客户，并协调合同的延期执行。

三是贷款解决现金流问题。多数受访企业表示，针对没有营业收入或营业收入锐减带来的现金流短缺难题，拟通过贷款形式渡过危机，同时争取通过网络促成项目机会。

四是减员轮岗。收缩战线，部分业务撤并，对于普通员工，部分采取调岗，部分业务采取轮岗形式，同时进行一定规模的减员。

五是暂缓或减半发放工资。对于管理人员等核心团队，采取阶段性降薪措施；部分企业拟采取减半发放工资措施，有的受调查企业拟采取只缴纳社保费用而推迟发放工资措施。

## 5.4 应对新冠肺炎疫情的政策建议

根据调查，多数受访企业结合自身实际提出以下建议：

一是科学管理，不搞一刀切，加快疫情防控。受访企业普遍认为，政府加快疫情防控，早日结束疫情就是对企业的最大支持。同时，企业也建议，政府应对疫情，应更有针对性，对于湖北等疫情严重的地区，应加大收治力度，防止疫情扩散；而对于疫情并不严重的地区，不应一刀切，不能采取简单的封停措施，要充分考虑到企业的货物流通等现实问题。

二是扩大扶持政策覆盖面。目前部分扶持政策仅侧重针对受疫情影响较大的重点区域、行业、领域，而未覆盖更广范围的其他地区、行业、企业。根据调查，有31%的企业不能享受到政府出台的政策利好，有61%的企业只能享受到部分政策利好，只有约8%的受调查企业能比较充分地享受到政府出台的政策利好。

三是免除中小微企业抗疫期间的社保费用。目前多数地方政府都出台了暂缓调整社保缴存基数以及社保缓缴政策,但由于众多企业处于停工停业状态,无营业收入,支付物业租金及员工工资都出现了困难,部分企业的现金流只能维持一两个月,缓缴社保费用并不能解决企业的实际问题。

四是免征中小微企业抗疫期间的税费。阶段性免征企业增值税及附加,适时推出大规模减税降费计划,如税费延期申报或对确实存在困难的企业进行适当减免。

五是加大金融支持。金融机构保证企业信贷金额不下降,同时降低贷款利率,从而降低企业融资成本。特别是对列入重点企业名单的,提供优惠利率的信贷支持。对受疫情影响严重的企业到期还款困难的,予以展期或续贷。

六是退税及现金补贴。出台相关税收返还措施,并给予企业抗疫补贴,帮助企业渡过难关。

七是放宽部分行业审批许可。受疫情影响,全国出现口罩、防护服等医用物质短缺的现象,部分有拓展行业领域考虑的受调查企业拟进入口罩等医用物资生产,但企业的许可申请受阻,程序仍然烦琐复杂。

## 5.5 结论

中小微企业构成了中国经济的重要组成力量,涉及中国社会的就业稳定、消费水平、民众日常生活等方方面面。根据调查,疫情让大多数中小微企业措手不及:首先是停工停业导致多数企业无营业收入,现金流面临断裂风险;其次是复工企业短期内业务难以恢复到正常水平,资金进一步承压;最后是原材料采购及货物流通受限,成本压力凸显。

针对企业面临的困难,政府应当在加强疫情防控的同时,出台覆盖面更广的政策措施,免除中小企业抗疫期间的社保费用;免征中小企业抗疫期间的税费;加大金融支持力度;退税并给予现金补贴;放宽部分行业审批许可,帮助企业渡过难关。

# 6

# 民营企业应对逆全球化趋势的影响与对策思考[①]

## 6.1 周期性的全球化和逆全球化

谈逆全球化，首先要了解全球化是怎么来的，以及全球化的主要特征中我们感受最深刻和受益最多的有哪些。

实际上全球化的趋势是逐渐形成的，在形成的过程中经历了跨国化、局部全球化和全球化这样几个阶段，从第二次世界大战结束到冷战、后冷战的这七十余年中，全人类几乎同步经历了上述几个阶段。在这个过程里，人们总的经历是经济不断上升，看到的是比本国/本区域更大的市场机会、更广泛的技术共享、更多元的文化交融。在一个总体乐观的、积极的国际环境里，虽然人类也经历了几次由地缘政治等因素引发的危机，但总体来讲人们还是更多地看到希望，有两代甚至三代人在这个周期中普遍受益。

但是，全球化周期并不是一个单向的唯一周期。相反，全球化是周而复始、螺旋上升的人类历史与文明的迭代过程，更是不同的区域承载了不同发达程度经济体之间、不同历史路径的文化体之间相互交锋、互动作用的结果。人们在最近的全球化周期中，经历了从工业文明向信息化文明的转变，第二次世界大战后全球经济的同步休整与复苏，也裹挟着工业文明的困境。

---

[①] 本章作者为益普索中国消费科技研究院院长周启群。

在这个周期里呈现了两个维度的矛盾：一个是发达国家与发展中国家的矛盾；另一个是工业文明与信息文明的矛盾。前一个矛盾更多地与地缘政治交织在一起，呈显性；而后一个矛盾则不仅影响发达国家与发展中国家的关系，更在发达国家内部使得社会分工机制、财富分配原则等内在机理产生异化。由于发达国家在全球化中的主导作用，其内部的异化不仅对自身产生影响，更在全球化进程中对国际秩序产生隐性的但是强大的影响力。在发展中国家经济总量与发达国家接近的时候，各种作用力交织在一起使全球化进程发生了改变。因此，当逆全球化周期到来的时候，人们会感到措手不及并无所适从。殊不知，危机早已埋下，并且危机不仅推动着规则改变，也孕育着从全球化 2.0 向全球化 3.0 的转换。

发达经济体会带动全球经济的增长，但在这种带动下全球经济增长接近发达经济体的时候，逆全球化的周期就开始了。根据 Bob Swarup（鲍勃斯沃泼）博士的理论，在过去两个世纪中，全人类经历了从初始全球化到全球化再到逆全球化的两个循环，而当下人们正处在 2010 年开始的、两个世纪以来的第二个逆全球化周期。与 1913—1950 年的上一个逆全球化周期相比，相似之处在于全球贸易增速都远低于全球 GDP 增速，所不同的是在当今周期里，全球 GDP 增速远高于发达经济体的增速（见图 6-1），这在过去两个世纪中还是第一次，即发达国家经济增长落后于全球总的经济增长，说明新兴经济体经济增速快且体量大，具体说就是之前的金砖五国，而现在的中国则一马当先。

图 6-1 中所示的逆全球化周期还有一个细节没有展现，即"全球贸易从 2015 年 1 月达到峰值以来到 2016 年 5 月，下降了 3.4%。其原因不是商品价格下跌，而是贸易政策的变化。2015 年的贸易保护主义措施比 2014 年增长了 50%，其中 80% 来自二十国集团成员"（Bob Swarup）。

但研究这个周期的意义，不在于预测逆全球化的周期还将延续多久，而在于了解哪些因素会带领我们尽快走进下一个全球化周期，即在应对如何躲过"逆全球化 2.0"周期时，更要为面向未来"全球化 3.0"做准备，因为这是竞争淘汰的终极衡量。中国需要有这个担当，中国的民营企业作为一个群体，在无可逃遁的空前压力下也体现出一份历史使命担当。

## 6.2　逆全球化周期中各种因素的相互作用

在上述分析中还有一个非常值得关注的点，即全球化周期的平均年

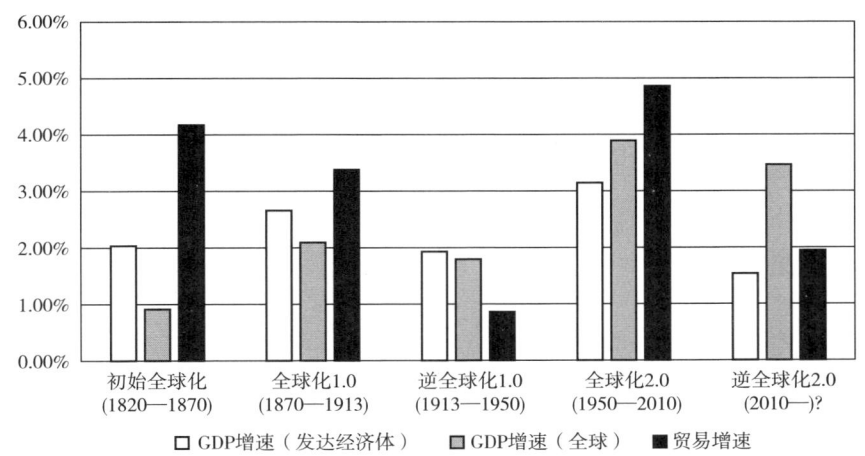

**图 6-1　1820 年以来全球化与逆全球化发展阶段**

资料来源：Maddison, World Bank, Max Roser, CPB Netherlands, Camdor Global.

限，远长于逆全球化周期的年限。从某种意义上看，似乎可以把逆全球化理解为是一种生产力与分配原则的重新匹配，这种匹配是为下一个全球化周期做准备。这是我们看待世界经济发展的基本视角。正如文化学者马未都所说，推动人类文明前进的事件，从来都不是文明的，甚至是残酷的，是这些事件推动着人类文明的发展。

要看清逆全球化对中国民营企业的影响，我们需要从宏观层面结合各企业各自视角，逐一分析全球化的每个组成因素，并找出应对措施。

通常认为，全球化包括技术全球化、经济全球化、人道主义全球化这里主要说一下技术全球化和经济全球化。

技术全球化呈现了两个特点：第一，当信息文明在技术层面发展到移动互联和智能物联时代，就更需要也更便利在全球范围内的交流与协作；第二，全球化引导了全球产业大分工。中国很大部分的民营企业都是这种全球协作、全球分工直接或者间接的受益者。

既然是协作分工，就有利益分配的问题。全球化的利益分配虽然也是在企业之间产生的，但更体现在国家之间。而全球化过程的自然属性中，带有收益的不确定性，即无法预知国家损益，强国和弱国都可能从全球化中受益或吃亏。相对于弱国来讲，强国更不愿意接受这种不确定性。当强国在对全球化中各个环节努力掌控之后，仍然不能锁定收益时，通常就会利用缺少全球化的法治道义、民族主义的滋生与国际间对抗等方法进行制衡。当今的情况正是这样，中国在全球化中崛起，由于中国的经济增速快，加之巨大的体量，进一步增加了传统西方经济强国在国际化中的收益不确定性，进而给对方带来恐惧感，因而产生了通过非全球法治道义的和民族主义的手段与新兴经济体（具体说是中国）相抗衡的局面。这些抗衡的作用力很大比重落在了民营企业身上。由于这种作用力的强度远远超越了中国民营企业所参与的经济活动的应有范畴，再加之国内市场正经历高增长期后的调整，更有突然而至的新冠肺炎疫情，因此企业困难以承受综合打击而举步维艰。

所有对过去的国际秩序的留恋都是无望的，也是没有任何实际意义的。无论逆全球化周期还有多长，新的秩序必然重建。与以往不同的是，中国企业（包括中国民营企业）在新的秩序中，必将是重要的参与者。

## 6.3　GDP 总量定义外循环，人均 GDP 定义内循环

从前面 Bob Swarup 理论的图示中可以看到一个很明显的现象，即一国 GDP 总量在全球 GDP 中的占比决定了其国际关系。中国 GDP 总量的持续高速增长，相对于西方发达经济体而言，对于自身产生了反作用力的挤压态势。当然，在西方经济体内部，出于自身利益的不同诉求，对中国的限制挤压程度也有所不同，这一点在"逆全球化 2.0"后期对于中国会变得越来越重要。同时，人均 GDP 的增长，进一步展现了内部消费的需求张力。在这样一挤一张的背景下，以国内大循环为主的双循环战略，是中国的必然选择，所有企业需要迅速做出相应的调整。

国家统计局的数据显示，2019 年中国人均 GDP 达到 10 276 美元，2020 年突如其来的新冠肺炎疫情冲击导致增长速度下降，中国 2020 年 GDP 增长仍然保持为 2.3%。2021 年 1 月下旬，国家统计局局长宁吉喆宣布，经初步核算，2020 年全年国内生产总值达 1 015 986 亿元，按可比价格计算，比上年增长 2.3%。至此，2020 年中国 GDP 总量超过 100 万亿元大关的同时，人均 GDP 连续两年超过 1 万美元。而实际上，根据麦迪森按照 1990 年美元定义的国际元标准，早在 2015 年我国人均 GDP 已经跨越了 11 000 国际元。综观当代全球各国经济发展的轨迹，当一个国家的经济经

历高速增长并且迈过人均 GDP 11 000 国际元的门槛后，第三产业对 GDP 的贡献率能否站上 70% 就变得非常关键。目前世界上的其他经济体，在经历了经济高速增长、人均 GDP 达到 11 000 国际元后，能否在经济结构调整中实现第三产业对 GDP 70%~80% 的贡献率并且保持稳定，变得异常关键。例如，美国、日本、德国都稳稳站在 70% 以上，而一些经历经济高速增长之后衰落的拉美国家，第三产业的贡献率始终在 30%~40% 之间徘徊。

近两年中国第三产业对 GDP 的贡献率已超过 50%，但是距离 70%~80% 的理想结构还有比较大的差距。这个目标是非常有挑战性的，实现这个目标不是靠计划安排，也不是靠行政命令，而是靠所有企业于市场互动中实现的。这其实是内循环中最大的机遇所在。

## 6.4 民营企业在逆全球化周期中的生存与发展

客观地讲，当前的逆全球化周期还没有到达"至暗时刻"。针对近年来特别是新冠肺炎疫情暴发以来愈加严峻的国际营商环境，对于中国民营企业的发展，中诚信集团董事长毛振华先生就有"2021 年中国存在三大发展窗口期"的论断，即"疫情防控、错峰发展的窗口期"，"大选之后美国新政府调整政策的窗口期"，"政策措施主导的窗口期"。

企业家需要审时度势，在逆全球化进程中把握窗口期的机遇。一方面抓住国际交流协作中可以继续坚持下去的部分；另一方面抓住国内市场的新机遇，让内外两个循环联动起来。

### 6.4.1 持续国际协作的因素

#### 6.4.1.1 全球市场从新冠肺炎疫情下复苏的需求

尽管突如其来的新冠肺炎疫情对全球经济打击严重，2020 年我国经济仍然实现了正增长，除了经济增长的惯性和结构性转变等自身的内在原因以外，最重要的就是有效的疫情防控。中国的疫情防控付出了巨大的成本，但从结果和国际比较来看，中国获得了极大的成功。在之后几次疫情的小范围反复中中国也快速控制住了局面，避免了扩散，并使经济社会生活基本恢复到正常状态，垂范全球，同时也产生了其他国家对中国生产的物资和产品的倚重。这种需求虽然有着暂时性，但是客观上加强了全球贸易对中国的关联度，毛振华先生将此称为"错峰窗口"。全球范围的医学专家对疫情影响结束时间的预判基本在2021年底甚至更晚，中国从疫情下复苏的进程优势还将保持一段时间。

#### 6.4.1.2 全球金融的需求

与上述相关的是，2020年末上证和深证综合指数涨幅较疫情期的低点均上涨超过30%，国际金融市场投向中国股票市场的资金仍在增加。

自2008年全球金融危机以来，2020年的全球金融杠杆又创新高。实际上，2008年全球金融危机产生于过度货币化和过度的金融创新，但是解决金融危机的办法还是靠杠杆，并且是全球化的。美国、日本等国及欧盟利用其储备货币发行国的特权，施行"超常规"宽松的财政货币政策，全球流动性因此而长期泛滥。新冠肺炎疫情发生以来，全球债务加剧恶化，怎样处理巨额债务将会是全球的巨大难题。面对不确定性的经济环境，中国的稳定与相对较强的应对能力，将会对国际金融做出有益贡献。

#### 6.4.1.3 技术发展的需求

2021年1月13日，美国智库大西洋理事会发布题为《大国竞争：人工智能、中国和全球对数字主权的追求》的报告，报告谈及了在不确定性的大国竞争中，由于人工智能和数字技术的发展而塑造的国际关系。

尽管由于西方发达经济体出于对自身利益保护的考虑，以及地缘政治等因素的影响，在先进技术方面对中国一直有所顾忌并进行限制，但实际上包括中国在内的各国间的技术合作一直在继续并且保持着惯性，科学家、学者之间从学术角度在某种程度上讲比企业更具有全球情怀和思维。而在行业技术应用层面，从互联网时代开始，到今天的5G、人工智能、云和大数据等为主要架构的技术体系，地缘界限越来越难以阻挡科技的共享。

在逆全球化周期里，技术的推广受到更多人为因素限制甚至是被割裂，但是技术本身在同步发展，在这样的逻辑下有机会催生新型的全球化模式。

以上几个方面或明或暗地保持着全球协作的继续，甚至在未来有得以深化的可能。

### 6.4.2 国内市场的关键机遇

#### 6.4.2.1 技术的创新

技术的创新是中国最渴望的，但也是相对薄弱的，很多技术在逆全球化的情况下越来越受制于人。2016年3月，由从事软硬件关键技术研究、应用和服务的单位发起建立了信息技术应用创新工作委员会，信创产业由此全面推开。信创产业链基本构成见表6-1。

表6-1 信创产业主要产业构成

| 分类 | 具体产业 |
| --- | --- |
| 基础设施 | CPU芯片、存储器、交换机、云产品等 |
| 基础软件 | 操作系统、中间件、数据库等 |
| 应用软件 | OA、ERP、办公软件、政务应用等 |
| 信息安全 | 边界安全、终端安全等 |
| 信创服务 | 智慧安防、工业互联网等 |

在信创产业和大的科技创新领域，民营企业的创新充满活力，也充满希望。对于科技创新，民营企业对市场需求的感知更敏锐、更直接，通过民营企业进行国际交流与协作更加灵活，同时在对接市场、切换技术赛道、汇聚资本、吸纳人才等方面的动作也更加敏捷。因此，在技术创新上，民营企业是国家队的好伙伴和国家创新势力的必要补充。目前在人工智能、5G通信、应用级芯片、医疗健康、新能源汽车等领域，已经看到民营企业展现出很强的活力。

#### 6.4.2.2 市场的创新

（1）结构性市场机遇：养老和大健康据联合国统计，到21世纪中期，中国超过60岁的人口将近5亿，超过美国人口总数。中国即使稳定住1.2的生育率（每位育龄妇女一生平均生育1.2个孩子），到2035年，中国的中位年龄为49岁，而美国是42岁；2050年中国中位年龄将达到56岁以上。

健康中国的发展产生了巨大的市场需求。健康产业规划中最重要的第一项指标——人均寿命要继续增加，2030年从77.3岁增加到79岁，一系列和疾病相关的指标要继续下降。因此，2030年的健康产业发展规模预计是16万亿元。

泰康保险集团董事长陈东升先生认为，企业需要沿着后中美时代和后疫情时代的大趋势走。疫情使得大家更加重视健康，要跟随社会发展的趋势和方向，拥抱科技、数据和健康，拥抱长寿时代的到来。未来人类社会发展的一个主方向,就是数据时代和长寿时代。

元明资本创始人田源先生认为,生物医药行业将有四大发展趋势:市场规模会超越以前的发展速度快速增长;生物医药行业会进入创新驱动型增长阶段;产业由创新、运营模式和国家政策几方面推动实现升级;中国本土企业的竞争力不断加强。中国已经开始出现世界级的医药企业。

随着时间的推移,在内循环体系中养老和大健康领域势必出现更大风口。

(2)新消费和渠道数字化转型。经过移动互联和电商时代,消费市场已经进入新消费时期,零售渠道正经历数字化转型。

多点创始人张文中先生认为,实体零售业数字化转型是中国流通产业崛起的必由之路。实体零售数字化使商场、供应链、供应商等资源实现优化并重复利用,从而降低成本。同时,在对传统企业进行数字化升级改造的过程中,不会出现就业问题。实体零售的数字化有利于创造公平竞争的创新创业环境,保护中小流通企业的发展,让他们能够充分享受到数字化带来的机遇。

### 6.4.2.3 服务于新型消费者

经济发展造就了文化发展的新机遇,文化发展创造了新的市场需求。因此,在经济高速发展后消费升级的同时,消费者的心智诉求也在发生变化。在当今的时间点,两个维度产生交汇形成新一代消费者的特性:一个维度是文化的维度,即经济发展后消费带来的文化映射;另一个维度是经济与技术的维度,即智能互联的技术环境与逆全球化在新消费时代的映射。

消费者伴随经济成长全过程,通常会呈现比较典型的几个阶段性表现:第一阶段是以满足物质需求为主;第二阶段是在物质满足后的个性追求;第三阶段是在经济高度繁荣后,消费者开始追溯自己的文化本源,其核心驱动来自内在文化属性。我们的消费者现在处在第三阶段,因此市场上出现"文化热""国潮热"也就不足为怪。但是作为企业,需要认识到这不是一个简单意义的消费潮流。普通的消费潮流会很快过去,其浅表商机所带来的只是快钱,既不能形成商业模式,也没有生命力。

今天的"文化热""国潮热"呈现出新一代消费者,在追溯中国文化本源的过程中对自我的重新认识和思考,这与前面几代人是截然不同的。因此,要想满足新一代消费者的心智需求,企业就需要挖掘市场潜力空间,以更加深入和彻底的消费洞察,来理解消费市场在心智层面的结构性转变，从而在企业侧做出及时改变，抓住新的市场趋势。有理由相信，这种文化驱动的新消费趋势将影响不止一代人，因此对市场的影响既深且长。

## 6.5 结语

2021 年注定是充满不确定性和充满挑战的一年，对全球如此，对中国如此，对中国的民营企业更是如此。2021—2023 年，后新冠肺炎时期与"逆全球化 2.0"的进程将深度交汇，会有越来越多前所未有甚至超乎人们想象的事件发生。在这样的大背景下，唯有认清全球大的变局，既不充塞耳目、小富即安，也不怨天尤人、悲观绝望，而是通过比以往更加全面和透彻的洞察与理解，把握机遇，中国民营企业家才能肩负起使命担当，凝聚起奋进力量，站上时代变局的风口。

**参考文献：**

[1] 陈宪. 中国人均 GDP 连续两年超 1 万美元意味着什么［J］. 中国新闻周刊，2020-02-20.

[2] Bob Swarup. Globalization is Dead.

[3] 徐奇渊. 如何理解需求侧管理［J］. 财经，2021-01-18.

[4] 浩然. 大国竞争的焦点：人工智能与数字主权［EB/OL］.［2021-01-24］http：//baijiahao. baidu. com/s? id=16897706989299673878wfr=spider&for=pc.

[5] 杜明芳. 中国新基建与 5G 智慧城市建设蓝皮书［R/OL］.［2020-03-16］http：//www. 360doc. com/content/20/0316/11/37930066_ 899573318. shtml.

[6] 刘阳. 数字基建如何引领新基建发展［R］. 中国信通院 CAICT，2020（04）.

[7] 正在消失的壁垒——2019 小镇新青年研究报告［EB/OL］. 腾讯网，2019-12.

[8] 益普索全球趋势洞察 2020［R］. 益普索，2021-02.

[9] 前浪后浪的 2020 年——益普索人群洞察［R］. 益普索，2021-04.

[10] 粤港澳大湾区智慧社会建设［R］. 益普索，2020-04.

[11] 2021 年，挑战与责任并行［R］. 亚布力中国企业家论坛，2021-02.

# 7

# 民营企业参与国有企业混合所有制改革的现状、动机、难点与应对措施[①]

党的十八大以来，我国政府积极稳妥推动混合所有制改革，取得了一系列进展。截至目前，国家已经推出4批总计210家重要领域的央企混改试点，近400家"双百企业"的混改也及时启动，重点任务逐步落实。从实施效果来看，已完成改革主体任务的企业经营业绩都得到了显著改善，民营企业在其中也发挥了重要作用。

当前，受新冠肺炎疫情、国内外复杂环境的影响，我国经济发展面临较大的压力，亟须发挥民营企业灵活的经营机制的作用，激发市场活力，释放民营企业家精神，推动经济发展。另外，自2020年以来，我国开始实施国企改革三年行动计划，支持优化国有经济布局，积极稳妥推进混合所有制改革。这为民营企业参与国有企业混合所有制改革创造了更好的机会。

## 7.1 民营企业参与国企混改现状分析

第一，鼓励民企参与国企混改的政策利好频发。自2020年以来，从中央到地方不断推出政策，鼓励民营企业参与国企混改。例如，国企改革三

---

[①] 本章作者为清华大学民生经济研究院副院长王勇和清华大学民生经济研究院研究助理李燕先。

年行动计划中,将以混合所有制改革为抓手,推动中央企业和民营企业加强产业链、供应链上下游协同,形成国有经济与民营经济相互融合、共同发展的良好局面。《关于加强新时代民营经济统战工作的意见》《关于支持民营企业加快改革发展与转型升级的实施意见》等政策均明确鼓励民营企业参与混合所有制改革。石油、化工、电力、天然气、交通等重点行业和领域,将进一步引入市场竞争机制,鼓励国有企业与民营企业成立混合所有制公司。相关政策为民营企业参与国企混改提供了有力的支撑。

第二,不断拓宽混改领域和范围。国家积极推动充分竞争行业和领域的企业混合所有制改革,也有序探索电力、电信、军工、民航等重要领域的混合所有制改革,民营企业等社会资本参与度不断提高。自 2013 年以来,中央企业推进的混改事项达到了 4 000 项,引进的各类社会资本超过了 1.5 万亿元,按照统计口径,混改企业的户数已经超过了中央企业法人单位的 70% 以上,比 2012 年底高近 20 个百分点。上市公司已经成为混改的主要载体,统计数据表明,上市公司的总资产、利润分别占到了中央企业整体的 68%、86%。其中,2020 年一年,中央企业实施混改超过 900 余项,通过投资入股、并购重组、增资扩股等方式引入社会资本超过 2 000 亿元。

第三,不断提升国有资本的影响力、带动力。据统计,在中央企业的所有者权益中,由于引进社会资本而形成的少数股东权益占比由 2012 年底的约 27% 提升到了 2020 年的 38%,有了比较明显的进展。同时,中央企业还通过产业链、供应链的合作,与广大的民营企业、中小企业协调发展,投资入股超过 6 000 家非公企业,投资总额也超过了 4 000 亿元,形成了一批高精尖的"隐形冠军"和各领域的龙头企业。

第四,中央企业所属"双百企业"聚焦"五突破一加强"① 目标任务,狠抓改革方案落实落地,推动综合性改革取得积极成效。截至 2019 年末,中央企业所属"双百企业"累计改革任务完成率达到 55.14%。41.55% 的"双百企业"在本级层面开展了混合所有制改革,其中非国有资本持股比例超过 1/3 的占 53.49%;62.65% 的"双百企业"在子企业层面开展了混合所有制改革。

总体来看,在国家政策的鼓励和支持下,随着混改力度的加大,越来

---

① "五突破一加强",即在混合所有制改革、法人治理结构、市场化经营机制、激励机制以及历史遗留问题方面有所突破,加强党的领导。

越多的民营企业参与到国企的混改中，改革成效较为显著。对民营企业而言，参与混改让其有机会进入能源、化工等公共领域或规模经济领域，享受更低的原材料购买成本，以及更稳定的产业链、销售链等国企资源，有助于民企后续生产经营和市场融资。

## 7.2 国有企业混改引入民营企业的动机分析

我们认为，国有企业在混合所有制改革中引入民营企业主要有以下四个方面的考虑：一是为了优化国有经济布局；二是为了转变央企、国企的经营机制体制；三是为了业务整合，提高行业规模效应；四是为了改善自身经营业绩。

### 7.2.1 优化国有经济布局，实现国有资产保值增值

当前，我国经济运行面临较多不确定性，亟须优化国有经济布局，提高创新能力。而优化国有经济布局，不能完全依赖行政命令，需要借助市场力量，将国有经济布局与混合所有制改革有机结合，利用市场创新手段引导、推进布局，按照混改企业功能类型有序进退，同时注重弘扬企业家精神，通过实施激励机制，激发企业活力，从而盘活国有资产、带动国有经济、推动高质量发展。

具体而言，首先，把优化国有经济布局与混合所有制改革相结合。2015年《中共中央、国务院关于深化国有企业改革的指导意见》将国有企业分为三种类型：第一种是主业处于充分竞争行业和领域的商业类国有企业，积极引入其他国有资本或各类非国有资本实现股权多元化，国有资本可以绝对控股、相对控股，也可以参股，以调动民企的积极性；第二种是主业处于重要行业和关键领域的商业类国有企业，国有资本需要保持控股地位，支持非国有资本参股；第三种是公益类国有企业，鼓励非国有企业参与经营。

实践中，国有资本正在借助混合所有制的路径有序进退，民营企业也得以参与其中。如国家鼓励国有企业集中力量发展重大基础技术创新，把市场化创新放心交给民营企业发展。目前部分商业类国有企业在混改中引入民营企业，按照市场化要求实行商业化运作，进一步增强了国有经济活

力，放大了国有资本功能，实现了国有资产保值增值。

其次，充分发挥企业家精神在国有经济布局和发展中的作用。习近平总书记在党的十九大报告中特别强调激发和保护企业家精神。而我国释放企业家精神最好的途径是混合所有制改革。新时代下的混合所有制改革类似于20世纪80年代初的农村联产承包制改革，本质是要通过产权改革，建立现代企业制度，让企业家成为创新的主角。混合所有制改革不仅能够释放国有企业的企业家精神，也为民营企业的企业家提供了一个更好的舞台。

从混改的案例来看，很多国有企业调整业务结构，明确混改企业的战略方向，选择产业链上下游具有较强实力的民营企业参与混改，形成优势互补，发挥协同效应，促进了企业的创新发展。这方面的典型案例如中粮集团的混改，中粮以核心产品为主线推动业务整合，引入民营企业，打造了中粮国际、中粮贸易、我买网、中粮包装等专业化公司，在进一步优化产业布局的同时，也更好地激发了企业的活力、创新力和核心竞争力。

**【案例1】民营企业参与中粮集团的混改**

（1）民营企业奥瑞金包装参与中粮包装的改革。中粮包装和奥瑞金包装多年来一直是金属包装领域排名前两位的企业，双方的合作不仅可以明显提升行业集中度，增强行业地位和话语权，还可以避免行业内过度重复投资和内部消耗，提升行业整体毛利率水平。同时，双方在业务、客户资源、区域布局等多方面具有互补优势，引资完成后，双方的产业协同产生了积极效果。中粮包装借助奥瑞金包装的优势技术；而奥瑞金包装作为包装领域的龙头民营企业，其市场化的基因和丰富的市场化经验，有助于中粮包装建立市场化导向的公司治理和决策机制。

（2）我买网引入泰康。中粮集团作为农产品、食品领域多元化产品和服务供应商，我买网为其提供了网络销售端口。但传统食品电商项目盈利空间有限，中粮我买网积极转型迎合市场需求，进入生鲜电商领域，积极引入外部投资者。2015年，我买网引入民营企业泰康人寿、百度等战略投资者，控股股东中粮集团持股比例降至50%以下。百度在用户数据沉淀和大数据分析方面具有很大优势，我买网与百度糯米、百度外卖等本地生活服务形成协同效应，实现了双方资源的有效对接。而泰康可以加强我买网对健康、安全方面的布局，双方将在金融理财、生命健康保险等多方面进行深度合作，实现健康买到家。因此，我买网结合泰康的健康金融服务和百度精准搜索的流量及技术优势,以及各自庞大的用户资源,发挥了战略协同效应,引领食品电商进入健康消费市场的快车道。

### 7.2.2 转变经营机制体制,释放企业活力

长期以来,国企存在着内部行政化色彩浓厚、政企不分、政资不分等现象。在公平竞争的环境下,国有企业内部机制还没有与市场经济完全接轨,机制不活、效率不高仍然是制约国有企业生存和发展的最基本原因。

相对而言,民营企业的经营机制更加灵活,因此会吸引一些国有企业在混改的时候引入民营资本。混改不仅仅是通过民营资本和国有资本的融合实现投资主体的多元化,也改变了国企自身的内部机制。民企机制灵活、国企自身规范运营等优势的结合,能够建立管理科学、鼓励创新、富有效率的新产权制度结构,进一步健全灵活高效的市场化经营机制,从而在保证国企自身社会作用的同时提升运营效率,释放企业活力,激发企业家精神,增强价值创造力。

以格力电器的混改经验为例,在市场竞争性强的行业引入民营资本,增强了企业活力和创新能力。另外,2020年9月,TCL科技完成了对天津中环电子100%股权的收购,国资背景的中环电子让出控制权,让民营企业有了更大的发展空间,也给了民营企业家李东升更多的施展空间。

**【案例2】格力电器混改之路**

1996年,格力电器上市。其中,格力集团掌控了60%的股权,处于绝对的控股地位。之后一段时间,格力开始引进财务投资者,深化所有制改革,格力电器管理层对上市公司的控制力逐步上升,大股东格力集团的控制力逐渐下降,董明珠成为十大股东之一。2019年,格力集团开始了3.0混改之路,当年年底签署了格力电器的混改协议。此时,格力电器前三大股东分别为持股15%的珠海明骏、持股8.91%的河北京海担保投资有限公司、持股3.22%的格力集团。至此,格力电器无实际控制人和股东控股,成功脱下了"国资控股"的帽子,从而形成全新的股权结构、治理机制和利益格局。格力电器有望实现新进大股东、管理层、核心经销商共同持股,推动高管激励与公司治理的大幅改善,进一步发挥国有资本的潜能。

格力电器20余年的混改历程呈现出两大核心特点:一是在控制权安排上,珠江市国资委最后彻底交出了对于格力电器的控制权,使其由最初的

国有资本控股,一步步转变为高瓴资本、管理层与核心经销商共同持股的全新股权结构;二是格力电器的管理层逐步成为格力电器的核心,高瓴资本更是与以董明珠为首的格力电器管理层达成了系列协议,给企业家精神的发挥提供了有史以来最好的平台。将控制权逐步交由民营资本和管理层,让民营资本、企业家拥有实际话语权,给格力电器的发展注入了巨大的动力,改革后格力电器的真实绩效水平明显上升。

### 7.2.3 进行业务整合,提高规模效益

除了同类企业之间的强强联合,部分国有企业也以产业为基础,利用混合所有制改革,以市场化方式对中小民营企业进行兼并重组,进而形成具有较强引领带动作用的龙头企业。从行业的角度来看,部分领域的中小民营企业"多而散",市场格局较为混乱,很难形成规模效益。国有企业通过混改的方式,整合产业内的民营企业,有利于提高行业集中度,激发企业家精神,提高企业的绩效、创新能力等。

例如,中国建材集团通过混改,混合了1 000多家民营企业,从过去没有水泥业务的企业到现在成为全球最大的水泥公司,使水泥行业的市场集中度从过去的6%提高到目前的70%。国药则通过混合所有制的方式建立了我国的医药配送网络。两家企业用少量的资本金撬动、吸引了大量社会资金,整合了行业。

**【案例3】中国建材混改之路**

中国建材混改之路开始于2005年前后,当时面临的问题是要改变建材尤其是水泥行业无序扩张的局面。在集团层面决定把重点放在水泥板块上之后,2006年中国建材正式开始进行了大规模联合重组,通过其上市子公司广泛吸纳民营水泥企业的资本。例如,收购了实力强过自己的徐州海螺水泥。几年间,中国建材通过并购等纯商业手段,重组了近千家不同所有制企业,并成功组建了南方水泥、北方水泥和西南水泥等区域性整合子公司。

总体来看,中国建材集团的混改之路主要通过联合重组以及混合产权实现,同时在企业与产业的层面上调优增效。中国建材的混改改变了建材尤其是水泥行业的格局,整合挽救了一大批零散亏损的水泥厂。在这个过程中,集团董事长宋志平弘扬的企业家精神发挥了重要作用,通过三盘牛肉、三七原则、央企市营等原则,培育了企业家进入、成长的制度和文化

上的土壤，不仅释放了原国企干部的企业家精神，也为民营企业发挥其企业家精神提供了更好的舞台，最大限度发挥了各层级职业经理人价值创造的主动性和积极性。中国建材的混改把央企的规范治理、规模优势、技术实力与民企的灵活性、激励机制融合起来，形成强大的混合优势。

### 7.2.4 改善自身经营不良现状，提高国企绩效

还有部分国有企业，自身经营不善，绩效较差甚至出现亏损。他们也希望通过混合所有制改革，引入优质的民营资本，改善经营现状。有研究表明，对于主业处于充分竞争行业和领域的商业类国有企业，民企参与国企混改有利于促进国企的绩效提升。

例如，在钢铁行业产能过剩、生产技术落后、资金链存在断裂风险的大环境下，渤海钢铁作为一家国有企业，混改前很长时间处于亏损状态。2019年，民营企业德龙钢铁收购了渤海钢铁，使得业绩有了较大的改善。

**【案例4】德龙钢铁收购渤海钢铁**

2015年前后，尽管渤海钢铁集团冲进了《财富》世界500强排行榜，但是光鲜亮丽的资产负债表背后，隐藏着2 800亿元的债务危机。2018年，天津市国资委希望引进有资本实力和专业水平的战略投资者，实现渤钢集团脱困发展。这正式拉开了渤钢混改的序幕。最终，天津市国资委选择了丁立国创建的德龙钢铁。

丁立国将渤钢集团的非钢业务剥离开来，只接手了其钢铁资产，重组之后的渤钢集团也更名为新天钢集团。随后，在四个方面进行全面的重整：在员工方面，提高职工的工资待遇，从德龙派出骨干团队，实现两家企业文化的融合；在变革方面，优化现有的绩效制度，同时对新天钢集团的落后技术进行改造更新；在管理方面，填补国企时代采购环节的漏洞，并通过激励方式促使日产量屡创新高，快速恢复产能；在环保方面，加大新天钢集团对环保的投入，同时引进德龙钢铁先进的污水、废气处理设备，大幅改善了厂区面貌。2019年第二季度，仅仅在丁立国完全接手不到3个月，新天钢集团就实现了净利润6亿元的突破。

渤钢集团混改成功的核心有两点：一是天津市国资委彻底退出渤钢集团，将控制权全权转让给丁立国率领的德龙钢铁；二是丁立国的企业家精神。天津市国资委的退出给民营企业家发挥能力提供了舞台。

## 7.3 民营企业参与国企混改的难点及应对措施分析

理论和实践均表明,民营企业在参与国企混改的过程中,仍存在一些困难。厉以宁(2015)研究发现,在混合所有制改革实践中,国有企业和民营企业双方都存在担忧和顾虑,动力不足,提出健全相应的法律制度才能够保障改革的有效进行。綦好东等(2017)研究提出,部分既得利益者的阻碍、激励机制的落后和意识形态的固化等都会阻碍混合所有制改革。国有企业混改的实质是产权改革,产权改革是深化改革的关键(张维迎,2000)。

混改后的国企和民企的主体需要做到战略目标、产权、文化等方面的融合。目前,从混改的实践来看,在民营企业参与国企混改的过程中,仍存在如何对国有资产准确定价、如何处理国企债务担保负担、如何完善公司治理、如何融合企业文化等问题和难点,亟待解决。

### 7.3.1 如何对国有资产准确定价,防止国有资产流失,保障民企利益

在混改过程中,国企和民企的资产交易应透明化和市场化。国企和民企进行资产交易的关键在于确定价格。国企混改中有按成本重置交易的规定,这往往会导致交易价格偏离市场价格,尤其是出现一些不良国资价格高于市场价格、优质民资价格低于市场价格的情况,导致部分民企参与混改的积极性不高。另外,如果国有资产在交易时价格过低,可能会出现国有资产流失或者是转移国有资产的嫌疑。基于此,国企和民企的资产交易,一要保证交易信息的透明化,二要保证充分竞价和市场化,在此基础上形成的资产交易价格应该是合规的,以消除各方疑虑。

因此,在混改过程中,需要引入专业的第三方服务机构,对国有资产进行合理的评估,防止国有资产流失,同时也保障参与混改的民营企业的利益。国资监管部门对第三方服务机构也非常重视。中国当前律师、会计、审计、评估等服务行业的专业化分工和飞速发展,为国资监管部门更好地经营管理国有资本创造了有利条件。"混资本"过程中资产审计评估、进场交易、上市公司资本运作应严格履行相关工作程序,切实防止国有资

产流失。另外，从国家层面而言，需要健全以管资本为主的国有资产监管体制，提高国有资产监管效能。

### 7.3.2 如何界定国企的债务负担和隐性担保，以及由谁来承担

在民营企业参与国企混改的过程中，还需要注意国有企业的债务负担和隐性担保问题。尤其是部分地方国有企业，存在债务积累问题，并且对子公司提供超比例巨额担保。较高水平的担保率和负债率，和国企的属性有关，也源自前些年的"加杠杆效应"。大多数民营企业家对于这种管理混乱、经营不善、负债累累的国有企业都避而远之。因此，在混改后，原国有企业的债务、担保应该如何界定、怎么承担，以及是否剥离相关的债务负担，是民营企业参与国企混改过程中的难点之一。

例如，在德龙钢铁收购渤海钢铁的时候，渤海钢铁刚刚爆出了数千亿元的债务难题。不过，德龙钢铁的丁立国剥离了非钢资产，只接手了钢铁资产，并借助渤钢集团解决了高学历员工的户口问题，调动起这些人的积极性，再加上技术、管理等方面的不断改善，帮助渤钢集团实现了盈利，进而有效地解决了国有企业的债务负担问题。

### 7.3.3 如何完善公司治理，转变运营体制

民营企业参与国有企业混合所有制改革是在产权联合重组的基础上，进行资本、人才、技术等资源效能的改革。能否完善公司治理机制，是混改成功与否的决定性因素。国有企业与民营企业之间的混合所有制改革，从表面看是产权重组，实质上涉及的是公司治理的市场化及管理者身份的转变问题。因此，需要从股东会、董事会和监事会三个层面构建完整的公司治理机制，在完成股权多元化的同时，建立规范的董事会经理层制度，实现监事会的有效监督，构建出规范的公司治理结构。

具体来看，我们认为，应当从以下四个方面对混合企业的治理结构进行改善：其一，落实董事会授权体系，厘清董事会及经理层各方权责，完善董事会组成架构，保障混合企业董事会决策的独立性，在此基础上，提高企业的决策效率，释放企业活力；其二，充分利用独立董事制度在公司治理中的作用，营造开放式的制度基础，促进独立董事积极履职，实现对企业经营管理的有效监督和制约；其三，作为出资人在企业的延伸监督机构，应当增强监事会的独立性和权威性，充分发挥监事会的监督职能，跟

踪督查风险的化解和防止国有资产流失；其四，授权董事会独立公平地从职业经理人市场或者成功的民营企业家群体里选择高管人员。

总体而言，混合企业应充分发挥市场机制活力，不断完善企业法人治理结构，实施市场化人员选聘制度和职业经理人制度；完善公司治理机制，构建有效的股东会、董事会、经营层和监事会的权力体系，形成所有权、决策权、管理权和监督权相互牵制的治理机制，与此同时，探索构建混改企业监管新模式。对于民企参与国企混改，民企要能参与公司市场化治理，参与公司体制机制转变；要按市场化的激励模式，让干部队伍有主人翁精神。有研究表明，混改中，与民企所有权参与度相比，民企控制权参与度对混改型国企的促进作用更大。因为控制权参与更能够让民营企业家具有安全感，提升自身对产权保护的能力，有利于保护和激发企业家精神，提升企业效率。

### 7.3.4　如何融合双方的企业文化

民营企业参与国有企业混改，形成新的治理结构后，各种所有制参与方均有各自不同的企业文化、经营理念和战略思路，如果只是形式上的股份混合，不注重文化融合，就会因经营理念、运营模式等方面大相径庭，导致内部纠纷不断、效率低下，影响改革进程和改革成果，也违背了改革初衷，企业经营风险防控局面也随之变得越来越复杂。此时，整合企业文化，增强员工的主人翁意识和归属感，提升员工的忠诚度，预见、防控人力资源管理风险，就显得愈加重要。

中国建材在引入民营企业参与混改的案例，很好地展现了企业文化的融合。中国建材在混改中，制度文化两手抓，充分释放企业家精神。在制度层面，职业经理人以内部转化为主、市场公开招聘为辅，这就意味着在联合重组中许多有能力、有业绩、有职业操守的民营企业家，在混改后可以就地转化为中国建材各层级的职业经理人，保存了一批底层选拔、来自工厂、经营能力过硬的优秀企业家和管理团队。在文化层面，构建了"以人为本""三宽三力"[①]的企业文化环境，并形成了共同利益远远大于个人利益的企业认同感。这种先进、包容的企业文化软实力不仅有利于集团系统内部企业家精神的培育，更在集团重组、企业并购的过程中吸引着外部企业家与投资人。

---

① "三宽"：待人宽厚、处事宽容、环境宽松。"三力"：向心力、凝聚力、亲和力。

### 7.3.5 如何加强党的建设

加强党的建设一直是混改企业公司治理的重要组成部分。我们认为，国有企业在引入民营企业参与混改的情况下，需要在以下方面实现党组织参与混改后的公司治理。

首先，允许董事会、经理层的成员进入党组织进行交叉任职。因为这一方面能促进党组织直接从企业经营者角度出发，立足于公司发展进行决策，避免和减少冗杂的决策程序，缩短企业决策的链条，提高企业决策的效率；另一方面，可以尽量避免企业家在决策后被党组织全权否定，保持企业家决策的独立性，保证公司决策的一致性、连续性及合理性。

其次，党组织在发挥领导核心作用时，应当着重发挥监督权，有限制地行使把关权，避免形成"党组织全权决定"的局面，这样才能真正切实落实和维护董事会依法行使权力，保障企业家的经理自主权，构建有效制衡的法人治理结构。

最后，明确党组织的职能。从企业治理事项的多维性而言，党组织参与公司治理，很难不进行商业判断。但是党组织在参与决策过程中，应当保持国企"经营权的独立性"，必须有助于企业家独立进行商事判断、提高商事决策的效率。党组织一旦发现公司某项业务决策对公司存在巨大的商业风险，有权对决策层提出建议，但最终业务决定应由决策层定夺。此外，应当将党组织嵌入公司治理中的监督机构，通过事后监督的方式规范公司治理，保障企业家大胆提出想法，提高决策的有效性。

## 7.4　结束语

混合所有制不仅给国有企业，也给民营企业带来新的发展机遇。国企和民企通过相互参股的方式相互吸取，将资源优势和体制优势结合起来，消除以往存在的某些不平等，共同发挥积极性，打造公平竞争的市场体系。

混合所有制已经不仅是政府和国有企业领导人之所想，而且还是民营企业家之所图。在混合所有制改革中，民营企业可以选择战略上有协同效应的、有包容企业文化的、领导开明的国有企业进行合作。通过混合所有制，把民营企业的市场机制引入到国有企业中，将有效提高资本运作效率，促进经济高质量发展。

# 8

# 大健康产业加速发展的五大历史机遇[①]

大健康是在新时代发展的大背景下，顺应产业发展和技术进步的趋势，顺应社会需求而提出的一个全局性概念。它围绕人的生命全周期，关注研究、服务于人生命的全要素和全过程，通过提倡自我健康管理和社会健康服务，使人的生命得以持续呵护和不断延伸。它所针对的不仅是医疗服务和身体健康，还包括面向社会和个人的精神、心理、生理、环境、道德和衣食行住的全面健康。大健康的产业分布遍及各个领域。

美国著名经济学家保罗·皮尔泽（Paul Pilzer）在《财富第五波》（*The Wellness Revolution*）一书中曾预言，健康产业将成为继IT产业之后的全球财富"第五波"。从目前的分布结构来看，我国大健康产业包括六个细分领域：一是以医疗服务机构为主体的医疗产业；二是以药品、医疗耗材和医疗器械、康复器械为主体的医疗器械产业；三是以保健食品、健康器材为主体的保健品产业；四是以健康体检、健康咨询为主体的健康管理服务业；五是以康养结合为主的健康养老产业；六是以疾病预防、流行性疾病防控为主体的卫生综合防护产业，主要是以政府为主导、以大规模疫情防控为目的、鼓励支持社会广泛参与的健康行动。与这六个领域相关的产业又可以延伸到各个领域，如信息产业、数据产业、半导体产业、材料工业、机械工业、化学工业、食品工业、旅游产业、文化产业、绿色农业、金融保险业等。从某种意义上讲，大健康产业在整个国民经济和社会

---

① 本文作者为清华大学民生经济研究院研究员金东。

发展的运行中，有着"牵一发而动全身"的影响力。

在党和国家的高度重视下，我国的大健康产业正呈现出百舸争流、蓬勃发展的局面。随着广大人民群众大健康理念的确立和产品需求的不断增长，各个大健康产品领域的企业在产品创新和服务内容拓展上作出了积极努力，出现了一批在国际国内具有一定影响力的龙头企业。但从宏观角度分析，我国的大健康产业总体上还处于初始阶段，表现在产业分布上东西部地区不平衡，企业规模以中小型居多，产业链比较分散而难以形成聚合力，企业研发和技术创新投入不足，商业模式大多数较为落后，盈利能力大多数不强，产品和服务项目单一且同质化，真正以健康为中心的知识体系、技术体系、服务体系还没有建立起来，全覆盖、全要素、全流程的产业链还没有完全形成。这些问题的背后原因是相当比例的企业对大健康产业的发展规律和发展前景认识不到位，对大健康产业面临的历史发展机遇认识不清，因此有必要进行阐述，以推动大健康产业加速发展。

## 8.1　第一个历史机遇

第一个历史机遇是：健康中国上升为国家战略，"健康融入所有政策"，是大健康产业加快发展的重要前提和有力保障。

"健康中国"的概念在2016年提出。党中央、国务院印发的《"健康中国2030"规划纲要》中明确提出，"推进健康中国建设，是全面建成小康社会、基本实现社会主义现代化的重要基础，是全面提升中华民族健康素质、实现人民健康与经济社会协调发展的国家战略，是积极参与全球健康治理、履行2030年可持续发展议程国际承诺的重大举措"。2019年，国务院印发了《关于实施健康中国行动的意见》，成立了健康中国行动推进委员会，并发布《健康中国行动（2019—2030年）》《健康中国行动组织实施和考核方案》。

党的十九届五中全会将健康中国的行动推向了一个历史新高度，明确提出了"全面推进健康中国建设"的要求。这意味着"十四五"时期，大健康将迎来更广阔的发展空间。2021年3月6日，习近平总书记在看望全国政协十三届四次会议的医疗卫生界和教育界委员并参加联组会时指出："要把保障人民健康放在优先发展的战略位置，坚持基本医疗卫生事业的公益性，聚焦影响人民健康的重大疾病和主要问题，加快实施健康中国行动,织牢国家公共卫生防护网,推动公立医院高质量发展,为人民提供全方位、全周期健康服务。"这就进一步为加快大健康的发展指明了历史方向,将大健康放在优先发展的战略位置,为人民提供全方位、全周期健康服务,彰显出党和国家"人民至上"的执政理念。同时,也为大健康产业的发展指明了正确方向。我国幅员辽阔,人口众多,要解决14亿人口全方位、全周期生命健康服务问题,必须形成强大的提供健康产品和服务的产业力量。中国社会科学院人口与劳动经济研究所对中国大健康产业的经济测算是到2030年,中国大健康产业的增加值将达到28.5万亿—29.1万亿元,占GDP的13%。这个发展速度将有力保证健康中国战略的实现。

产业发展离不开政策支持。"将健康融入所有政策",这是习近平总书记提出的一个重要论断。习近平总书记在主持召开专家学者座谈会并发表重要讲话时强调,"要推动将健康融入所有政策,把全生命周期健康管理理念贯穿城市规划、建设、管理全过程各环节"。几年来,按照习近平总书记的要求,各省市县区政府将健康理念融入各项政策的制定过程和实施步骤,不仅体现在财政、税收、教育、卫生、科技、工业等方面的具体政策上,而且包括经济、社会、文化、生态、政治、外交等方面的宏观政策和整个公共政策体系,都应充分体现出大健康理念,特别是将公民健康主要指标的改善情况纳入政府目标责任考核,对各项经济社会发展规划财政支出、产业导向、工程项目进行系统的健康影响评估。毫无疑问,这对于大健康产业的加速发展带来了不可估量的影响和推动。

根据中央大健康的发展布局,全国各省市纷纷出台相关产业政策,抢占大健康产业发展高地,北京市提出实施新一轮健康北京行动,推出健康联合体试验,实现全市社区卫生服务中心全覆盖,培养一批大健康产业领军企业。上海市提出推进健康上海建设,打造高水平临床医学中心,培育发展大健康现代产业体系,拓展国际医疗旅游服务。江苏提出系统推动公共卫生服务与医疗服务高效协同,为人民提供全方位、全周期健康服务。广东提出在人工智能、区块链、量子科技、空天科技、生命健康、生物育种等前沿领域加强研发布局,打造生物医药与健康等十大战略性支柱产业集群。山西提出全力培育大健康等潜力型新兴产业,打造一批全国重要的新兴产业基地。浙江提出大力培育生命健康产业,打造全国生命健康产业制造中心和服务中心。贵州提出推动国家健康医疗大数据西部中心建设,形成全省四级远程医疗服务体系。四川提出加快"互联网+医疗健康"平台建设，推进国家精准医学产业创新中心建设。辽宁提出推进生物医疗健康产业发展，建设大健康绿色产业集聚区。其他各省市也都形成了本省市加快大健康产业发展的目标和政策体系。由此可见，从中央到地方高度重视、高度关注，大健康产业发展的政策环境已经形成，这是进一步推动大健康产业高质量发展的前提和保证。

## 8.2　第二个历史机遇

第二个历史机遇是：5G催生了无限的数字化应用场景，医疗服务进入巨大变革的新时代，这将有力推动医疗相关产业的全面发展。

在党和国家的高度重视下，我国的5G发展已走在了世界前列，中国信息通信研究院的评估报告表明，2020—2025年，我国5G商用直接带动的经济总产出将达10.6万亿元，间接拉动经济总产出可达到24.8万亿元。

2020年席卷全球的新冠肺炎疫情给全世界各国的经济带来巨大冲击。我国在疫情处置上的科学精准为全世界树立了榜样，同时也引发了对我国现有公共卫生体系应急响应体制的深刻反思。国家发改委、工信部提出要开展面向重大公共卫生突发事件的5G智慧医疗系统建设，加快5G在疫情发现、院前急救、远程手术、无线监护、移动查房、社区防治、家庭病房等环节的应用推广，围绕这个目标，中央有关部委组织科研部门、高等院校、国家骨干企业和各类高科技企业联合技术攻关，积极开展基于5G新型网络架构的智慧医疗的技术研发，推动智慧医疗协同需求的关键设备的产品设计和大规模产业发展。

5G+智慧医疗全流程应用技术的开发，是大健康产业的首要发展重点。作为落实党中央提出的对人民群众生命全周期开展健康服务的要求，5G高性能、低延时的特征将会有力满足院前、院内、院外一系列医疗数字化各类场景需求，由此引发医院医疗服务体系的巨大变革，这就要求相关企业围绕包括基于医疗数据无线采集的监测与护理类应用设备、基于视频与图像交互的医疗诊断应用设备、基于视频远程操控类应用设备开展技术攻关和产业化发展。更为重要的是，5G的应用可以使医疗健康云与医疗设备、医疗机构的健康监测设备与家居健康设备和无障碍设备形成闭环，创造出无限可能的医疗服务场景，这可以使更多企业加入大健康产业发展行列，从而拉动相关产业协同发展。

目前，我国大健康产业发展中的一个瓶颈性问题，是医疗资源总体不足，同时分布不均衡，由于优质医疗资源大都集中在大城市和大医院，中小城市的疑难病患者大量涌入省会城市和大城市三甲医院，容易造成医疗资源的"踩踏"现象，通过 5G 技术可以在一定程度上解决这个问题。通过大健康产业的产品拓展，实现跨区域、跨机构的医疗健康协同，将优质医疗资源共享给各个医疗单位，实现电子病例、放射影像、病理信息等医疗原数据的精准传输、快速同步、互通有无，以患者为中心集成院内院外各种优质医疗资源，开创实时远程会诊、远程手术、远程急救、远程护理、远程服务的新模式，使优质医疗资源通过 5G 网络实现跨院流动和有效互补。

截至 2019 年，全国医疗机构总数达 1 007 545 个，其中医院 34 354 个，基层医疗卫生机构 954 390 个，专业卫生机构 15 924 个，社区卫生服务中心 35 013 个，乡镇卫生院 36 112 个，诊所和医务室 240 993 个，村卫生所 616 094 个。按照各省市"十四五"期间大健康产业发展规划，绝大多数省市都要逐步实现 5G 条件下的医疗体系数字化。大中城市的三甲医院可实现智慧医疗的高水准配置；中小城市的二甲、一甲医院可实现智慧医疗的标准配置；乡镇级社区医院和卫生所也将配置相应的数字化医疗设备。跨地区、跨体系、跨机构的医疗协同将催生大批数字化医疗设备和互联网、物联网设备的采购和使用。这将为大健康产业链的相关企业创造巨大的市场开拓空间。

根据 Global Market Insights《全球市场洞察》最新报告，在 2019—2020 年期间，全球数字医疗市场需求将从 1 060 亿美元，增长至 6 394 亿美元，复合全年增长率为 28.5%，其中远程医疗保健市场需求将在 2020—2026 年期间以 26.2% 的复合年增长率高速增长。中国在健康中国战略推动下，年复合增长率会高出其他国家 5—10 个百分点。以此推断，我国基于 5G 条件下的数字化医疗设备和网络设备的需求量可达到万亿元以上，这就为大健康产业各个领域的相关企业提供了千载难逢的发展机遇和拓展空间。

## 8.3　第三个历史机遇

第三个历史机遇是：全生命周期健康管理的提出，为大健康产业的纵深发展提出了重要命题，将形成医疗健康服务的崭新业态。

党的十九届五中全会提出要"为人民提供全方位、全周期的健康服务",彰显出中国共产党不忘初心、牢固坚持以人民为中心的执政理念。自改革开放以来,特别是党的十九大以来,大健康理念的贯彻落实充分体现在这样几方面:各级政府加大卫生健康的财政投入;城乡健康环境建设不断加强;大健康产业发展进入到快车道;人民身体健康素质逐步提高。据有关卫生健康部门统计分析,我国部分地区主要卫生指标达到了中等发达国家水平。在充分肯定成绩的同时,还应看到面临的突出问题,由于我国工业化城镇化快速发展,人口老龄化程度加深,生态环境中存在着诸多难以解决的问题,使疾病谱发生了很多变化,全社会的健康维护面临着严峻挑战,其中恶性肿瘤成为全国居民的头号杀手。恶性肿瘤、心脏病、脑血管病、呼吸系统疾病和损伤这五大死因,占居民死因的86.3%。男性第一死因是恶性肿瘤,肺癌、胃癌、肝癌是男性发病率最高的恶性肿瘤;女性的第一死因是心脏病。从常见健康问题检出情况看,视力低、脂肪肝、甲状腺结节、高血压、高尿酸这几项问题检出率高。高血压检出率,男性明显高于女性,北方城市检出率高于南方。值得注意的是,福州和海口乙肝表面抗原阳性检出率远远高于其他城市;男性高尿酸检出率广州等南方城市远高于北方城市;北方城市糖尿病和糖化血红蛋白异常检出率普遍高于南方城市;福州、济南、长春三个城市无论男女,甲状腺结节检出率均位居前三;另一方面,大部分城市幽门螺杆菌抗体阳性女性高于男性。以上问题的出现,特别是南方北方的差异性、各省市的差异性清楚地表明,许多健康问题都与当地的饮食习惯、生活习惯以及气候、环境、生态诸多外部因素紧密相关。通过全生命周期的健康管理,许多疾病是可以避免和减缓的。从影响健康因素的社会性、普遍性、系统性出发,根据不同地区不同环境下的重要健康问题和主要影响因素,通过以人工智能和大数据为基础的科学检测来判断,积极预防、强化干预,可以在一定程度上减少或减缓相关病症的大面积出现,实现健康中国的目标。

我国加强全生命周期健康管理为相关产业发展带来了重要历史机遇。我国经济保持中高速增长,使各级政府为维护人民身体健康投入更多的财政资源,消费升级使人民群众有信心在健康管理消费上增加更多支出。这就为推进我国的全生命周期健康管理提供了有利条件。从产业发展角度来看,科技赋能可以有力推动健康管理产业发展。以人工智能为例,通过深度学习和大数据对比分析,能有效解决长期以来难以解决的重症早期筛查问题，包括肺小结节 AI 筛查、消化道重症早筛、脑健康预警和干预、乳腺健康管理等，实现早期筛查全流程的数字化和智能化。另一方面，全方位全生命周期健康管理要实现全民覆盖，超出了各类医院的业务范围和承载能力，必须采取社会化、社区化、家庭化各种方式相结合的路径去完成。从健康管理的实践来看，全生命周期健康管理涉及各个年龄段的人群，包括婴儿期、儿童期、少年期、青年期、老年期，不同年龄阶段的健康标准与检测都存在特定要求，这就为医疗设备制造商、数字化技术提供商、大数据运营商提出了崭新的课题和产业发展的新机遇。与大健康产业链相关联的科研院所、高等院校、设备厂家、数据公司可面向三个维度拓展全生命周期健康管理产品与设备设计的生产：一是专业的筛查和检测机构、体检服务机构、健康管理服务机构；二是各级专业医疗机构、康复治疗机构；三是社区与家庭。通过形成完整的全生命周期健康管理方案，设计、生产和提供面向不同层级的新一代数字化检测设备，形成公立与民营、医院与机构、社区与家庭、高端与普通相结合的多渠道、多路径、多方位的全生命周期检查闭环，最终实现预防、检查、诊断、治疗、康养各个环节数据标准化、管理统一化、质控规范化、流程智能化，从而使每一位人民群众都有机会在全生命周期健康管理的推进中获益。

## 8.4 第四个历史机遇

第四个历史机遇是：实施积极应对人口老龄化国家战略，推动养老事业和养老产业协同发展，为大健康产业发展开辟崭新赛道。

党的十九届五中全会审议通过的"十四五"规划和 2035 年远景目标建议中，对完善养老服务体系作出了一系列新的战略决策，明确提出推动养老事业和养老产业协同发展，健全基本养老服务体系，大力发展普惠型养老服务，支持家庭承担养老功能，完善居家社区机构相协调、医养康养相结合的养老服务体系。

根据国家统计局的数据，"十四五"期间中国老年人口将迎来第二次强劲增长高峰，年均增长 1 200 万，是"十三五"期间的两倍；1963 年中国爆发了婴儿潮，到 2023 年这一代人将步入老年，形成中国老龄化的加速期；到 2033 年，中国老年人口数量将破 4 亿大关；2053 年将达到中国人口老龄化的最高峰，老年人口将达到 4.87 亿，届时中国老年人口将占到全球老年人口总数的 1/4。2000—2050 年我国人口老龄化水平将从 10% 提升到 34%，比世界平均速度快一倍多。特别引起注意的是，我国还有 8 500 万名残障人士，他们的医养康养和全方位全生命周期健康管理任务更加迫切和艰巨。从这些数据可以看出，我国养老事业和养老产业作为大健康产业的重要组成部分，加速发展已刻不容缓。

目前，我国养老产业呈加快发展趋势，截至 2020 年 12 月底，全国共有养老机构 3.8 万个，同比增长 10.4%；各类养老床位 823.8 万张，同比增长 7.3%。尽管养老产业取得了积极进步，但从宏观角度看，"老有所养"的问题仍然十分严峻。截至 2020 年，中国 60 岁以上老人已达 2.4 亿，只有 3.4% 的老人有机会、有可能进入养老机构养老，96.6% 的老人需要居家养老。近年来，国内许多养老机构和企业创造了各种新的养老模式，包括社区养老、乡村养老、旅游养老、"候鸟"养老、文化养老、教育养老、"抱团养老"等。无论哪一种养老模式，都必须解决好医养结合、康养结合的问题，具体又可以分解成为检测预防、医疗救治、精神疏导、生活保障、综合服务五个问题。从目前的情况来看，解决这些问题的根本出路就是数字化的"智慧养老"。

所谓"智慧养老"，是指通过互联网、物联网、大数据、云计算、人工智能、区块链的成熟技术，建立面向养老机构、社区养老中心和大量居家养老老人纵横交错、上下贯通的传感网系统、检测报警系统和大数据处理平台，提供快捷、同步、实时、高效、低成本的互联网化、物联网化、人工智能化的养老服务。目前，我国各地"智慧城市"的建设正在全面推进，数字化"智慧养老"完全可以成为一个模块，嵌入各地"智慧城市"平台中去。另一方面，国内大健康企业已形成上千种智慧养老高科技定型产品，仅工信部发布的《智慧健康养老产品及服务推广目录（2020 年版）》中，就汇总了 118 款智慧健康养老产品，这些产品主要面向医疗机构和养老机构，能够服务于居家养老的智能化产品仍处于起步阶段。现在我国 60 岁以上老人有 800 多万进了养老机构养老，他们在不同程度上能够享受医养结合的待遇。但我国有 2.4 亿的老人处于居家养老的状态，他们的医养结合和康养结合面临许多困难。从中国老年人居家养老为主体的实际情况出发，规划设计价廉物美的居家养老智能化设备，包括检测设备、康复设备、治疗设备、救急设备、报警设备、服务设备，是大健康产业面临的迫切课题。近年来，已形成了智能药盒、智能轮椅、陪护机器人、智能血压仪、智能护理床等系列产品,其中智慧腕表,通过纳米级传感器实时采集老人心率、血压、血氧等生理数据,当老人感到不适或突发险情,第一时间可通知陪护人员和亲属,加以及时救治。但从实际情况来看,这些智能化产品的成熟度和质量水准仍达不到精准化,居家养老全流程的设备集成也尚未完成,已定型的设备使用率很低。更为突出的问题是,少部分使用了居家养老设备的老人大多数处于信息孤岛,还缺少成熟的大数据信息平台搜集、整理、清洗并负责向医疗机构实时报送,缺乏适老化、人性化的技术开发和相关设备,使老年人享受更为快捷、简便、周到的养老服务仍是一个大瓶颈。因此,通过居家养老智能设备实现检测报警、及时救治和医疗康复服务仍处于研究探索阶段。这些迫切需要一批有志于大健康产业的医疗设备企业、人工智能企业、数据分析企业、材料工业企业、机械制造企业,从居家养老的实际需求和用户体验出发,形成数字化居家智慧养老的系统解决方案,设计生产出不同类型、不同层次、不同功能的系列化、高质量的居家智慧养老产品。据工信部预测,到2025年,我国老年用品产业规模将超过5万亿元,其中智慧养老产品将占相当比重,而居家智慧养老产品将成为重中之重,这就为大健康产业发展创造了一个新的难得机遇。

## 8.5 第五个历史机遇

第五个历史机遇是:大健康产业构成了新的10万亿"蓝海",中央已确定保险、信托和基金作为"第三支柱",这为进入养老产业和资本的大规模流入提供了新的历史机遇。

我国的大健康产业领域已经逐步发展成近10万亿元的市场规模,大健康产业新格局的背后是技术、整合、资本这三者的协同驱动。10年以前,中国医疗健康产业的上市公司在100家左右,至2020年已发展至近300家,之前医疗健康在中国资本市场总市值的比重为2%,到2020年超过了10%。2018—2019年中国医疗健康领域的融资与并购事件,在国内资本市场上居于第二位,在患者服务类领域、医疗服务类领域、医药服务类领域、医疗美容类领域和医疗保健类领域等细分场景快速发展。相对来说,养老领域的投融资的增长速度慢于其他领域。

从总体情况来看,中国大健康产业的发展规模在迅速扩大,资本进入的广度和深度也前所未有，但对比发达国家，中国的大健康产业仍有巨大发展空间。目前，在各发达国家，健康产业已经成为带动整个国民经济发展的强大引擎。其中，加拿大、日本等国的健康产业增加值占GDP比重超过了10%，美国的医疗服务、医药生产、健康管理等健康行业增加值占GDP比重超过15%。这次新冠肺炎疫情发生后，我国的政党优势和制度优势有力促进和推动了我国大健康产业的发展，特别是党的十九届五中全会审议通过"十四五"规划和2035年远景目标建议，为大健康产业发展指明了方向，大健康产业的市场集中度将继续大幅提升。

从数据分析来看，2021—2025年资本市场对大健康产业的投资热点，将集中在五大基本产业群上：一是以医疗服务机构为主体的医疗产业。2020年前三季度，医疗健康服务行业平均交易规模为2.6亿元，总交易数量为116起，交易金额为236亿元，2021年交易热度还会继续上升。这个行业被资本市场普遍看好，在这些交易中，战略投资者是交易并购的主力军。二是以药品、医疗器械、医疗耗材产品为主体的医药产业。这个医药市场仍处于高速增长状态，2023年中国医药行业市场规模将达2.1万亿元，其中化学原料药及制剂、中药材、抗生素、生物制品、放射性药品、医疗器械、卫生材料、智能手术设备企业将领跑整个医药行业。三是以保健食品、健康产品产销为主体的保健品产业。中国保健品市场规模从2017年开始不断扩大。2019年中国保健品行业市场规模达2 227亿元，同比增长18.5%，预计2021年有望达到3 307亿元。随着我国居民收入水平提高和健康意识增强，"银发一族"和"年轻一代"将是行业增长的主要驱动人群，保健品行业未来可期。四是以健康检测评估、咨询服务、调理康复和保障促进为主体的健康管理服务产业。以个性化健康服务为主体的健康管理服务产业，在我国尚处于发展初期，由于健康管理存在巨大的发展空间和具有抗经济周期特点，已经吸引了大量资本关注和跨界企业参与。截至2019年，据不完全统计，已有超过10亿美元的境外资金投入到国内健康管理行业。自2021年开始，随着健康中国战略的实施，市场将进入高速发展阶段，年交易量将会超过千亿元。五是健康养老产业。国务院印发的《"健康中国2030"规划纲要》中明确指出，2020年健康养老产业总规模超过8万亿元；到2030年时，规模将达到16万亿元。近年来，越来越多的创业者和投资者在养老产业上抢滩登陆，纷纷入局，形成了全资自筹模式、合作投资模式、REITS（房地产投资信托）模式、信托投资模式、

BOT（基础设施特许权）模式等。在此基础上，规范发展以保险、信托、基金为主的"第三支柱"养老保险，成为近两年在重要政策文件和公开场合被反复提及的关键词。目前，银行、保险、信托、基金等金融机构已积极进入养老服务产品供给，这将为大健康养老产业的发展提供稳定持久的支持力和推动力。以上五个方面是国家资本、国际资本、金融资本、社会资本进入大健康产业的主要入口和出口。可以坚信，大健康养老产业的蓬勃发展将吸引各路资本踊跃进入，而资本的积极进入必将促进我国大健康产业向更广阔的领域推进发展，最终形成产业与资本的融合发展，造福人民、造福社会、造福中华民族。

"忽如一夜春风来，千树万树梨花开"。十三届全国人大四次会议审议通过"十四五"规划纲要，这对于开创社会主义现代化国家新征程具有引领性重大意义。适应新发展阶段，贯彻新发展理念，构建新发展格局，必将给我国大健康产业发展带来千载难逢的历史机遇。抓住这个历史机遇，"我欲乘风去，击楫誓中流"，在党和国家的高度重视和积极推动下，我国的大健康产业一定有信心走进世界前列。

# 9

# 平台企业的主体责任与平台经济的协同治理[①]

随着数字经济在我国经济发展中所占的比重不断提高，提升对数字经济核心组织者平台经济的治理在我国治理体系中的地位变得越来越重要。特别是，鉴于平台企业具有广泛连接的特殊性、掌握大量数据资产的基础性、对经济社会各个层面的渗透性，完善平台经济治理体系，不仅对于推动数字经济健康发展有着重要意义，对于社会稳定、文化繁荣、国家与政治安全等也都具有非常重要的推动意义。

## 9.1 平台企业概述及其分类

平台企业是数字经济的组织者和协调者。平台企业通过搭建网络平台，连接各类用户，形成多边市场，促进两类或者多类用户通过平台互动、达成交易（Tirole，2006）。

人们根据平台连接的对象不同，把平台企业分为六类：一是电子商务类平台企业，连接的是人与商品，如淘宝、京东等电商平台；二是生活服务类平台企业，连接的是人和服务，如滴滴打车、美团外卖等；三是金融类平台企业，连接的是人和资金，如陆金所；四是信息类平台企业，连接的是人与信息，如新浪、今日头条等新闻门户，百度、谷歌等搜索引擎；五是社交类互动平台，连接是人与人，例如微信、微博；六是连接人和计

---

① 本章作者为清华大学民生经济研究院副院长王勇、清华大学民生经济研究院研究助理李燕先。

算能力的计算类平台企业，如阿里云等云计算平台、人工智能的硬件平台、工业互联网平台等。

## 9.2　平台经济的作用

在上述诸多平台上开展的经济活动，形成了平台经济、共享经济、零工经济等新业态。首先，平台经济等新业态的出现，扩大了消费，提振了内需。根据国家统计局披露的相关数据，2020年全国实物商品网上零售额增长14.8%，增速比社会消费品零售总额高18.7个百分点。在中美贸易摩擦对我国出口带来严重影响的背景下，更凸显了平台经济扩大国内消费的价值和意义。

其次，平台经济带来了相关服务业的快速发展，创造了大量的灵活就业机会。根据国家发改委提供的数据，2018年平台经济创造的就业岗位已经超过6 000万个，特别是通过互联网+农业/农村等进行的网络扶贫，已经为贫困地区培育超过2 500种特色产品，给农民带来了更多的致富机会，从而有利于弥合贫富差距鸿沟，让不同地区、不同背景的人们都可以共享数字红利。

最后，平台经济也在推动技术创新。数字社会中实现技术创新的主要途径是借助生态系统进行协同创新。平台经济上众多的参与主体形成的创新生态系统，能够通过技术标准为创新提供协同，并通过数据分析为创新指引方向，从而可以赋能传统产业，实现数字化转型。

## 9.3　平台经济领域存在的问题

平台企业推动平台经济、共享经济新业态的形成，在给经济发展注入新动能、创造巨大经济价值的同时，也给经济和社会带来了诸多问题，极大地影响了平台经济的健康发展。这些问题突出表现在如下几个层面：

（1）在市场层面，一些电商平台上充斥着假冒伪劣商品，严重侵害第三方利益；一些网络直播带货存在虚假宣传、销量作假、产品质量低劣的现象，直接损害消费者利益；一些外卖平台上，外卖食品质量卫生堪忧，外卖人员急行乱行，频频违反交通规则；一些网约车司机服务不规范，绕行、疲劳驾驶，甚至骚扰和侵害乘客等。这些问题使人们对网络消费心存

（2）在行业层面，不少平台企业扭曲利用数字技术，采用流量劫持、平台屏蔽、误导或强迫用户安装或卸载相关应用程序等方式，进行不正当竞争；一些大型平台企业滥用市场支配地位，强制平台内经营者接受排他性服务，进行"二选一"，或者利用所拥有的资金优势，对用户进行补贴，变相进行平台服务的价格战，打压竞争对手，并遏制潜在企业进入。这些平台的不正当竞争和滥用垄断势力破坏了市场的公平竞争环境，既侵害消费者权益，也不利于数字技术的迭代创新，是迫切需要解决的问题。

（3）在宏观经济层面，一些互联网金融平台借助金融科技从事影子银行业务，如利用网络非法集资和诈骗；或是利用现金贷平台非法高息放贷、盘剥借款人；或是非法发行和交易数字货币，不仅带来非法汇兑和洗钱的问题，还制造了数字资产泡沫。这些影子银行业务逃避监管，积累了金融风险，不利于宏观经济的平稳运行。

（4）在社会层面，一些信息搜索类平台提供虚假信息，误导用户决策；信息聚合平台利用推荐算法，过于迎合用户偏好，推荐低俗内容，形成信息茧房（Information Cocoons），将用户束缚在由兴趣和先入之见所引导的狭隘领域，无法提高人们的认知水平；社交类平台不注重保护用户个人数据，隐私泄露严重。另外，一些自媒体信息发布平台，为吸引注意力，不注重信息筛选，让不实信息、谣言以及一些有害的极端言论广为传播，割裂社会共识，影响社会稳定，甚至影响政治安全和国家安全。

此外，随着人工智能的发展，通过深度学习技术可以进行深度伪造（DeepFake），比如 AI 换脸、语音模拟等，以此进行色情传播、身份伪造、散布虚假信息，会给个人、企业以及公共安全等带来严重的威胁。正是担心深度伪造会影响美国 2020 年的总统选举，2019 年 6 月，美国国会先后通过了两部禁止深度伪造的法案。在我国，通过语音模仿进行电话或微信诈骗的案子也在不断出现。

## 9.4 平台经济的治理措施

正是认识到平台经济领域存在的种种问题，我国这几年加快了相关领域的立法和执法工作。比如，2018 年通过的《电子商务法》，2021 年开始实施的《民法典》，以及 2019 年发布的《数据安全管理办法（征求意见稿）》《网络音视频信息服务管理规定》《网络生态治理规定（征求意见稿）》和2020年出台的《关于平台经济领域的反垄断指南（征求意见稿）》等。这些法律和监管制度在强调政府、企业、社会、网民等主体共同治理网络信息内容的同时，也及时回应了算法推荐、深度伪造、流量造假、网络暴力等热点问题。

为了更好地实现平台经济的治理，除了上述立法和制定监管制度外，还需要建立和完善平台经济的治理体系和治理机制，特别是需要明确平台企业的责任。在互联网发展的早期，人们认为互联网企业根据"避风港原则"，只需要承担"通知—删除"责任；但后来发现，该责任远远不够，因此又逐渐要求互联网企业要依据"红旗原则"，对显而易见的侵权行为进行标注和提醒，否则就要承担法律责任。在我国2018年的《电子商务法》以及2021年开始实施的《民法典》中，则对平台企业进一步提出了要承担连带责任。现在，我国政府又明确提出要压实平台企业的主体责任，这是应互联网技术的进步所提出的最新要求。

因此，完善平台经济治理体系，需要把平台企业看成是治理主体之一，界定其作为治理主体需要承担的主体责任，包括针对不同类型的平台，确定其主体责任的具体内容，明确治理的原则，以及需要采用的具体治理方式等。

除了明确平台企业的主体责任外，我们还需要明确政府部门的监管职责。除了上述提到的立法工作外，在对平台经济的治理体系中，作为一个治理主体，政府部门如何与其他治理主体，特别是平台企业，一起对平台经济进行治理？这其中涉及治理分工、治理方式的互补与替代等具体问题，需要深入研究。

基于此，我们认为平台经济治理需要明确以下几点：

第一，界定和明确平台企业的主体责任。对于平台企业的研究，主要是双边市场理论（Two-Sided Market Theory）。这方面的主要开创者是2014年获得诺贝尔经济学奖的法国经济学家让·梯若尔。他和罗切特（Rochet and Tirole，2006）将市场划分为单边市场与双边市场，指出平台企业是经营多边市场的主体。阿姆斯特朗（Armstrong，2006）提出多边市场具有交叉网络效应，即买家用户数量越多，就会吸引越多的卖家，更多的卖家又会进一步吸引更多的买家，以致会出现"赢家通吃"的超大平台。徐恪等（2016）指出，交叉网络效应的基础是网络科学中的幂律法则，"赢家通吃"的超大平台会成为普遍现象。王勇和邓涵中（2017）结合交易方式的演变，分析了平台企业交易属性的具体表现，分析了其作为一个经营平台的主体所发挥的功能以及承担的经营责任。

正是由于平台企业具有这种组织者的作用，因此平台经济成为生产力的新型组织方式。2019年8月国务院出台的《关于促进平台经济规范健康发展的指导意见》明确指出，互联网平台经济成为生产力的新型组织方式，是经济发展的新动能，对优化资源配置、促进跨界融通发展和大众创业、万众创新，以及推动产业升级、拓展消费市场尤其是增加就业，都有重要作用。

作为经济与社会活动的组织者，平台企业具有两个显著的优势：一是连接优势，能够建立广泛的连接，可以连接各种类型的平台用户；二是数据优势，平台企业可以汇聚大量的用户数据，通过算法进行数据分析，既可发现潜在的商业机会，也可以掌握用户行为情况。

正是平台企业在数字经济中的组织地位，以及所具备的连接优势和数据优势，使得平台企业既有必要也有能力承担平台企业的主体责任。尽管对于平台企业的主体责任目前还没有统一的定义，但我们认为，平台企业的主体责任是指平台企业作为数字经济与社会各类活动的组织者和协调者，需要承担维护经济与社会活动秩序的治理责任。特别是，平台具有广泛的连接性，不仅连接平台内的各类用户，组织平台内的互动活动，也连接了平台外部的各类主体，组建商业生态，推动行业发展，维护经济金融平稳运行和社会稳定等。因此，不同于一般企业，平台企业有着更为广泛的利益相关者群体，而这些利益相关者群体对平台企业的诉求，不是直接的利益分配诉求，而是希望平台企业能够建立和维护他们之间良好的交易和互动秩序的需求，以降低他们之间的交易费用，平滑他们之间的互动或交易关系。

平台企业的主体责任本质是治理责任，负责维护网络平台上的交易和互动的各类秩序。对此，法雷尔和卡茨（Farrell and Katz，2000）指出，平台企业像是一个维护公共利益的监管者；罗切特和梯若尔（Rochet and Tirole，2006）也指出，平台企业作为多边市场的核心，具有对市场准入的权力，类似于一个政府的牌照机构（Licensing Authority）。

第二，借助数据资产驱动平台企业履行主体责任。平台企业为什么愿意履行主体责任？我们认为主要的驱动力是数据资产收益。这是因为，不同于传统的企业，平台企业的运行需要一种新型生产要素——数据资产。数据资产，是指能够给企业带来利润的数据信息，在互联网行业也被俗称为"流量资产"，是包括平台企业在内的各家互联网公司都非常看重的资产。亚马逊的创办人贝索斯认为，"数据是驱动而不是参考"。马云也多次宣称，阿里本质是一家数据公司。

平台企业获取数据的方式多种多样，但通过提供维护秩序服务这一履行主体责任的方式是有效的办法。原因就是平台的本质是一个多边市场，当海量用户都汇聚到平台上后，如果缺乏秩序，则人们不愿意做过多停留，不仅会降低从访问量转为交易量的比例，减少平台赢利机会，同时也会导致用户未来也不愿光顾该平台，从而使得平台汇聚流量获得数据的能力大为下降。

因此，我们认为，数据资产能够增加平台企业的赢利能力和竞争能力，是平台企业最为核心的资产，因此平台企业愿意为了积累自身的数据资产主动履行社会责任，使得企业履行社会责任和价值创造能够相互融合，实现"责任即价值，治理即经营"。

当然，有时巨大的数据利益诱惑也可能会驱使平台企业抛弃社会责任，比如贩卖用户数据、泄露用户隐私等。这时，一方面需要提倡商业伦理与道德，引导企业家树立正确的价值观，从平台内部纠偏；另一方面还需要引入外部治理力量，如政府部门、新闻媒体等社会监督力量，共同参与社会责任的治理。比如，欧洲在 2018 年开始实施非常严格的《通用数据保护条例》，引导企业对数据的合理应用。我国在 2018 年 5 月也出台了保护个人信息方面的推荐性国家标准——《信息安全技术　个人信息安全规范》，这是继 2017 年《网络安全法》之后，进一步对个人数据进行保护的重要举措。

第三，在公共治理的范式下完善平台经济的协同治理。由"互联网之父"温顿瑟夫、诺贝尔经济学奖得主让·梯若尔等共同参与的联合国数字合作高级小组，在 2019 年发布的《数字相互依存的时代》中指出，"只有加强多边主义才能实现有效的数字合作，同时还应辅以多方参与，即不仅各国政府，还有更广泛的其他利益相关者，如民间社会、学术界、技术专家和私营部门共同参与合作"。国内学者江小涓（2018）也指出，网络空间上的私人领域和公共领域的边界出现模糊和交叉，部分融合，需要打破政府和企业原有的责任边界，共同进行治理。

上述说明，研究平台企业主体责任的治理机制需要在公共治理范式下进行。公共治理是指公共部门与私人部门对公共事务和社会生活的共同管理。这一概念是针对行政管理提出的，在20世纪80年代，人们逐渐认识到行政管理存在"政府失灵"，仅靠政府的行政管理无法提供更好的公共服务来解决日趋复杂的经济和社会问题。因此，世界银行在1989年的报告中首先提出了公共治理的概念，指出需要借助私人部门来提供服务。然后，2008年诺贝尔经济学奖得主奥斯特罗姆在1990年提出了公共治理的自主治理理论和多中心治理理论，进一步为公共治理奠定了理论基础。

因此，平台经济需要平台企业和政府部门协同治理。具体来说，面对平台经济中存在的种种问题，由政府部门来治理，存在"有心缺力"的问题，即政府具有维护数字秩序的主动愿望，但其掌握数据太少，且行政化手段比较僵硬，难以对互联网的多样性进行有针对性的治理；而平台企业参与公共治理的优势在于具有数据和市场化的手段，但存在动机不足或扭曲的问题，即"有力缺心"。因此，需要二者相互合作，共同参与社会责任的治理。由平台企业和政府部门等组成多个治理主体，确定具体治理内容，秉持统一的治理原则，在治理过程中分工和合作，一起构建和维护数字社会运行秩序。

综上，我们认为，要推动平台经济和共享经济的健康发展，需要构建适合平台经济发展的治理体系和机制，明确包括平台企业在内的相关主体在治理体系的地位和作用，充分发挥平台企业的优势，压实主体责任，并需要政府部门提高监管水平，优化监管手段，与平台企业相互配合，构建平台经济的协同治理体系。

# 10

# 新消费模式下传统企业的应对策略[①]

随着我国社会生产力水平显著提高,经济持续发展,2017年,习近平总书记在党的十九大报告中提到,我国社会主要矛盾已经转化为人民日益增长的美好生活需要和不平衡、不充分的发展之间的矛盾。

这一准确的判断,揭示出中国居民除了对物质生活有更高要求外,同时也呈现出多样化、多层次的强烈需求。他们追求更丰富的精神文化生活、更好的教育、更舒适的居住条件、更高水平的医疗卫生服务,而且人民在政治生活上对民主法治的要求、在社会生活上对公平正义的要求、在生态文明方面对优美环境的要求也更加迫切。

事实上,国务院2015年发布的《关于积极发挥新消费引领作用加快培育形成新供给新动力的指导意见》首次提出"新消费"。在此之后,伴随着互联网技术的发展及智能手机的普及,以人工智能、大数据技术为依托,商品及服务的生产、流通及销售环节都得到了重塑,从而形成了新的消费模式。2020年初暴发的新冠肺炎疫情更是加速了全品类、全消费人群从旧消费模式向新消费模式的转变。

新消费模式多场景、高时效、智能化地搭建了"人""货""场"之间的关系,给消费者提供了全新的购物体验。新消费模式可以极大地拉近消费者和品牌的关系,有效地促进品牌销售,极大地提升消费者的品牌体验。

然而,对于许多企业,尤其是传统企业,新消费模式对于他们,就像爱

---

[①] 本章作者为益普索中国资深研究总监王晶。

情之于年轻男女,虽然听说过但很难描述清楚。本章希望通过对新消费模式特点及其形成原因开展全面讨论,并结合品牌案例,帮助更多企业尤其是传统企业更好地融入新时代,拥抱新消费模式,促进品牌和企业的成长。

## 10.1 什么是新消费模式

目前,新消费模式并没有一个官方定义。新消费模式本质上是一个归纳性定义,是对于新市场环境下消费心智、消费行为、消费人群、基础建设以及宏观环境的归纳描述。本节主要对消费心智、消费行为的新特点以及新消费人群这三个与企业发展和品牌建设的日常工作更息息相关的方面进行详细描述。

### 10.1.1 新消费心智

把握新消费模式中的消费心智,主要从以下三个方面着手。

#### 10.1.1.1 分化是消费心智趋势的主基调

2015—2018年,消费升级一直是市场观察者所认同的趋势,而随着2019年的中美贸易冲突以及2020年新冠肺炎疫情的冲击,消费降级又一度甚嚣尘上。但冷静地观察市场中各个不同价位段品牌/产品的表现,可以发现,消费者的消费意愿既不全是升级,也不全是降级,而是分化。

日本趋势专家大前研一在他的著作《M型社会:中产阶级消失的危机与商机》里,描述了日本社会由原来以中产阶级为主流,转变为富裕和贫穷两个极端,中产阶级逐渐消失的事实。M型社会的两端,正如哑铃的两端一样,改变了市场商机和营销法则。在M型社会里,面向占社会少数的富人群体的奢侈品,以及面向占社会大多数的中低收入人群的大众化品牌,都会有很好的市场表现和增长空间。

在亚洲,除了日本外,中国的香港和台湾等地都已步入M型社会。中国内地也已经逐渐显露出M型社会的某些特征。根据央行2020年4月披露的《城镇居民家庭资产负债调查》结果,2019年中国城镇居民家庭总资产均值为317.9万元,中位数为163.0万元。两者相差154.9万元,表明居民家庭的资产分布不均。这个调查还显示,资产规模最低的20%家庭持有的资产仅占全部总额的2.6%,而资产规模最高的10%家庭持有资产占总额的47.5%。

分化还表现在其他许多方面。益普索中国咨询有限公司在基于近年的消费者研究中发现，中国消费者对于越来越多的热点问题开始呈现多样化的意见。例如，越来越多的饮料饮用者认为便利店的即饮（Not From Concentrate，NFC）果汁要比果汁店鲜榨果汁更健康；越来越多的游戏玩家认为 pay for win（充值即胜利）是和 practice for win（技术流）一样正式的游戏体验。

在各个行业、各个领域，分化都已经成为主流现象。品牌将越来越难覆盖全部消费者。这也是为什么越来越多的企业和品牌将消费者细分策略重新提到了非常重要的高度。

#### 10.1.1.2 看重认同感

认同感本身并非新特点。从改革开放初期，中国就开始涌现出希望通过品牌/产品/服务体现自身社会地位的消费者。但在当今新消费模式下，认同感有四个层级的表现形式。

一是自我认同。随着居民物质生活水平的持续提高，消费者尤其是年轻消费者，在学习、工作、消费等各方面越来越强调"个体的差异"，强调自我的价值。尤其到了移动互联时代，大数据和 AI 算法使得"千人千面"在数字化营销和内容传递上得到实现，这进一步加强了消费者的自我意识，以及对于自我认同的习惯和需要。因此，那些能够让消费者感受到"尊重"的"定制"的品牌，会比其他相似品牌更容易受到青睐。

二是圈层认同。随着自我认同的加强，消费者自然而然地会去关心那些和自己拥有同样价值观/爱好的同伴。在移动互联和大数据环境下，社交元素布满了市场的各个领域，消费者们可以更快捷地找到拥有共同兴趣和爱好的人群，形成特定的圈层。而品牌也可以根据丰富的数据线索，比以往更轻易地找到正确的消费者开展营销和销售。因此，圈层经济孕育而生。圈层经济就是具有共同爱好和价值观的人群，为提供了匹配的文化和价值观的产品和服务支付费用的过程。

三是国家认同。当下国家认同的快速发展主要源于环境基础、产品基础和品牌基础三方面。在环境基础方面，政策导向从更高的视角，进一步弘扬爱国精神，增进民族自豪感，这也促使人们更愿意使用国产品牌。在产品基础方面，随着科技和制造水平的提高，民族品牌的产品质量越来越高，中国制造不再仅仅处于中低档次，而是有越来越多高档产品供消费者选择。在品牌基础方面，随着越来越多的中高档中国品牌进入市场，越来越多的消费者开始"自豪"地使用起民族品牌。另外,许多中国品牌擅长打中国文化牌、民族情感牌,这也使越来越多的消费者使用民族品牌来表达对于祖国文化的认同和自豪。当然,中国经济和政治实力的飞速发展是形成强有力国家认同的基石。这也是为什么"00后"对于中国品牌和文化的接受程度往往要高过"70后"甚至"80后"。

四是社会责任认同。品牌的社会责任是一个长久的话题,在中国,过去这一话题更多是从政府或者公共关系的视角来看待和讨论的。公众希望品牌/企业除了盈利,也可以更多地回馈社会、改善自然环境。然而随着中国消费者社会意识的不断提升,社会责任与每个消费者个体产生越来越多关联。消费者会将社会责任作为品牌精神、定位、文化等方面的重要内涵,并当成品牌认同的原因,以及作为品牌选择的重要依据。而消费者潜意识中也会将良好的社会责任和良好的产品质量进行联系,从而影响消费者对于该品牌产品和服务的选择。

### 10.1.1.3 追求体验

消费体验并非新名词。在过去相当长时间内,消费体验等同于舒适的购物环境、良好的服务态度等。然而,在新消费模式下,消费者追求的消费体验更丰富、更多元化,主要包括以下五种。

一是便利和时效。在移动互联尤其是5G高速发展的时代,伴随着物流技术日趋先进,充沛且性价比极高的人力资源向行业集中,这使得物流行业,包括最后一公里递送的成本急剧降低,时效性急剧提升。消费者对于购物的时效性和便利性有着前所未有的高要求。从另外一个角度而言,时效性也是打开许多业态的必要条件,如O2O。同时还有许多品类的新销售模式亟待通过时效性打开增长空间,如酒水/饮料的销售。除了线上,也可以通过更多形式的线下方式进一步提升消费者体验的便利性和时效性。例如,线下新零售的其中一个创新方向,就是利用大数据智能分析客群需求,通过精准零售终端给顾客带来便利即时的购物体验。从某种程度而言,共享充电宝和共享单车都是提供便利性和时效性的产品/服务。

二是产品即服务。"消费者真正想买的是墙上的洞,而不是钻孔机。"这一经典用户需求的表述在当前环境下显得越来越有意义。对于体验需求越来越强烈的中国消费者们而言,产品只是提供服务的一种载体,围绕主要产品的周边产品、服务也是整个链条中不可或缺的部分。例如,消费者对运动品牌的期望不仅仅局限于跑鞋和健身服饰,或许还包括检测运动参数、身体状况的手环、手表，以及陪伴他们日常锻炼、使运动和训练中更加注重效率和科学的 App，甚至是可以提供线下指导的私人教练。过去消费者只在买汽车的时候关注后续服务（包括维修、保养等）；而如今，购买两轮电动车的消费者，也会期待着品牌商可以提供清洗、日常检修、更换电瓶等服务。从零售角度来看，"前坊后店"是产品即服务在零售中的表现形式。消费者通过在饭店中体验产品，促成其在店外对产品的购买。"霸蛮"湖南米粉是这一方面的最经典案例，它从北京第一家线下实体店发展到 2018 年估值 5 亿元。虽然霸蛮米粉 80% 的销售都是线上产生，但线下的近百家门店提供了消费者了解品牌、体验服务的重要窗口。对于"霸蛮"品牌而言，线下门店也是产品创新的孵化所，他们的产品只有在线下门店取得良好的点单成绩，才会推出速食版本。

三是线上线下无缝链接。随着移动互联网渗透进生活的各个方面，消费者，尤其是作为初代移动互联网原居民的"00 后"，对线上线下世界有越来越清晰的认知。他们在线下追寻感官体验，在线上追求信息和时效。然而，人却又不希望自己居住在一个非常割裂的世界中，因此他们会本能地希望线上和线下需求相互连接的窗口，其中最直接的窗口之一应该就是产品。最简单的例子就是，消费者会希望线上和线下的产品/服务是一致的。除了一致性，消费者也在追寻线上和线下的联动。例如，线上教育和线下课堂是否可以无缝连接，在线健身和健身房是否可以联动等。除了产品和服务的一致性，线上和线下还有更多相似或者连接的窗口，如场景。网上的陌生社交软件，似乎对应着线下的酒吧等场所的搭讪场景，而线下相约看电影的场景，则对应着视频网站/App 提供的"一起看"的功能。

四是科技体验。随着消费者对于体验的需求品质要求越来越高，体验条件的局限性（包括金钱、时间，甚至外部环境制约等）也就日趋明显。需求和制约的冲突体现在三个层面：①线下体验线上化。在新冠肺炎疫情的冲击下，这一冲突体现得尤为明显。随着 AR、VR 等技术的成熟，在线购车、在线"旅游"这种原本纯线下的产品/服务应运而生。2020 年"双 11"期间天猫搭建了一座 100 层的"天猫 3D 家装城"，1 200 个天猫家装商家搭建了近 8 万套 1∶1 复刻的家装 3D 样板间，人们足不出户就可以 360 度"云逛"商场，并且自主搭配家居商品。②原有体验的优化。例如，基于人工智能和大数据让你在线下购物的时候获得定制化水平更高的产品、更贴心的服务，商店中全息影像的使用让消费者更充分和便利地浏览与体验各种产品。③原有体验的拓展。2021年初,深圳开设了国内首家全感电影院,在这个电影院里,除了能让观众体验到之前互动电影中的震动感和重力感外,还会从温度和嗅觉等更多方面将观众带入到电影当中。我们相信,随着科技的普及,从人的五感各个方位复刻全球美景将不再是科幻小说中的场景。

五是跨品类体验融合。从表现形式上来看,主要有三种跨品类体验的类型:①跨行业。将商业和农业跨品类,在商场中开设"农场",向游客提供照看、采摘等服务,让游客获取乐趣的体验,就是典型的跨品类体验。将游戏和戏剧跨品类,就是沉浸式话剧或者沉浸式密室,消费者可以自主选择剧情观看,甚至参与到演出当中。②跨表现形式。将电影和网络视频跨品类,我们或许可以开设弹幕影院,观众可以一边看电影一边发弹幕,如果电影实在无趣发弹幕聊天反而成为观众新的 high 点。③跨品牌,也就是我们常说的跨界。在当今市场,拥有 IP 授权的衍生品公司、具有文创商品开发能力的公司有着巨大的想象空间。作为内容的直接衍生品,游戏和影视作品是内容公司所公认的变现方式。另外,一些消费品牌借助二次元等 IP 跨界营销也已经不再是新闻。

### 10.1.2 新消费行为

根据消费者在消费路径中面临的不同任务,消费行为可以分为产生需求、信息收集、渠道选择、浏览及购买、体验和分享 5 个阶段。在新消费模式中,消费行为在各个阶段都显现出一些新特点。

#### 10.1.2.1 产生需求

第一,"种草""拔草"。从本质上来看,需求主要有两种:一种属于"弥补不足",是指当消费者发现自己物质/精神生活不足,从而购买产品和服务去满足这些不足的情况;另一种属于"进阶追求",是指消费者发现有能提供更好的功能和体验的产品/服务,从而进行购买的情况。当今市场中,越来越多的产品和服务旨在满足消费者的"进阶追求"。但需要注意的是,受制于自身的视野、认知水平等,消费者往往无法自主地提出"进阶追求",而是由品牌方基于消费者的基本需求进行创新得出,并将这些"进阶追求"展示给消费者。"种草"这一营销词汇于是应运而生。伴随着消费者对于生活品质的追求越来越强烈,他们非常乐意被"种草",也相应地愿意去"拔草"。但在数字化营销发展之前,这个工作往往复杂且效率很低。因为不同消费者的"进阶追求"差异化非常明显，品牌无法将恰当的信息传递给准确的消费者。同时，简单的广告并不适合"进阶追求"的传递，而是需要全面地向消费者展示"进阶追求"的吸引力。因此，即使知道目标消费者，品牌也很难覆盖目标消费者的多个信息渠道，进行全面的展示和沟通。但是在数字化营销的今天，算法技术和消费者标签让我们能够精准地找到目标消费者。通过向消费者展示"和他们一样的人"或者"他们羡慕的人"目前使用的产品、服务以及生活方式，并且在多个信息渠道进行全面的沟通，促使目标消费者对产品/服务产生兴趣。

第二，附加需求。消费者除了对产品和服务本身的需求越来越强烈，要求"进阶"外，也对一些和产品本身并无直接关联而更多是用来满足消费者某些心理需求的产品特性/形式寄予越来越多的期待，如限量版、盲盒、收集、排名、升级等。盲盒是近年受到年轻人热捧的销售形式。盲盒的内容可以是二次元的玩偶，抑或是时尚潮品（如球鞋），再或是游戏中的抽卡。可见盲盒所销售的内容固然重要，但更重要的是这一形式充分地结合了消费者对于"收集的欲望"以及"未知的惊喜"这些非常基础且重要的心理需求。而打卡、排行以及升级，反映的是消费者展示的欲望以及成功的欲望。因此，即便是同样的商品，那些能在销售形式或者包装形式等方面充分研究目标消费者的心理需求的产品和服务，才更容易获得消费者的选择。

#### 10.1.2.2 信息收集

第一，"以人为核心"。当下新消费模式中市场信息流动的一个非常鲜明的特点，就是从过去以"商品"为核心转变为以"人"为核心。随着各种销售和社交平台的建立与兴起，消费者与消费者之间、消费者与商家之间的沟通和了解日益加强。大量消费者以特定的产品/品牌偏好为标记，形成各式各样的"族群"或者叫"圈层"。这一现象不仅出现在线上，"社区"，这一基于相同的居住环境、接近的经济水平以及一定的人文联系建立起的线下"圈层"，是近些年最受关注的新消费模式方向之一。基于"以人为核心"这一特点，消费者会越来越看重"口碑"。最直接的表现是，消费者越来越多地关注电商平台中的评论信息，并以此作为考虑购买的最重要依据之一。在益普索近年开展的广告研究中发现，向受众传递"和他们一样的人"或者"他们羡慕的人"都在使用某产品，会极大地提升消费者对该产品的兴趣。另外，消费者会主动或者被动地参加越来越多的"微信群"。消费者并不熟识群中的群友,却往往更容易认可他们的推荐。

第二,"少就是好"。随着社会的进步和科技的发达,消费者每天接触的信息也越来越多。据统计,全球每年有超过600万首新歌、近200万本新书上市,新闻广告更是数以亿计。在日常生活中,每当我们想购买某种产品或者服务时,无论是主动还是被动,我们总能轻易地获取大量的信息。值得注意的是,消费者的精力和注意力并不会像信息量一样持续增长,考虑到信息质量的不确定性,消费者已经逐渐厌倦了低效地获取大量的信息,转而希望获得更精简、更优质的信息。因此,那些能够帮助消费者"过滤"信息的服务,往往更容易受到青睐。例如,各种电商平台中的"榜单""热卖"等。同时,消费者在收集信息的时候也会更容易关注到那些更差异化的营销/产品信息。那些能够专注于传播差异化信息的产品/广告,往往容易成功。以华为P30为例,作为华为当时的主力机型,P30在各个方面都有较强的配置和性能表现。但是上市初期,所有营销和广告都是围绕着其强大的拍照能力开展的。通过"手机能够拍月球"这一极具差异化的信息,极大地吸引到了市场和消费者的注意力,让这款手机一上市就取得了巨大的成功。

第三,"容易陷入信息陷阱"。算法技术和受众标签是数字化营销的两块基石。然而正是这两项技术让越来越多的消费者陷入了信息陷阱。所谓信息陷阱,是指消费者所能接触到的信息都是消费者愿意看到或者信息提供方希望让消费者看到的。随着消费者看类似的信息越多,就越容易收到更多类似的信息。在这样的情况下,消费者就会认为他们所看到的就是"世界的真相"。从整体上来看,这其实是有风险的,因为人们将会有越来越少的意愿或者机会听到不同意见的声音,或者接触到这个世界上他们未知的部分。但这样的信息陷阱往往给予许多消费者非常舒适的体验。他们在越多渠道获取到越多方面有关某件产品/服务的信息时,他们就越会认为该产品/服务是非常需要的,同时,在购买完某件产品或服务后,还能继续收到类似的信息,他们更会认为购买该产品/服务是正确的决策,从而引发复购。当然,正如我们前文所讨论的,这些信息不能是重复的产品广告,否则不仅不会让消费者陷入"陷阱",还会让他们产生厌恶的感觉。

#### 10.1.2.3 渠道选择

第一,"精明地采取多渠道来满足不同的购物使命"。在当今新消费模式下，有越来越多的购物渠道供消费者选择。益普索研究发现，2020年消费者每个月会通过将近7种不同的线上线下渠道来购买快速消费品（包括食品饮料、个人护理、家居用品等），这一数字较2018年有显著增长（增长约40%）。另一方面，消费者每个月购买各种快速消费品的次数虽然有所增长，但渠道之间的竞争变得更为激烈了。然而消费者并非在随机地选择消费渠道，大部分消费者对于不同渠道的特点有清楚的认知，而且渠道之间的差异越来越明显。例如，在2018年，大部分消费者认为电商渠道的主要特点就是价格低；然而在2020年，价格低这一标签就更多地贴在折扣电商（以拼多多为代表）上，而天猫，尤其是天猫旗舰店，也承载着提供最新产品、提供高品质产品等消费者预期。与此同时，寻找新奇/具有创意的产品则是社交电商（以抖音为代表）的一个主要特点。各个电商渠道之间的差异已经逐渐产生，更遑论线上和线下渠道之间的区别。值得一提的是，社区周边的中小型超市由于不能提供具有差异化的购物者需求，受到来自大卖场、便利店、社区团购/O2O生鲜等多种渠道挤压，逐渐成为购物者的替代选择，而非首选。因此，品牌和产品需要清楚地了解自己所进入的渠道的特点，提供体现渠道特点的产品组合以及服务，才能更好地在渠道中获得更好的表现。

第二，"购物渠道也是信息渠道"。在经典的购物模型当中，大部分品类中的产品和品牌要经历被消费者认知、熟悉、考虑等之后，才会在消费者进入购物渠道时有机会被选购。认知、熟悉、考虑等阶段过去通常都是在店外，通过大众传播的方式来进行的，因此，这也是传统营销模式中有"店外营销"和"店内营销"区分的原因。然而，在新消费模式中，随着渠道自身发展的特点以及消费者心态的转变，许多过去属于"店外营销"的工作，被集中在"店内完成"。形成这一变化的原因包括：首先，渠道内触点数量极大增加，触点形式丰富多样。在电商语境下，电商平台中一切视觉板块都被充分利用为店内宣传的触点，成为购物旅程的起点。文字、图片加上视频则提供大量的产品/品牌信息，使购物者能够充分了解新产品/品牌。已购者的反馈则更是在侧面给予购物者信心，促使其完成购物。其次，某些购物渠道本身就是从信息渠道演化而来的。以抖音为例，作为社交类短视频平台，抖音先是和淘宝合作，将自己定位成信息渠道，淘宝定位成购买渠道，实现产品从心智触达到购买的行为转换。但随着消费者习惯在抖音尤其是抖音直播中，接受新产品信息，抖音很自然地就会希望将流量在自己平台上转换为销售。小红书也有相似的发展过程。最后，消费者对于新产品的接受程度显著提高。除了渠道的演进，消费者自身的变化也是形成这一现象的主要原因。当下的消费者对于新产品有很高的包容性。对于许多消费者而言，"大品牌"已经不再是重要的选择因素，他们并不会像过去的消费者一样，需要长时间的市场表现来证明新品牌的产品质量。他们更看重新品牌是否符合他们的心智需求（如前文所述），而这些是可以在相对短时间内建立起来的。同时，消费者的收入提高也使得他们不会太在意购物失败的风险。

### 10.1.2.4 浏览及购买

第一，"多元化的决策因素"。消费者日趋分化（如前文所述）的特点也在其浏览商品的过程中得到体现。在新消费模式下，消费者决定是否购买某一商品已经不再拘泥于"大品牌""性价比高""性能好"等传统因素。越来越多的其他决策因素变得重要起来，如"颜值高""包装新颖""有利于环境"等。对于大品牌而言，这意味着挑战。那些过去引以为豪的品牌资产，在当下消费环境中，已经很难让大品牌继续保持优势。它们必须持续推出符合越来越分化的消费者需求的产品，才能继续保持市场领先。对于新兴品牌而言，更多是机遇。这表明"蓝海"无处不在，只要在某一因素做到极致，就能拥有一定的市场规模，从而在细分消费者中赶超大品牌。

第二，"互动式浏览"。这一行为特点其实是心智特点中"线上线下无缝链接"在购物中心的一种体现。"互动式"购物有三种不同的互动需求：一是和商家互动。无论过去还是现在，线上还是线下购物，大量消费者在购物之前仍然需要销售人员或者客服的演示和解说。良好的互动可以极大地提升购买可能性。直播购物的成功，某种意义上也得益于它是一种"具有良好互动的"在线购物形式。在线下环境，尤其是过去，管理销售人员和顾客的互动一直是门店管理的重点和难点课题。但在线上环境中，这完全不是问题。淘宝客服的重要考核指标之一就是下单转换率（下单人数/咨询客户人数）。当然，在新消费模式下，和商家互动已经不再意味着必须和"人"进行沟通。消费者已经习惯和"机器"（智能显示屏、机器人客服等）进行沟通。如何利用更多触点，更好地服务购物者，是线上和线下商家都面临的重要课题。二是和其他购物者互动。结合前文提及的消费者在信息收集过程中对于其他消费者的反馈越来越看重，加之信息渠道和购买渠道密不可分，消费者对于如何在购物过程中能够得到其他购物者的反馈尤为看重。目前常见的互动方式是在电商平台中已购者的评价，或者"向购买者提问"。线上平台如何更好地使购物者之间开展互动，线下平台如何使购物者与"其他购物者"互动都是非常有意义的创新方向。三是和亲友互动。在线下语境中，和他人一起购物（或者说是"逛街"）往往伴随着较强的社交属性。但是进入线上环境中，购物的主体部分，即商品的浏览和选购大都是单人完成的。购物的社交属性只体现在购物前和购物后的信息（链接或者图片）分享中，社交功能大大减弱。但正如前文所述，"线上线下无缝链接"是消费者重要的心智需求之一，如何重构购物的强社交属性功能，是线上商家提升购物体验的重要路径之一。

#### 10.1.2.5 体验和分享

第一，"最长的板"。随着市场上商品供给越来越丰富，消费者也变得越来越精明。他们知道如何选择不同的品牌、产品、渠道、服务等来满足自己不同场景的不同需求。如果品牌能在某个方面做到极致，带来不一样的体验，创造"Wow moment"（惊叹时刻），就能让消费者为之买单，即使在其他方面表现平平。在餐饮界堪称经典案例的海底捞，就是通过为消费者提供极致的用餐服务与体验，成功打造了品牌核心竞争力。去过海底捞的人，应该都有相似的感受：员工非常热情、服务非常主动，等位时会提供免费饮料、小吃、美甲等各种免费服务。它也许不是最好吃的火锅，但当人们想要"好吃"的功能利益点，同时又期待额外的情感满足时，海底捞一定能凭借优质的用户体验脱颖而出。

第二，"分享"。前文已经讲过，分享和口碑对于提升品牌销量有非常巨大的作用。产品质量往往是客户愿意分享的，但值得注意的是，我们往往并不想让消费者只分享产品质量，因为很多消费者只有在质量不好的时候才会分享，更准确地说是投诉。因此，如何让消费者分享更多不同的内容，是许多营销人员思考的问题。回答这一问题，可以从以下四个方面着手：一是惊叹体验。无论是产品还是服务，都要做到极致差异化，从而让消费者愿意分享并引发社交媒体上的UGC口碑。二是降低用户的行动门槛，主动为其提供多样化且可个性化的素材。许多消费者并非不愿意分享，而是品牌方没有提供足够简单易得的素材让用户去转发分享。三是留意打造"社交货币"属性。用户既是消费者也是传播者，产品在传播过程中可成为"社交货币"，为其带来点赞评论、认同感、优越感等价值。四是提升用户的参与感。消费者比从前更趋向于寻找具有参与性的内容或活动。比如，现在一些品牌在做的"用户共创"体验尝试，"参与感"使得他们与品牌的关系更近，对产品的好感更强烈，也更愿意向他人分享。

### 10.1.3 新客群

马克思主义政治经济学认为生产消费最终受个人消费能力的限制。因此，新消费也只能在具备特定消费能力的消费人群中先行发展。新消费客群应当至少具备以下四点中的两点：一是具有高消费能力；二是对新事物接受能力强；三是具有很强的圈层属性或具有非常明确且相似的需求；四是愿意分享。需要说明的是，本节并无意列举所有新客群，而是挑选出最具广度的新客群，分析其特点，从而帮助企业在今后的日常工作中能判断并挑选自己所需要的新客群。

#### 10.1.3.1 学生

成长于信息时代的年轻人，受新兴媒体发展的影响和多元文化的熏陶，接受新鲜事物的能力较强。此外，由于相似的媒体习惯以及集体生活环境，学生们具有高度的群体认同感。物质资源的相对丰富、高度集中性以及个性化的发展，让学生群体中不断展现出圈层文化（如二次元、手办、国风等）的特点。他们愿意为自己所在的兴趣圈消费，且消费力不断提升，因此也不断涌现出围绕学生的商业机会。随着新媒体的发展和深入渗透，学生将成为最易受消费市场推动、接触新鲜事物且有消费潜力的人群。

#### 10.1.3.2 银发老人

中国社会逐渐进入老龄化已无须争论。据民政部统计，到2030年，全国60岁以上的人口预计攀升到3.7亿，占全体人口比重将近1/4。与以往不同，如今的老年人，正在享受着改革开放、经济发展带来的成果，经济条件更加优越、理念更加开放包容、消费更加主动，并更加注重对自己的投资。因此，长者服务型消费（如防白发和脱发、理疗按摩、子女安排的旅游出行等消费）相应得到了催生和发展。而早在2018年阿里巴巴就开始以40万元年薪招聘60岁以上的老人，为淘宝的新产品做用户调研，可见银发族群对消费市场的重要性。在老年人消费需求革新以及老年人购买潜力不断增长的背景下，银发消费已经进入发展快车道。

### 10.1.3.3　都市白领和城市中产

白领消费群体,是都市中庞大的消费人群(约 2 亿人)。他们拥有相对优越的经济条件和较稳定的消费能力。他们看重有品质的生活,因而价格敏感度较低。他们追求潮流,被称作是"先导消费群",是商家进入市场不可或缺的品牌定位人群之一。在中国城市家庭消费群体中,中产阶层及以上占比将大幅度提升,目前还在持续上涨,预计 2022 年这一比例将超过 70%,是未来 10 年里带动消费支出上涨的重要引擎之一,并会成为中国消费升级的最主要贡献者。城市中产人群追求高品质,并且愿意分享,也正是他们带动并引领着品牌的高端化。

### 10.1.3.4　下沉客群

中国三、四、五线城市的消费力度,正在成为中国经济发展的重要元素。近些年得益于移动端的发展、物流设施的完善、地域交通对市场范围约束的弱化(主要是互联网发展带动的),各行各业均展现出了下沉趋势,尤其是电商的发展。此外,居民刚性生活成本在可支配收入中占比较低,"闲钱"更多,而一、二线城市的部分市场逐渐出现饱和,均让商家把注意力更多地转向一、二线以外的城市;消费能力方面,在互联网经济催化下,小镇青年的消费能力和消费水平不断提升。他们愿意将钱花在提升生活品质的产品上,消费力暴发、消费升级趋势明显。而一、二线以外的城市独有的候鸟型消费(外出打工人群过年返乡后表现出的较强消费意愿)也在一定程度上带动了消费的发展。总而言之,一、二线以外的城市正在向社会展现出其增长红利的"蓝海"特质。

## 10.2　传统企业应当如何应对

我们观察到,在近年的中国消费品市场上,许多新兴/初创品牌成为关注的焦点。之所以出现这一现象,是因为这些新兴品牌的商业行为充分符合了新消费模式下市场和消费者的需求。这点不难理解,毕竟大部分新兴品牌是新消费模式的原住民,他们生来就带有新消费模式的基因。许多诞生于 20 世纪的传统企业难免提出疑问,他们应当如何在新消费模式下重新焕发活力,继续推进成长?

答案可以很简单:充分地了解市场和消费者,根据消费者的变化及时地调整品牌策略,就可以保持品牌长青。但这做起来很复杂,从业务流程上来看，需要在品牌定位、产品创新、推广营销、渠道建设等各方面都贯穿"尊重市场和消费者变化"这一理念。

### 10.2.1　品牌定位

在新消费模式下，消费者的心智和行为与之前相比都发生了巨大的变化。而正如前文所述，这样的变化并不是从一种模式变化到了另一种模式，而是出现了巨大的分化。因此，传统企业/品牌不得不面临着两个巨大的挑战：一是由于变化导致的挑战。过去（可能取得过巨大成功）的品牌定位/形象不得不做出改变或者调整。二是由于分化导致的挑战。即使做出改变或调整，我们的品牌可能也无法再继续获取和过去同样多的消费者的青睐。因此，品牌需要及时调整品牌定位以符合当下消费者的需求，同时及时地调整品牌组合策略，通过子品牌、多品牌等形式，满足更多消费者的需求。

### 10.2.2　产品创新

一只水桶能装多少水，取决于它最短的那块木板（木桶理论）。我们过去会要求一个产品不能有短板。而在新消费模式下，木桶理论可能要做调整——一个水桶能否获得市场关注，取决于它最长的那块木板。随着市场和消费需求变得愈加多元、愈加细分，与其试图将每块木板都保持一定的长度，不如找准优势、集中发力，把自己的长处发挥出来。无论是将目前已有的体验极致化，还是嫁接其他品类的体验，都是进行产品创新的有利方式。

### 10.2.3　推广营销

在新消费模式下，推广营销需要注重维度和浓度。营销的多维度包括两层含义：一是营销渠道多维度。要充分融合线上、线下渠道，结合硬广、软文、赞助等多种形式，最终目的是将消费者带入品牌的世界，而不觉得品牌是在"做广告"。二是营销任务多维度。要清楚地划分各个渠道、各次投放的营销任务。将建立品牌知名度、打造品牌定位以及销量转换的任务清晰地分配给不同的渠道、不同的投放。

营销需要追求浓度。当下消费者已经被品牌营销信息所包围。品牌只有保持高频次触达，才能够让消费者留下印象。

因此,"聚焦"和"高浓度"是新营销方式的两个主要关键词。而当下,数字化营销技术保证了这两个关键词的实现。通过洞察消费者,精准地做出目标用户画像;通过标签技术,精准地找到目标用户;通过全方位投放,保证浓度。

### 10.2.4 渠道建设

渠道建设需要重点考虑以下两方面工作:一是信息渠道和购物渠道的相互融合。品牌需要加强对渠道内营销沟通的建设,尤其是电商渠道。如何更有效地利用电商平台内的触点进行引流,是每个品牌都需要思考的问题。二是针对消费者多渠道购买的行为特征,品牌应当积极拓展对应的分销渠道。但需要注意的是,由于各个渠道主要满足的购物需求不同,我们需要有针对性地采取渠道开发策略。

想要在工作内容上真正贯穿"尊重市场和消费者变化"的理念,企业需要高度重视组织架构和基础能力建设。

在组织架构上,需要建立专业且专职的市场研究团队。许多企业寄希望于每个同事在开展工作时"自然而然"地具备"洞察消费者"的能力。殊不知,获取洞察、解读洞察以及在企业内部激活洞察需要专业的知识和技能。同时,一个"内部的第三方"团队能够有效地避免业务部门因为利益、权责等原因,有意或无意地误读消费者洞察的风险。需要注意的是,有些企业虽然建立了市场研究团队,但该团队隶属于市场部或者品牌部门之下。这样的设置在很大程度上限制了消费者洞察在整个企业内部进行服务。其他业务部门会自然地"抗拒"来自这样团队的市场洞察结果,这一团队可能也无法给更多的部门提供市场洞察。因此,企业应该赋予市场研究团队更高的权限级别,鼓励市场研究团队打破部门壁垒,为整个企业的各个业务环节开展支持工作。

在基础能力建设上,企业应当积极开展数字化营销能力的建设。传统企业往往认为数字化营销就是在网络上投放广告的能力。实际上,数字化营销能力包括消费者识别、消费者触达以及消费转换的能力。这些能力需要企业有自己的会员数据库、标签技术、数据中台、人工智能技术等。有些企业会认为只有IT公司才需要开展这些工作,但其实"未来所有的公司,都将是IT公司——基于IT开展工作的公司"。

## 10.3 结束语

新消费模式并不是固定不变的,每个年代都会有每个年代的新消费模式。只想"抓趋势""跟风口"并不能保证企业和品牌的稳固成长。只有那些愿意聆听市场、能够聆听市场的企业,才能够在充斥各种变化的市场上立足并增长。

这是竞争最激烈的年代,也是机遇最多的年代。希望越来越多的企业能够"充分地了解市场和消费者,根据消费者的变化及时地调整品牌策略",真正拥抱每一个新消费模式。

# 11

# 中国居民消费意愿调查[①]

自2020年1月以来，突如其来的新冠肺炎疫情从武汉蔓延至全国，国内众多省市启动了重大突发公共卫生事件一级响应机制。受不断加重的疫情冲击，与居民生活消费密切相关的餐饮、旅游、酒店、交通、文化娱乐等服务业几乎处于停摆状态。

为降低疫情对中国经济的不利影响，各地在实施规模庞大的新基建投资、稳外贸等措施的同时，出台了促进消费回补、刺激消费的激励措施。这些措施对扩大消费的作用怎样？民众的消费意愿如何？究竟应该如何才能扩大消费？

为全面认识目前中国消费的现状，了解新冠肺炎疫情对消费的影响，掌握居民真实的消费需求与未来的消费意愿，寻求扩大消费的对策，亚布力中国企业家论坛于2020年3月中旬启动了关于居民消费意愿、扩大消费需求的调查，并以书面形式采访调研了各领域有代表性的企业。

## 11.1 中国消费的现状与主要特点

### 11.1.1 消费对经济增长的贡献率回落

消费对经济增长具有基础性的作用。自2003年以来，消费对经济增长的贡献率不断提升。2014年，消费开始超过投资成为中国经济增长的第一

---

[①] 本章为亚布力中国企业家论坛2020年3月进行的专题研究。感谢建业集团、宽带资本、君智战略咨询、波司登、赛麟汽车、正泰集团、物美集团对本调研的支持。

拉动力,并于 2018 年达到 76.2% 的峰值。2019 年,消费对经济增长的贡献率回落,降至 57.8%,为 2014 年以来的最低水平(见图 11-1)。2020 年前两个月,受新冠肺炎疫情冲击,中国的消费呈断崖式下跌。

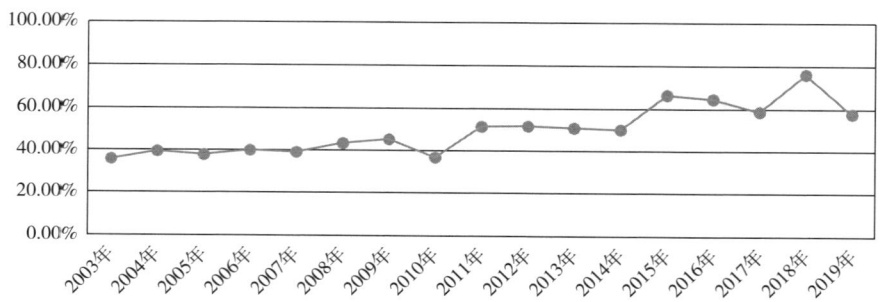

图 11-1　2003—2019 年消费对经济增长贡献率变化趋势

资料来源:根据国家统计局网站数据整理。

## 11.1.2　社会消费品零售总额增速下滑

近 10 年来,全国社会消费品零售总额不断增长,从 2010 年的 15.4 万亿元增长到 2019 年的 41.1 万亿元,总体增长了 166.8%;但从社会消费品零售总额的增长幅度看,增速整体处于连年回落态势,从 2010 年的 14.8% 回落到 2019 年的 8%(见图 11-2)。

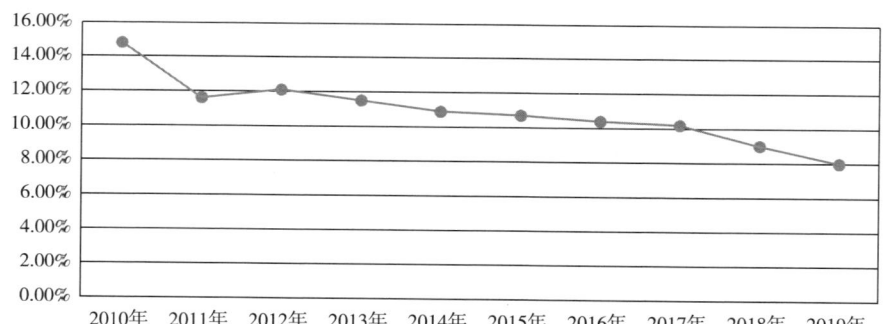

图 11-2　2010—2019 年社会消费品零售总额增速变化趋势

资料来源:根据国家统计局网站数据整理。

## 11.1.3 服务型消费增长缓慢，增幅持续扩大

近几年来，居民在教育、文化娱乐、医疗保健、交通通信及其他用品与服务上的消费支出不断增长，尤其是在医疗保健、教育、文化娱乐等方面，支出增速不断扩大。2019 年，居民在医疗保健及教育文化娱乐方面的消费支出增长了 12.9%，高于食品烟酒、衣着、日常生活用品的消费支出增速（见图 11-3）。但总体看，居民在服务型消费方面（不含餐饮）的支出占消费总支出的比例提升较为缓慢，从 2015 年至今，仅仅提升了 2.1 个百分点，食品烟酒、生活用品及衣着等基础型消费在居民消费结构中还占相当大的比例（见图 11-4），这也说明中国消费转型升级的道路还任重道远。此外，从方式上看，网上非实物商品销售增长迅速，自 2015 年以来，增长了 3 倍多，这表明中国消费者选择线上服务消费的趋势在扩大。

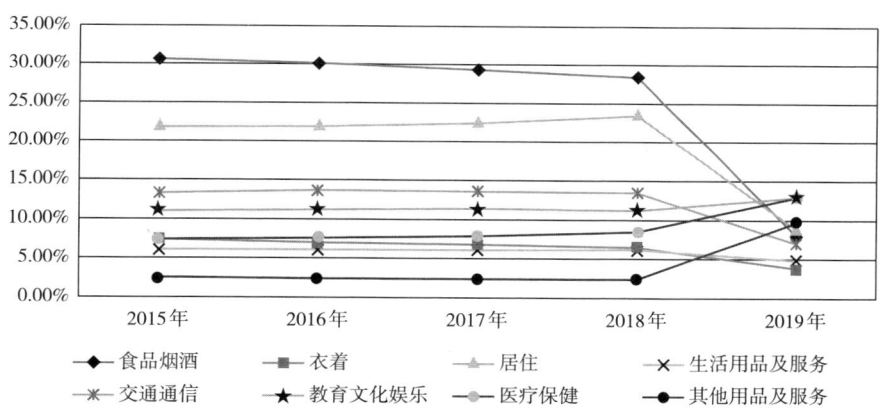

图 11-3 2015 年以来居民各类消费支出增速变化情况

资料来源：根据国家统计局网站数据整理。

## 11.1.4 居民消费支出增速不断降低

近几年来，居民人均消费支出虽然在增加，但增速在不断降低，而且低于居民可支配收入增速（见图 11-5），这表明居民的消费意愿并不强烈。根据国家统计局的数据，2015 年，全国居民人均消费支出为 15 712 元，扣除物价上涨因素，较 2014 年实际增长 6.9%；当年全国居民人均可支配收入为 21 966 元，扣除物价上涨因素，实际增长 7.4%。2015—2020

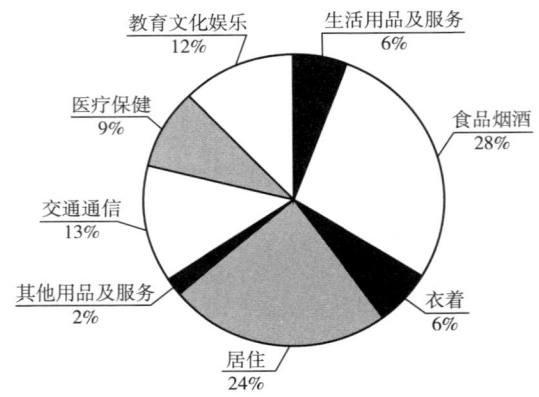

图 11-4  2019 年居民各类别消费支出占比

资料来源：国家统计局网站。

年，全国居民人均消费支出增长 37.2%，人均可支配收入增长 39.9%。

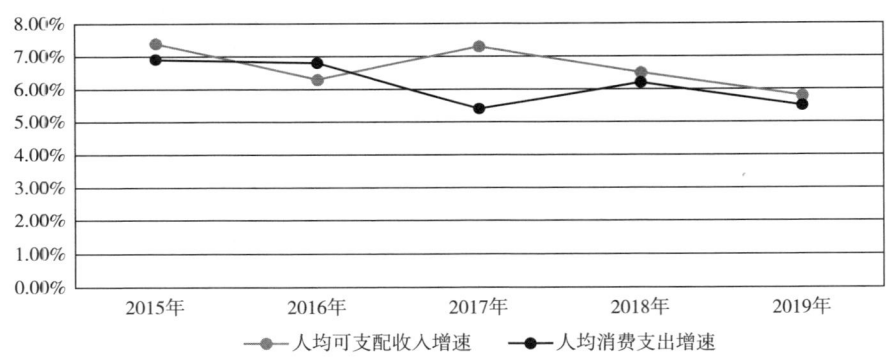

图 11-5  2015 年以来居民人均可支配收入与人均消费支出增速变化趋势

资料来源：根据国家统计局网站数据整理。

## 11.1.5 农村居民消费支出增长高于城镇

根据国家统计局的数据，无论是农村还是城镇，消费增速都在收窄放缓，但农村居民的人均消费支出增长速度快于城镇（见图 11-6）。自 2015 年以来，农村居民人均消费支出增长了 44.5%，而同期城镇居民人均消费支出增速仅为 31.1%，年均增速低于农村增速 2.7 个百分点。从数据看，农村消费市场更为活跃，但规模目前还远远小于城镇。

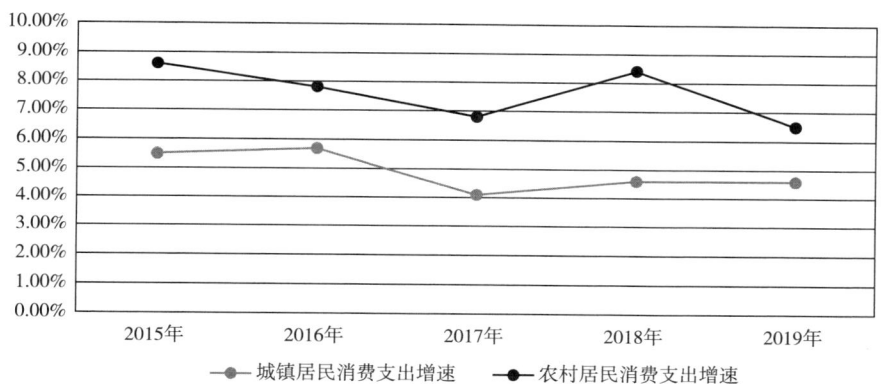

**图 11-6　2015 年以来城镇与农村居民消费支出增速变化趋势**

资料来源：根据国家统计局网站数据整理。

## 11.1.6　消费贷款增速收窄，居民存款增速提升

根据国家统计局的数据，2019 年，金融机构人民币消费贷款余额为 43.97 万亿元，创历史新高。其中，个人短期消费贷款余额为 99 226 亿元，个人中长期消费贷款余额为 340 443 亿元。虽然消费贷款年末余额总量在增加，但消费贷款年度增加额却连续 3 年回落，低于 2017 年的水平，人均消费贷款增速也在持续回落。在居民存款上，居民存款不仅总量持续增加，而且增速也持续扩大，2019 年人均存款 58 662 元，增幅达 12.9%。但从增长幅度看，目前消费贷款的增长幅度还是整体高于存款的增长幅度（见图 10-7）。

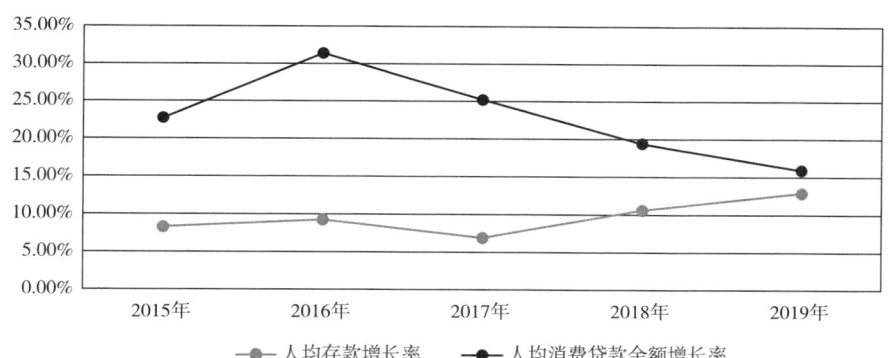

**图 11-7　2015 年以来居民人均存款与消费贷款增幅变化趋势**

资料来源：根据国家统计局网站数据整理。

## 11.1.7　吃穿类基础消费品增长有限

根据国家统计局统计的社会消费品零售数据，自 2015 年以来，粮油、食品、饮料、烟酒、服装鞋帽、针纺织品、日用品类等基础消费类商品增速缓慢，5 年时间仅增长 6.3%。其中，服装鞋帽、针纺织品等商品消费自 2017 年以来连续 3 年下降；2019 年，粮油、食品、饮料、烟酒等消费品的零售总额低于 2016 年的水平，基础消费品已无太大的增长空间（见图 11-8）。

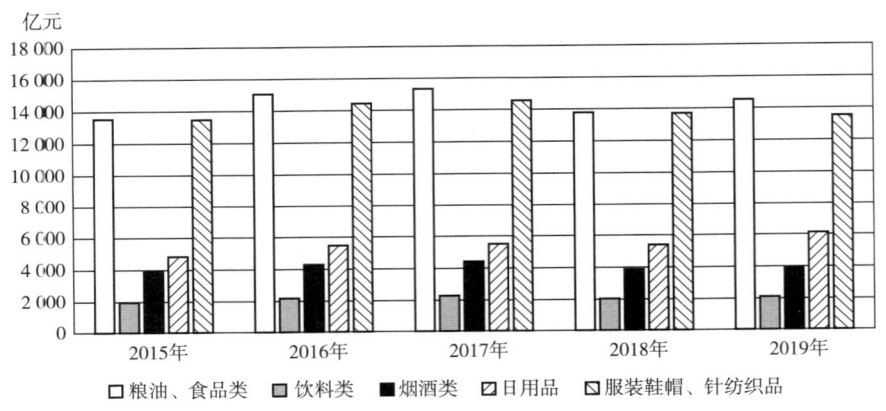

图 11-8　2015—2019 年基础类消费品变化情况
资料来源：根据国家统计局网站数据整理。

## 11.1.8　住行类商品销售快速回落

在房地产市场调控作用下，居民在住房方面的消费支出增速收窄，家具、建筑及装潢材料也快速回落。2019 年，居民在居住方面的消费支出增速仅为 8.8%，远远低于 2018 年 23.4% 的增速。在家具类商品方面，家具销售从 2017 年的 2 809 亿元跌至 2019 年的 1 970 亿元，连续两年下跌；建筑及装潢材料从 2016 年的 3 372 亿元跌至 2019 年的 2 061 亿元，连续三年下跌（见图 11-9）。汽车销售在 2018 年出现负增长，结束了中国汽车市场连续 28 年的增长纪录。2019 年，中国汽车产销分别完成 2 572.1 万辆和 2 576.9 万辆，同比分别下降 7.5% 和 8.2%。石油及制品销售相对稳定（见图 11-10）。

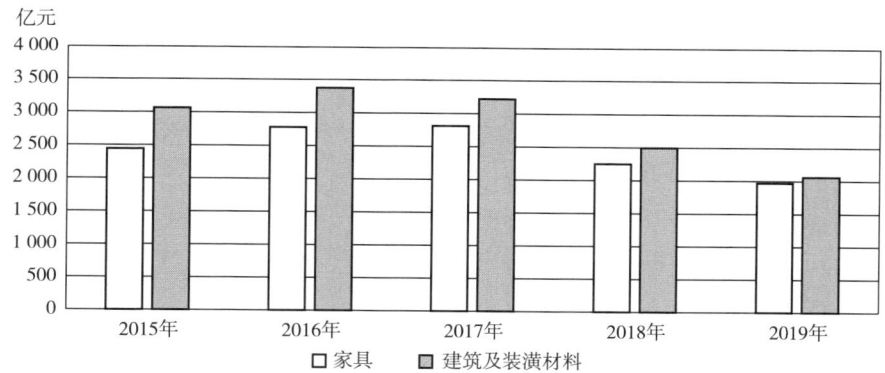

**图 11-9　2015—2019 年家具建材等消费品变化情况**

资料来源：根据国家统计局网站数据整理。

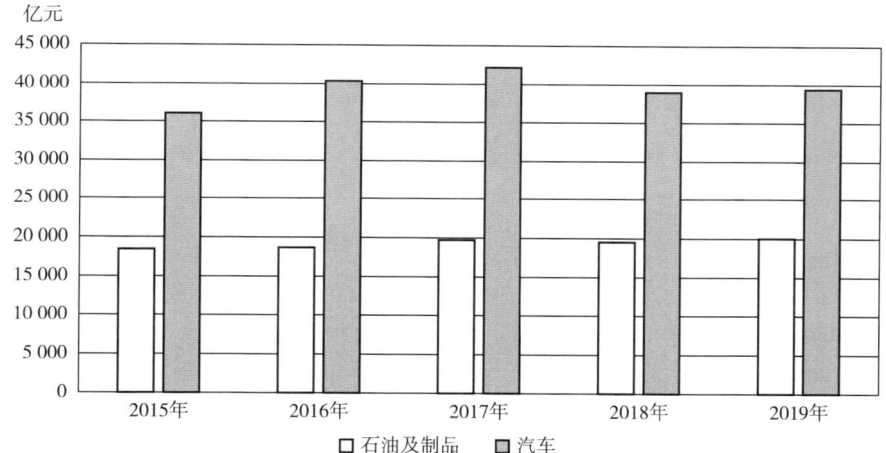

**图 11-10　2015—2019 年汽车及石油制品消费变化情况**

资料来源：根据国家统计局网站数据整理。

## 11.1.9　家电、通信类商品销售增速放缓

近年来，家用电器和音像器材类商品的销售相对稳定，销量变化不大。根据国家统计局的数据，2019 年家用电器和音像器材的销售总额为 9 139 亿元，较 2018 年增长 5.6%，不及 2017 年的销售水平。2019 年，通信器材销售额增长 8.5%，增幅收窄（见图 11-11）。在其他社会消费品中，化妆品持续增长，2019 年的销售额为 2 992 亿元，较 2015 年增长了 46%；金银珠宝的销售额不断走低，从 2015 年的 3 069 亿元降至 2019 年的 2 606 亿元。

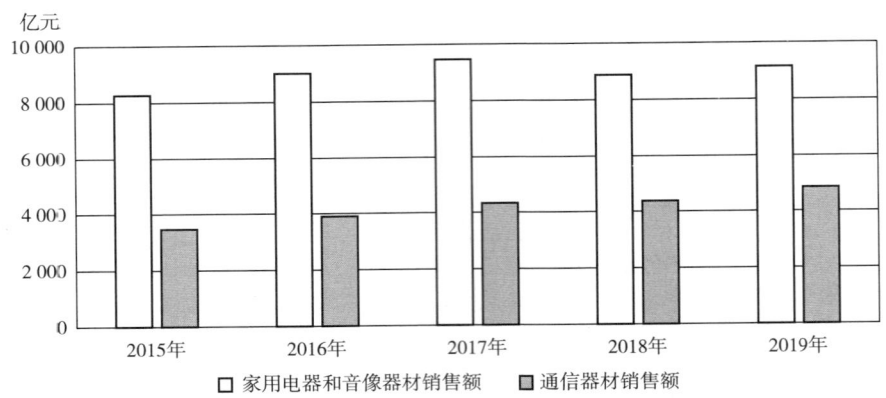

**图 11-11　2015—2019 年家用电器和音像器材及通信器材消费变化情况**

资料来源：根据国家统计局网站数据整理。

## 11.1.10　网上零售额增长迅速

近 5 年来，全国网上零售额不断增长，虽然连续 5 年保持两位数增速，但增幅放缓。总体看，全国网上零售额在社会消费品零售总额中的占比不断提高。根据国家统计局的数据，2015 年，全国网上零售额为 38 773 亿元，较 2014 年增长 33.3%，占当年社会消费品零售总额的 12.9%；2019 年，全国网上零售额达 106 324 亿元，增长 16.5%，占当年社会消费品零售总额的 25.8%（见图 11-12）。在网上零售额中，非实物商品零售额增

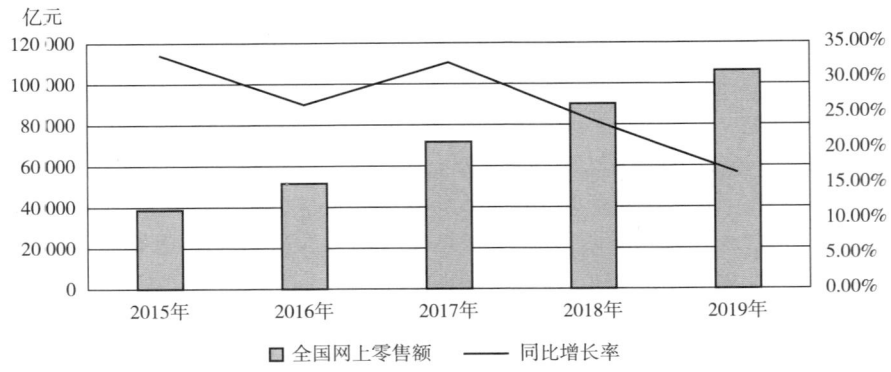

**图 11-12　2015—2019 年网上零售额变化情况**

资料来源：根据国家统计局网站数据整理。

长较快，5 年间，从 2015 年的 6 439 亿元增长到 2019 年的 21 085 亿元，增长了 327%。在网上实物商品零售额中，吃的食物增长速度相对较高，超过 30%；而穿与用的零售额增长出现回落，2019 年的增速分别为 15.4% 和 19.8%（见图 11-13）。

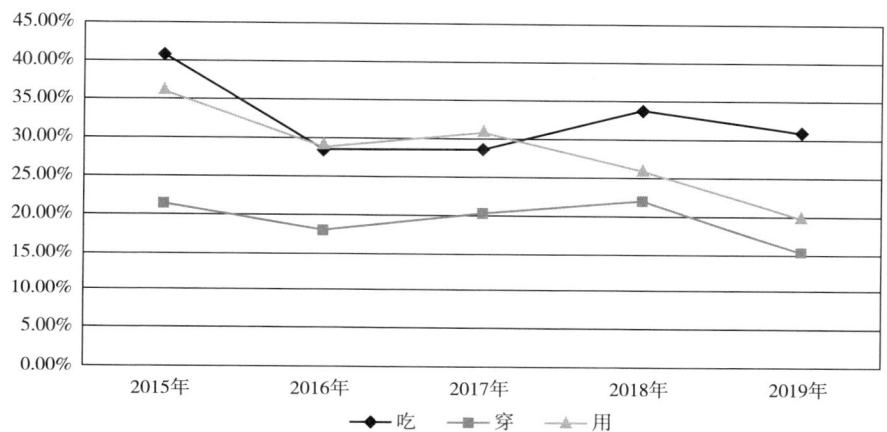

图 11-13　2015—2019 年网上实物商品零售额中吃、穿、用品增幅变化
资料来源：根据国家统计局网站数据整理。

## 11.2　新冠肺炎疫情对消费的影响

从目前①的数据看（见表 11-1），新冠肺炎疫情对消费的影响已使部分社会消费品零售额退回到 2016 年的同期水平。根据国家统计局公布的数据，2020 年 1—2 月份，社会消费品零售总额为 52 130 亿元，同比名义下降 20.5%（见图 11-14）。其中，除汽车以外的消费品零售额为 48 476 亿元，下降 18.9%。

按经营单位所在地分，2020 年 1—2 月份，城镇消费品零售额为 44 881 亿元，同比下降 20.7%；乡村消费品零售额为 7 249 亿元，下降 19.0%（见图 11-15）。

按消费类型分，2020 年 1—2 月份，餐饮收入为 4 194 亿元，同比下降

---

①　截至 2020 年 2 月底。

43.1%；商品零售额为 47 936 亿元，下降 17.6%（见图 11-16）。

2020 年 1—2 月份，全国网上零售额为 13 712 亿元，同比下降 3.0%。其中，实物商品网上零售额为 11 233 亿元，增长 3.0%，占社会消费品零售总额的比重为 21.5%；在实物商品网上零售额中，吃类和用类商品分别增长 26.4% 和 7.5%，穿类商品下降 18.1%。

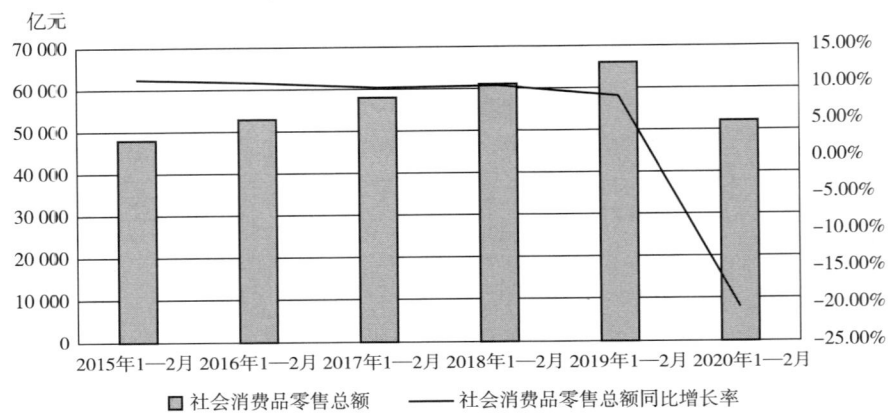

**图 11-14　2015—2020 年 1—2 月社会消费品零售总额变化情况**

资料来源：根据国家统计局网站数据整理。

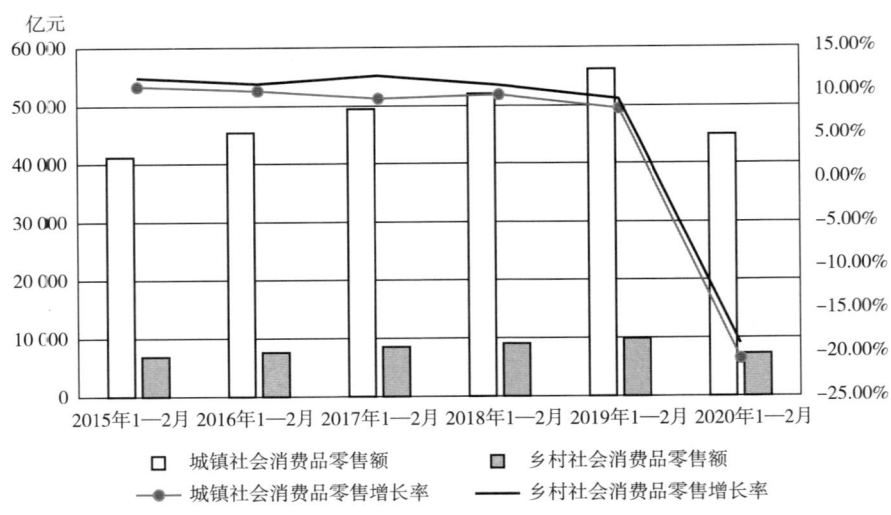

**图 11-15　2015—2020 年 1—2 月城镇与乡村消费品零售总额变化情况**

资料来源：根据国家统计局网站数据整理。

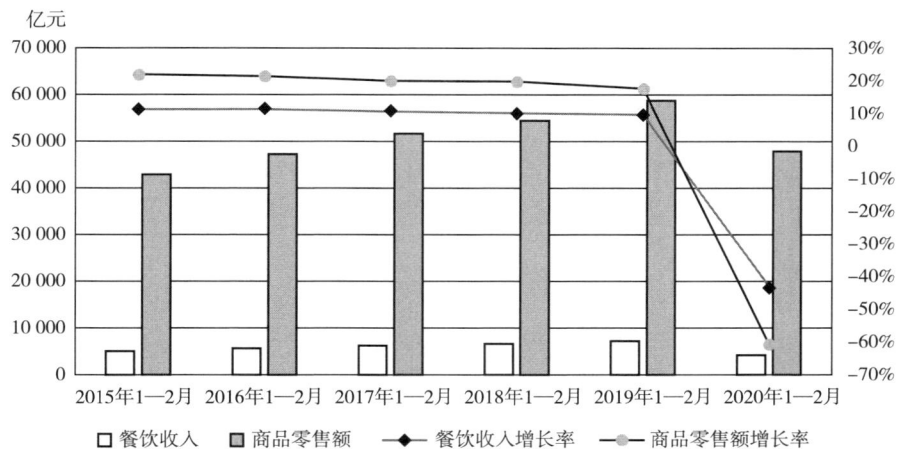

**图 11-16　2015—2020 年 1—2 月餐饮收入和商品零售额变化情况**

资料来源：根据国家统计局网站数据整理。

表 11-1　2015—2020 年 1—2 月社会消费品零售总额变化情况

| 时间 | | 2015年1—2月 | 2016年1—2月 | 2017年1—2月 | 2018年1—2月 | 2019年1—2月 | 2020年1—2月 |
|---|---|---|---|---|---|---|---|
| 限额以上单位商品零售 | 绝对量（亿元） | 20 484 | 21 669 | 23 186 | 21 762 | 21 580 | 16 022 |
| | 增长（%） | 8.4 | 7.7 | 6.8 | 8.4 | 3.2 | -22.2 |
| 粮油食品、饮料烟酒 | 绝对量（亿元） | 3 278 | 2 506 | 2 754 | 2 473 | 2 549 | 2 591 |
| | 增长（%） | 9.6 | 12.6 | 9.7 | 9.7 | 10.1 | 9.7 |
| 饮料类 | 绝对量（亿元） | — | 330 | 369 | 331 | 325 | 308 |
| | 增长（%） | — | 9.9 | 11.3 | 8.2 | 8 | 3.1 |
| 烟酒类 | 绝对量（亿元） | — | 788 | 864 | 798 | 770 | 600 |
| | 增长（%） | — | 7.4 | 8.7 | 9.5 | 4.6 | -15.7 |
| 服装鞋帽、针纺织品 | 绝对量（亿元） | 2 329 | 2 451 | 2 565 | 2 397 | 2 332 | 1 534 |
| | 增长（%） | 9.1 | 8.4 | 6.1 | 7.7 | 1.8 | -30.9 |
| 化妆品 | 绝对量（亿元） | 322 | 356 | 393 | 422 | 451 | 387 |
| | 增长（%） | 9.9 | 11.4 | 10.6 | 12.5 | 8.9 | -14.1 |
| 金银珠宝 | 绝对量（亿元） | 564 | 541 | 569 | 509 | 505 | 277 |
| | 增长（%） | -2.4 | -1.5 | 8.2 | 3 | 4.4 | -41.1 |

续表

| 时间 | | 2015年 1—2月 | 2016年 1—2月 | 2017年 1—2月 | 2018年 1—2月 | 2019年 1—2月 | 2020年 1—2月 |
|---|---|---|---|---|---|---|---|
| 日用品 | 绝对量（亿元） | 763 | 820 | 890 | 848 | 937 | 837 |
| | 增长（%） | 14.6 | 10.3 | 9.2 | 10.1 | 15.9 | -6.6 |
| 家用电器和音像器材 | 绝对量（亿元） | 1 169 | 1 230 | 1 298 | 1 239 | 1 211 | 805 |
| | 增长（%） | 12.4 | 7.9 | 5.6 | 9.2 | 3.3 | -30 |
| 中西药品 | 绝对量（亿元） | 1 191 | 1 256 | 1 382 | 891 | 930 | 781 |
| | 增长（%） | 16.4 | 12.7 | 9.9 | 10.1 | 10.3 | 0.2 |
| 文化办公用品 | 绝对量（亿元） | 379 | 407 | 478 | 435 | 443 | 393 |
| | 增长（%） | 10 | 9.5 | 13.4 | -0.9 | 8.8 | -8.9 |
| 家具 | 绝对量（亿元） | 298 | 347 | 385 | 314 | 257 | 142 |
| | 增长（%） | 12.4 | 16.4 | 11.8 | 8.5 | 0.7 | -33.5 |
| 通信器材 | 绝对量（亿元） | 492 | 582 | 656 | 686 | 736 | 665 |
| | 增长（%） | 38.5 | 20.1 | 10.7 | 10.7 | 8.2 | -8.8 |
| 石油及制品 | 绝对量（亿元） | 2 667 | 2 661 | 3 013 | 2 979 | 3 030 | 2 239 |
| | 增长（%） | -6.7 | 0.5 | 14 | 9.1 | 2.5 | -26.2 |
| 汽车 | 绝对量（亿元） | 5 549 | 5 821 | 5 865 | 6 118 | 5 976 | 3 654 |
| | 增长（%） | 10.8 | 5.4 | -1 | 9.7 | -2.8 | -37 |
| 建筑及装潢材料类 | 绝对量（亿元） | 349 | 390 | 427 | 324 | 264 | 152 |
| | 增长（%） | 12.5 | 14.9 | 12.9 | 6.8 | 6.6 | -30.5 |

资料来源：根据国家统计局网站数据整理。

目前，国家统计局还没有公布2020年1—2月份除餐饮外的服务型消费的数据，包括在防控疫情过程中产生的新型消费。不过，从网上消费额及网上实物商品消费额的情况，以及亚布力中国企业家论坛在2020年2月份进行的有关新冠肺炎疫情对企业影响的调查结果看，服务型消费较2019年同期均有较大的回落。

如今，虽然中国国内的新冠肺炎疫情基本得到控制，中央与各级地方政府已出台促进消费的相关政策，而且随着各地的复工复产以及内需的逐步恢复与扩大，中国的消费将较2020年1—2月份有一定的回升，但是由于疫情目前已席卷全球190多个国家和地区，短期内难以得到有效防控，中国面临的外部环境已发生巨变，经济形势更为严峻，整个疫情将对中国居民消费以及经济产生怎样的影响，还有待进一步观察。

## 11.3 疫情背景下居民消费意愿调查

根据亚布力中国企业家论坛的在线调查以及对各领域代表企业的调研访问，结果显示，参与在线调查的民众主要以基础消费为主，新增消费意愿普遍不高。受访企业家认为，要调动民众的消费意愿，必须进一步完善保障机制。以下为本次调查的结果。

### 11.3.1 问卷参与者来源广泛，有较强的代表性

从问卷来源看，问卷调查参与者以直辖市和省会城市为主，有76%的问卷参与者来自北京、上海、天津、重庆等直辖市以及成都、南京、广州、杭州等省会城市，有13%的参与者来自地级城市，有8%的参与者来自区/县级城市（见图11-17）。

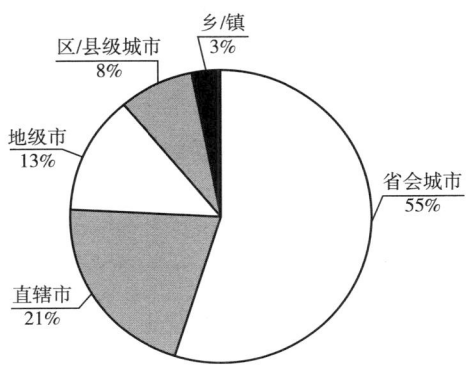

图 11-17 参与在线问卷调查群体区域分布

### 11.3.2 家庭月收入1万~1.5万元居多，收入差距明显

根据调查，家庭月收入在1万~2万元的占问卷参与者的34%，月收入8 000~1万元的占比20%，2万~3万元的占比11%，3万~5万元的占比9%，8万元以上者占比12%（见图11-18）。总体看，不同区域家庭月收入差距极为明显。

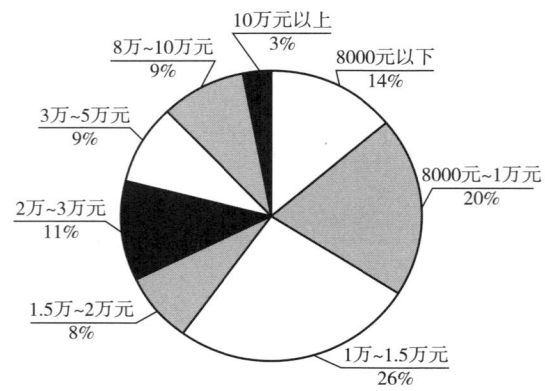

图 11-18 参与在线问卷调查群体家庭月收入分布

## 11.3.3 31%的家庭每月固定支出占家庭收入的70%以上

调查显示,生活食品、房贷/房租、子女生活/教育、交通出行是大多数家庭每月主要的支出。而商业保险、旅游及学习深造在家庭支出中的占比并不高,只有47%的家庭将商业保险列为每月的固定支出,旅游与学习深造的占比均为23%(见图11-19)。在受调查人群中,每月固定支出占家庭月收入40%~50%的有20%,占家庭月收入50%~70%的共有16%,占家庭月收入70%以上的有31%(见图11-20)。

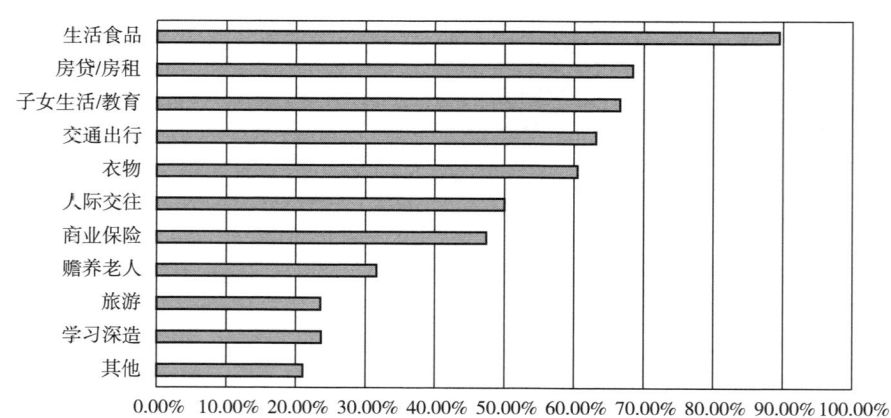

图 11-19 参与在线问卷调查群体家庭固定支出情况

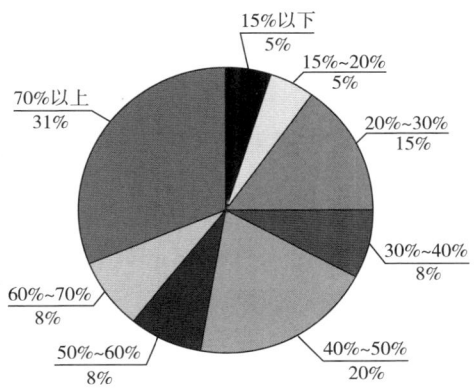

图 11-20　参与在线问卷调查群体家庭固定支出占月收入情况

## 11.3.4　60%的受调查者将压缩消费

调查显示，受新冠肺炎疫情影响，与 2019 年的消费相比，2020 年有 61%的人选择压缩消费，有 26%的人扩大消费，13%的人消费将与 2019 年持平（见图 11-21）。

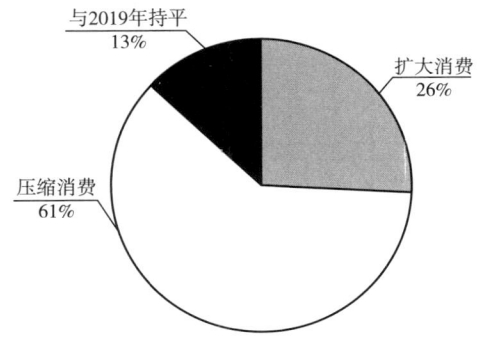

图 11-21　参与在线问卷调查群体 2020 年消费意愿

## 11.3.5　五成以上的人认为收入限制了自己的消费

调查显示，有 52.6%的调查参与者认为个人收入将限制 2020 年消费提升；有 42.1%的人认为家庭固定支出太大，制约了消费扩大；对父母养老及自己未来养老的担忧也限制了自身的消费；而认为消费观念对自身消费行为有影响的只有 30%（见图 11-22）。

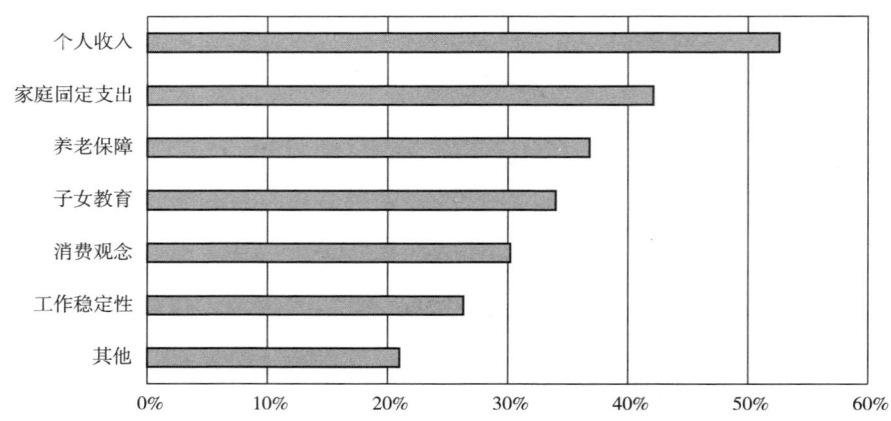

图 11-22 参与在线问卷调查群体认为影响家庭消费的因素

## 11.3.6　75%的人认为国家提高民生福利保障才能拉动消费

调查显示，75%的问卷参与者认为，首先国家要大力提高民生福利保障，解除民众的后顾之忧，才能让民众放心消费，进而促进消费。其次要提高民众的工资收入，降低医疗教育费用，提供稳定的就业机会。再次是进一步提高个人所得税起征额（见图 11-23）。

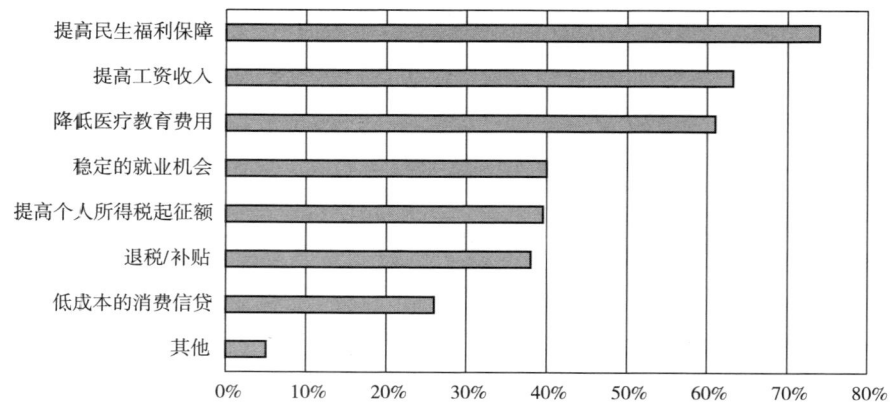

图 11-23　拉动消费的影响因素

### 11.3.7 大多数人愿意在健康、学习提升与子女教育上增加消费

调查显示，受疫情影响，健康成为受调查群体最愿意增加消费的领域，其次是学习与自我提升、子女教育和旅游，电子数码产品与智能家具产品的消费意愿相对较弱（见图11-24）。

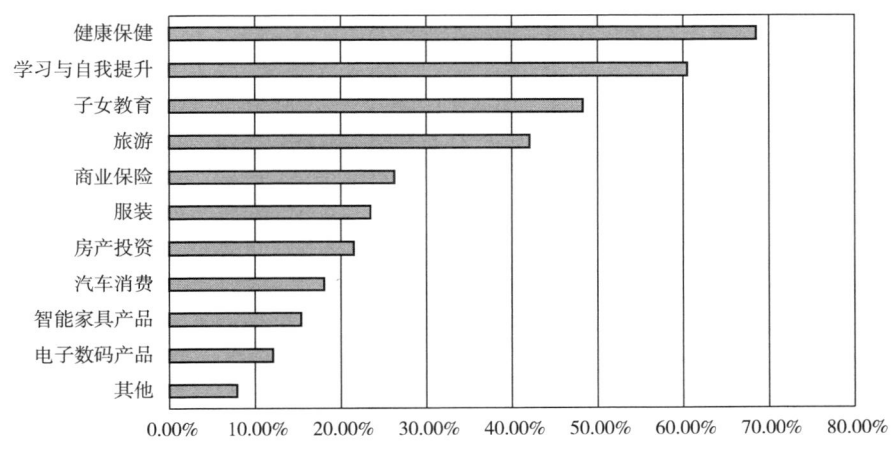

图 11-24　受调查群体愿意增加消费的领域

### 11.3.8 价格是消费者选择企业产品时的首要考量因素

问卷调查参与群体认为，企业要吸引消费者消费，首要因素是要有更实惠的价格，其次是更高的产品质量，再次是更加优质的服务与更好的消费体验，而品牌的考量因素并不大（见图11-25）。

## 11.4　目前消费存在的主要问题

根据在线问卷调查结果和对部分领域代表企业的采访调研，以及我们对过去10年消费情况的分析，我们认为，目前国内刺激消费的举措效果比较有限，除受宏观经济增速放缓及预期影响之外，还与民生保障及居民收入增长等因素息息相关。综合问卷调查与受访者观点，我们认为，目前中国的消费存在以下问题。

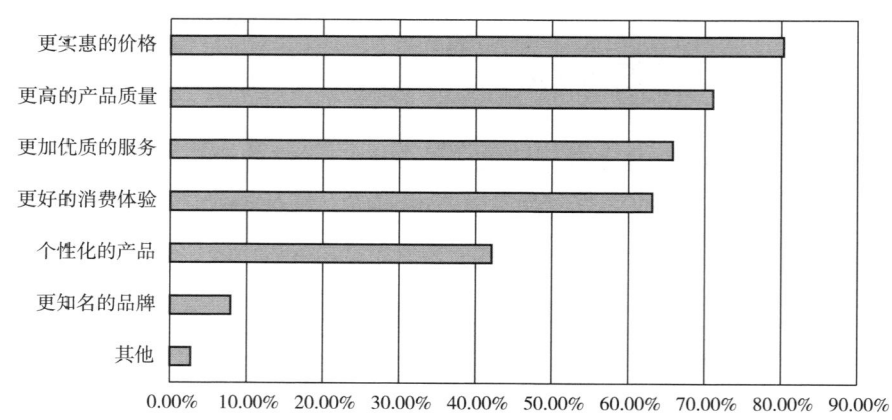

图 11-25 受调查群体认为企业吸引消费者消费的主要因素

### 11.4.1 保障机制不够完善影响居民消费

民众消费意愿不强，主要还是因为保障机制不够完善，尤其是医疗、教育、养老、住房等保障不足，挤压了消费空间。政府公共财政承担的公共消费，应该对整个社会消费起到"兜底"作用，但目前我国公共消费还是一块短板，医疗、教育、养老、住房等保障供应不足，这导致居民收入的大部分被沉淀到生活必需品领域，抑制了消费增长。

### 11.4.2 收入水平制约了民众消费的进一步扩大

可支配收入仍是影响消费最基本的因素。消费取决于收入的增长，如果工资没有明显的增长，消费者手中的可支配收入增长必然放缓，导致消费购买力不足。目前，居民人均可支配收入处于下行趋势，长期压制消费增速。2011年之后我国城镇居民可支配收入增速整体处于下行趋势，虽然在2017年出现一定的反弹，但自2017年第三季度之后一直震荡下行，这会从长期压制我国消费增速的反弹。

### 11.4.3 对未来经济增长的预期削弱了民众消费的信心

居民对未来预期不明朗是导致消费不振的重要原因之一。首先，从外部环境看，2019年中美贸易摩擦对宏观经济的影响持续发酵，贸易摩擦产生的不确定性直接影响了居民对未来经济走势的乐观预期，为防风险，持币观望、削减开支等现象已经出现，进而导致消费对经济的拉动效应降低；其次，从内部环境看，近年来我国经济增速放缓，在一定程度上也影响居民未来预期，导致消费收紧。总之，外部环境不确定性与内部长期存在的制约性因素叠加，导致了居民预期不明朗，从而导致消费对经济的贡献率大幅下降。

### 11.4.4 房地产市场快速加杠杆对消费产生挤出效应

中国居民负债水平已经高于新兴市场经济国家，房贷占60%以上，进一步挤压了居民消费能力和消费意愿。过去10年，我国居民通过房地产市场快速加杠杆对消费产生了挤出效应。2008年之前，我国居民部门杠杆率较低，在20%以内。2009年之后，随着全国房地产市场的繁荣，居民部门杠杆水平持续攀升，2018年上升到50%以上。由于住房按揭贷款往往期限较长，普遍在20~30年，也就形成较长时间的债务，透支了未来的收入，这对消费的影响将是长期性的。

### 11.4.5 前期刺激政策提前透支了相关产品需求

以汽车行业为例，在税收优惠政策的刺激下，2016年汽车产销保持高速增长，有效对冲了经济下行压力，但也提前透支了我国居民对汽车的需求。自2018年以来，随着前期出台的购置税优惠政策退出，汽车消费开始出现快速下跌。叠加汽车保有量已经相对较高，刺激效果相对有限。

### 11.4.6 消费结构性问题突出，消费升级进程缓慢

目前，中国的粮油食品等基础性消费已趋于饱和，实物消费已经出现瓶颈。最突出的是汽车，2019年，我国私人汽车保有量已经超过2.2亿，离一家一辆车已经不远。2019年我国汽车消费已经出现下降，而汽车在普通家庭消费里是"大件"，大件都快饱和了，可以看出，实物消费"量"方面的潜力已经十分有限。同时，目前国内消费需求差异极为明显，消费结构性问题比较突出，比如政府一直强调消费占比提高是经济转型升级的方向，但数据显示，越发达的城市，其实消费占比越低。

### 11.4.7 消费环境有待进一步改善

中产阶层对消费环境更为敏感，而国内消费环境仍存在着物质消费不

安全、服务消费质量低、市场监管不到位等问题。特别是随着中产阶层物质消费和服务消费逐步升级，国内消费环境升级相对滞后，其消费空间势必逐步向境外转移。目前所谓的中产阶层消费意愿不强，在很大程度上存在"境内—境外"空间差异，也即在境内消费意愿不强，但到境外后消费意愿爆棚。因此，持续优化国内消费环境，可推动中高收入群体较高的境外消费意愿向国内转移。

### 11.4.8 农村消费潜力有待进一步激活

根据国家统计局的数据，近年来，农村社会消费品零售总额虽然有较大的增幅，但农村居民消费额总体比较低，而且与城镇居民消费差距在拉大。以2015年为例，当年城镇与农村居民人均消费差额为12 169元，到2019年，城镇与农村居民人均消费差额达14 735元，差距每年都在拉大。另外，2019年末，农村常住人口为55 162万人，占全国常住人口总数的39.4%，但农村社会消费品零售额只占全国社会消费品零售总额的14.6%，与农村人口规模及应有的市场规模严重背离。

### 11.4.9 低收入群体收入增长缓慢制约了消费大幅增长

根据国家统计局的数据，2019年，全国居民人均可支配收入中位数为26 523元，城镇居民可支配收入中位数为39 244元，农村居民可支配收入中位数为14 389元，尤其是农村居民，收入较低。而且目前中国的收入差距正加速拉大，对消费产生一定影响。2019年，低收入组人均可支配收入为7 380元，中等偏下收入组人均可支配收入为15 777元，中等收入组人均可支配收入为25 035元，中等偏上收入组人均可支配收入为39 230元，而高收入组人均可支配收入高达76 401元，收入差距明显。从2016年以来各组别之间的可支配收入数据看，低收入组、中等偏下收入组及中等收入组的收入增长相对较慢，而中等偏上收入组与高收入组收入增长相对较快，且各组别收入差距呈扩大趋势。

### 11.4.10 刺激消费的措施缺乏灵活性

中国十几年前就提出要提升消费对经济增长的贡献率，但收效一直不大。2018年9月，国务院发布了《关于完善促进消费体制机制 进一步激发居民消费潜力的若干意见》；2018年12月，国家实行个人所得税专项附加扣除暂行办法；2019年2月，发改委等十部委联合印发了《进一步优化供给推动消费平稳增长促进形成强大国内市场的实施方案（2019年）》，提出六个方面24项促进消费的具体措施，但2019年消费贡献率却是下降的，远远没有达到2019年初机构预测的80%的贡献率。历史的教训与事实说明，国家刺激消费的政策措施效应并不理想。在新冠肺炎疫情暴发后，各级政府虽然出台了一系列刺激消费的措施，但是手段都相对传统，缺乏灵活性。

## 11.5 提升民众消费意愿，促进消费的建议

居民消费能力取决于收入水平、收入结构和支出预期等因素，要提升居民即期消费能力，需要进一步完善收入分配政策，健全社会保障等机制。

### 11.5.1 完善民生保障机制

政府要加大在教育、医疗与养老方面的投入，改善社会福利，让居民免除消费的后顾之忧，敢于放心大胆地消费。同时，要调整政策，提升消费促进政策的效率，着重将消费者向高质量、个性化、创新型的产品和服务上引导，避免低层次、同质化的重复消费。

### 11.5.2 加大财税体制改革力度

推进编制改革，精减行政机构，强化预算管理，压缩非生产性的财政支出，节省财务费用。进一步减免企业税费，降低社会生产与产品成本，通过税收减免降低产品及服务成本，最终向消费者让利，促进消费。推进个税改革，降低个人税收负担，提高居民可支配收入，扩大中等收入人群，让民众有能力消费。个税起征点要定在万元以上，每年根据居民收入增长率调高，让个税真正起到调节收入的作用。

### 11.5.3 推进农村改革，增加农民收入

因地制宜地推进农村改革，通过土地流转盘活农村土地资源，部分地区可考虑推进农村宅基地入市出售，农户部分承包土地经营权转售等。根据自然条件探索农村土地及生产运营的合理模式，提高农民的收入，并保

持农民收入的持续增长,让农民有钱消费,激活农村市场。

### 11.5.4　发放购物消费券,促进消费回补和潜力释放

消费回补政策的着力点集中于安全推动工业和服务业企业复工复产,并对中低收入阶层发放消费券;消费潜力释放政策则应从耐用消费品促进方面入手,汽车行业政策尽快由限制购买向限制使用转变,并可对居民发放电子消费券,以便在电商领域使用。企业凭消费券,可以抵扣相关税费。

### 11.5.5　开展休假制度改革

落实错峰休假,避免黄金周出现消费堵塞,通过旅游消费带动其他领域的消费。国有景区利用大数据技术对不同区域居民有序免费,通过景区门票免费带动其他领域的消费,同时做好精准服务,防止景区游客扎堆。要通过免门票激活旅游产业链,实现整个旅游产业链利益最大化。

### 11.5.6　控制居民杠杆水平过快增长

缓解居民债务压力,才能释放消费增长潜力。关键要控制住房地产市场,不能让更多的资源耗费在房地产上,要降低房地产的金融属性。

### 11.5.7　促进开放、增加进口

降低消费品进口关税,继续举办进口博览会,把境外消费留在国内;降低零部件进口关税,减轻企业税收负担,给消费者让利。同时,通过更大范围的开放,吸引海外游客到中国境内消费。

### 11.5.8　注重数字经济带来的新消费空间

政府应该加大对数字基础设施的建设投入,对人工智能、大数据技术的发展提供产业支持政策,特别是在产业政策上支持传统行业与信息技术更快更好地结合,促进传统消费品的升级换代。为企业创新提供政策支持,促使企业不断加大对创新的投入。国家应该加大对数字基础设施建设、5G技术及应用、云计算、人工智能等数字经济领域的改革力度,释放消费能力。这不仅顺应了民生需要,也为经济高质量发展开拓了新空间。

### 11.5.9 提升服务消费的占比，促进消费升级

提升居民在体育、娱乐、健康、医疗、养老、文化等方面的消费额。国家出台的政策可从短期和中长期两个方面考虑：一是短期方面，可以刺激体育、娱乐和旅游等行业。二是中长期方面，主要是文化、健康、医疗、养老、教育等方面。每个方面都是重大的改革问题，很难用简单的措施破解。当前，政府不仅需要加大扶持力度，也要加快对于典型模式的推广。

### 11.5.10 优化消费环境

政府层面要通过加大执法力度，加强市场监管；加强维权宣传，增强消费者的维权能力；强化行业自律，提升服务质量；严厉打击虚假广告，积极回应群众期盼等举措，着力优化消费环境，缩小与境外消费环境的差距。给中产阶层更多的消费安全感，将消费留在国内。

# V

# 企业案例篇

## 12

# 波司登：数智制胜，转型新引擎

波司登集团始创于1976年，是中国知名的羽绒服装品牌运营商。波司登专注羽绒服领域45年，已成为消费者公认的羽绒服专家，引领着行业发展。2007年10月11日，波司登国际控股有限公司在香港联合交易所主板上市（股票代号：3998），旗下品牌包括波司登、雪中飞、冰洁等。其中，波司登羽绒服连续26年（1995—2020年）在中国市场销量领先，产品畅销于美国、法国、意大利等72个国家，赢得全球超2亿人次选择。

20世纪70年代，羽绒服进入中国市场，逐步成为消费者衣柜中不可或缺的一员。近年来，气候因素以及新消费趋势直接推高了羽绒服的市场需求量，激发了国内的消费潜力，羽绒服成为服装行业市场容量扩张最快的品类之一。据中国服装协会羽绒专业委员会预计，2022年中国羽绒服市场规模可达1 622亿元。

波司登从加工制造起家，深耕羽绒服行业45年，成就中国纺织服装领军品牌。虽历经艰难坎坷，但波司登始终不改登峰者本色，在消费者心中拥有良好的品质口碑。在中国市场，"波司登"和"羽绒服"几乎可以画等号。但是，在2018年之前的几年，波司登也遭遇过品牌老化、传播声量不足、消费群体年龄偏大的问题。高峰时期，波司登在全国开了13 000多家门店，市场虽然做到乡镇一级，营收和利润却止步不前甚至还在下滑，股价长期在低位徘徊，一度面临着与时代消费者渐行渐远的严峻局面。

观念决定方向，思路决定出路。经过长时间的反思与探索，2018年以来波司登深挖"大品牌、好品质、羽绒服代名词"三大核心优势和品牌资产，回归创业之初品牌引领的发展模式，并链接新时代的打法，推进品牌升级战略，将企业的竞争优势牢固建立在品质、品牌和核心技术能力上，踏上"二次创业"的新征程。

经过3年艰苦奋战，波司登借势全球热销，重新激活品牌，特别是2020年成功克服新冠肺炎疫情冲击和一系列"黑天鹅"事件严峻挑战，聚焦主航道，聚焦主品牌，以品牌力量引领产品、零售、供应链的全面发力，以多产品线满足多样化的消费者需求。同时，开拓创新资源战略合作，获取更多主流消费群体青睐，保持品牌领先地位，实现经营业绩持续稳健增长，于大变局之年交出一份出色的"答卷"：上市公司连续4年营收，利润实现双位数增长，营收连续两年超100亿元。截至2020年底，波司登羽绒服零售金额同比上一年增长25%以上，以领军者姿态提振了行业市场信心。

## 12.1　品牌引领，释放增长新动能

"聚焦主航道，聚焦主品牌"战略，是波司登品牌力增长的重要推动力。自2018年以来，波司登坚持品牌引领，以全球视野高点定位品牌，整合全球创新资源，建立和消费者更深度的情感链接，不断激活品牌力量，助推经营业绩提升。

为了强化消费者对"羽绒服专家"的形象认知，提高传播声量，波司登整合全球资源，主动传达对消费者有价值的品牌信息，深受消费者及纺织服装行业关注，取得良好成效。2018年，波司登羽绒服首次亮相纽约时装周，以东方魅力的代表元素"牖"为主题，以黄公望的《富春山居图》为背景，把中国的传统文化审美和现代的科技工艺相结合，向世界展示了中国文化的底蕴、魅力和波司登的匠心之美。2019年，波司登携手意大利"星空艺术家"登陆米兰时装周，诠释了东西方时尚文化的完美融合。

品牌是企业最核心的资产，品牌力就是企业的免疫力。2020年2月，在中国时尚力量因疫情影响集体缺席各大时装周的背景下，波司登如期在伦敦时装周发布时尚秀，引发全场各国嘉宾高声呐喊"中国加油"，让世界感受到中国品牌的精神和力量。波司登还积极参与"中国品牌日"活动，入选央视"强国品牌工程"，展现出强大的品牌自信和时尚话语权，也让世界看到，中国纺织服装行业不仅有好的产品，更有好的品牌。益普索（Ipsos）开展的品牌健康度追踪报告显示，波司登各项品牌健康度指标

均比往年有提升，在消费者心目中的认知正面积极。其中，波司登品牌认知及第一提及率均处于中国服装行业领先地位，在中国消费者中认知度高达97%，成为消费者心目中首选的羽绒服专家品牌。

品销结合是波司登的重要策略之一。波司登持续推动品销结合，品牌传播更加聚焦主推产品的展现和线上线下门店的导流。基于产品上市周期和主推产品设定传播规划和内容，使传播内容与消费者产生共鸣。通过代言人明星大片、明星街拍、产品植入、时尚博主和意见领袖（KOLs）对产品进行充分展示，众多时尚人士和时代消费者为波司登点赞。在资源版块更聚焦种草平台，通过微信、抖音、小红书等新媒体平台为线上线下门店引流拓客，促进成交转化，提升销售业绩。

## 12.2　设计赋能，实现领先新突破

羽绒服是"功能+时尚"的产品，产品的优化和拓展是波司登品牌发展的基石。波司登非常注重产品的创新，多次引领行业科技化、时装化变革浪潮。自2018年以来，波司登发挥龙头企业研发设计优势，发力产业"微笑曲线"的前端，以设计赋能产品系列化、时尚化、品牌化，不断提升产品品质、科技含量和时尚度，努力在自己擅长的领域，盯住一个品类，做到全球领先。

波司登洞察消费升级下的用户需求，全方位整合国际优势资源，打造具有国际化品格和国潮气质的波司登新时尚。波司登与高缇耶、高田贤三等国际顶级设计师、设计机构跨界合作，联手推出创新产品，引领中国服装行业发展。

2020年10月28日，波司登再次与高缇耶合作发布"新一代羽绒服"，将国际设计大师的时尚美学和波司登专业匠心完美融合，重新定义专业、时尚、保暖兼具的羽绒服概念。并力邀杨幂、陈伟霆代言推广，凸显品牌时尚调性，受到年轻消费者的喜爱。波司登还与迪士尼、漫威、星战等国际知名IP资源联名合作，吸引年轻消费者。

波司登在年轻化、时尚化上频频发力，潮酷元素受到了时下主流消费者的青睐，众多名人、明星和艺术家被波司登的创新产品吸引，纷纷穿上波司登为企业代言，波司登的时尚属性得到广泛认可。

在产品系列化方面，波司登跳脱传统的研发思路，以市场数据为支

撑,尊重地域差异、年龄差异、个性差异,通过数据化研发,打造立体化产品条线。一方面全面提升生产工艺,另一方面与国际顶尖原辅料供应商建立合作,采用有"世纪之布"之称的 Goretex(戈尔特斯)面料。并且,与国际一流科研机构合作,在产品功能、面料等研发创新层面不断突破。同时,注重产品设计和消费者喜好相结合,运用消费者视角思维模式,针对系列产品的消费群体做到深入研究、精准开发。

通过"市场调研、趋势分析、设计企划、产品开发、订货会反馈、销售反馈、总结复盘"一系列科学客观和有条理的设计流程,波司登为广大消费者呈现一批又一批的全新产品。波司登已由原来功能性的服饰品牌进阶为兼具功能性和时尚性的服饰品牌。

波司登登峰系列羽绒服在设计、原材料、技术、工艺、性能等方面进行整合创新,选用北纬43°黄金羽绒带、蓬松度达到1 000的顶级鹅绒,防风防水、高透气性面料和航天纳米保温材料,应用蜂巢立体充绒、防水压胶处理、FITGO-TECH 自动系带系统、MAGIC CHAIN(魔术链)、RECCO 生命探测仪等尖端工艺和科学技术,历经489道工序、217次修版,悉心打磨全球顶配羽绒服。登峰系列羽绒服设计登峰、智造温暖,于2020年11月荣获中国优秀工业设计奖金奖。该奖项是我国工业设计领域唯一经中央批准设立的国家政府奖项,代表了国内工业设计的最高水平、最强实力。同时获奖的还有运载火箭海上发射系统、大疆无人机等"大国重器"和尖端科技产品。波司登是十大金奖中唯一的服装产品,这也是自主服装品牌首次斩获该奖项。

波司登专业保暖系列助力极地科考事业,助力中国南极科考队执行第36次、第37次南极科考任务;登峰系列助力2020年珠峰高程测量登山活动,以中国温度丈量世界高度。无论是雪域之巅,还是冰雪极地,波司登以卓越品质展现了羽绒服专家的专业实力和品牌态度。

对波司登创始人高德康而言,"有匠心品质的产品,从来不会被时代辜负,以产品的深度支撑品牌的高度,才能站上品牌建设的至高点"。波司登以深厚研发能力和自主创新实力,把更专业保暖的羽绒服产品带给大众,不断夯实品牌领导力,在中高端市场(1 000~5 000元)罕有敌手。

## 12.3　渠道优化,扩大内需新空间

自2018年以来,波司登全面升级线上线下渠道,与万达、银泰、凯德

等核心商业体开展合作,并在上海南京东路、北京西单、杭州大厦、成都春熙路等全国地标商圈设立旗舰店。

"控风险、保增长"是后疫情时代波司登的主要思路。企业持续优化渠道结构,提升渠道质量和效益,提升店效坪效和会员运营效率,挖掘渠道价值潜力。全方位升级新零售体验,关注顾客研究、顾客增长和顾客体验,通过直播、离店销售等新方式,重构消费者关系,经营服务好会员,使线上线下相互补位,共生融合。

波司登线下加速自营店布局,线上深耕天猫,加快直播电商与微商城布局。保持更加谨慎的态度对渠道进行优化和升级,同时重点加强自营零售网点运营效率的提升,并通过在主流商圈新开形象店、大店,使门店结构继续朝着时代主流消费渠道的方向迁移。截至2020年9月30日,集团羽绒服业务的零售网点总数较2019年同期净减少202—4 664家,包括自营零售网点1 880家,及第三方经销商经营的零售网点2 784家。

波司登基于丰富的顾客资产积累,利用数据中台建立顾客标签,以高质量的数字化内容触达消费者,通过离店小程序形成销售。同时,为每名导购建立企业微信的导购营销助手,使用数据中台为终端导购匹配互动内容模板,辅助导购维护好顾客关系。例如,已经积累的800万的企业微信好友,这些顾客资产都可以通过微信便捷触达。通过数据中台系统,对这些客户进行大数据分析,进行精准营销,可以为导购赋能,帮助他们更精准地运营好自己的顾客。

在梳理和整合线下渠道的同时,波司登成立专门团队,统一运营所有品牌网络销售。2020年上半年,波司登在线奥莱渠道发力明显,其中唯品会及天猫奥莱店两个平台的业绩呈现高速增长态势。"双十一"期间,波司登集团羽绒服业务线上零售金额同比上涨35%以上,主品牌波司登线上零售金额同比上涨约25%,全渠道突破15亿元,连续两年位居中国品牌服饰类榜首,以羽绒服单品类强势突围。

2020—2021财年上半年,波司登新增企业微信好友800万,微信公众号粉丝累计超过550万,注册会员数达1 965万,线上线下会员复购率达到36.8%以上。数据显示,波司登的客群在向年轻化和一、二线城市倾斜,其中18~34岁群体的购买人数同比增长51%,一、二线城市购买人数同比增长54%。

## 12.4 数智制胜，点燃转型新引擎

习近平总书记强调，要"把握信息革命历史机遇，培育创新发展新动能，开创数字合作新局面"。波司登的可持续增长，得益于品牌建设、渠道升级、数智化转型战略以及新零售运营等的深度发展。其中，数智化转型战略是波司登在竞争激烈的全球市场取得成功的基础。

自2020年初以来，新冠肺炎疫情深刻影响全球贸易格局和消费形态，也催化了数字经济新业态新模式加速发展。波司登坚持以"一体化、一盘棋、一张网"的思路，加速推进数智化转型战略，把数智化落地应用到用户、品牌、产品、渠道、零售、人资、财务等经营管理全过程，实现全业务、全流程、全触点的全面数字化目标。

在疫情导致全国的门店几乎全部闭店歇业的危急时刻，波司登迅速调整销售策略，采取离店销售，进行线上直播引流，以线上交易和"无接触服务"开展销售活动，为消费者提供更安全、多样的消费体验。波司登将数智化转型作为企业"新基建"的核心发力点，与阿里云签署"数智化转型时尚先锋"战略合作，打通全渠道数据，在消费者研究、精准营销、商品一体化运营、导购运营等多领域进行创新与探索，构建以消费者为中心的全链路数智化升级能力。

波司登加速智能制造升级，独立研发了拥有自主知识产权的软件系统和大数据中心，建成中国服装行业最先进的智能配送中心。并与国际物流自动化领先企业德马泰克签约打造亿元智能仓储系统，形成优质快反供应链核心竞争力。通过"CDC直接分发至门店"的一级配送流程，实现全国所有门店的直接配送，以及从门店到工厂、到配送的互联互通，不仅能够更快速地响应市场需求，而且能实现货品全国共享，让好卖的货不缺货。波司登的智能化程度和品牌快反能力遥遥领先于行业水平。此外，智能制造生产基地完成改造投产，实现了从门店到工厂、到配送的互联互通，打造服装行业智能制造数字化工厂为向C2M转型奠定了坚实基础。

波司登2020年数字化建设工作可以大致分为两部分，一部分与阿里巴巴合作，另一部分与腾讯合作，彼此有交集。阿里为波司登建立了一个"数据中台"，不断积累和分析各种数据，帮助波司登对顾客建立更深的洞察，让营销更精准。而腾讯与波司登合作最密切的是智慧零售部门，覆盖

全国3 600多家门店，一个被称为"私域生态"的理念，旨在帮助门店和顾客在线上建立密切的关系。

在供应链数字化创新方面，数据中台基于企业数据，串联供应链各环节。通过产销协同打通前端销售、中端库存与后端供应链生产外包的流程，一方面提升供应链对前端销售的快速反供应能力，及时匹配消费端需求；另一方面与核心供货商实现数据对接，提升原辅材料仓库的精细化运营能力，有利于原辅材料的及时供应和库存控制。

在新零售运营方面，波司登基于丰富的顾客资产积累，着力推进全局数据中台建设，整合内部信息和外部反馈大数据，强化对客户需求的洞察和研究，为消费者提供更优质的消费服务和场景化体验。同时，为每名导购建立企业微信的导购营销助手，使用数据中台为终端导购匹配互动内容模板，辅助导购维护好顾客关系。

通过推进在"人、货、场""产、销、存"等领域的全域数字化，加强对消费者的数字化研究、商品数字化研究，提供线下门店、在线电商等多种触达消费者方式，波司登不仅提升了精准营销能力和商品运营效率，更在疫情最严峻的紧要关头顶住了压力，经受住了考验。一方面，通过精准的人群圈选，不断提升在线营销的精准度，实现消费者与商品洞察，在天猫618年中大促、88会员节等在线活动中迭代和优化，支持电商总成交额（GMV）持续提升；另一方面，在线下门店通过精准的人群圈选，进行短信触达和社交媒体投放，消费者引流到店比例和质量明显提升。同时，通过对过往销售货品和渠道进行大数据卷标聚类，将分析结果应用于2020年新款的首次铺货，明显提升了商品与门店渠道的匹配度，对产品的动销率和适销度产生了积极影响。

凭借数字化转型的落地，打通"人、货、场""产、销、存"的"任督二脉"，波司登企业经营得到全面优化，商品一体化，全国一盘货，打造"线下门店+线上云店"的店铺增收模型，提升了门店、商品、品牌以及顾客经营效益。通过推动精准会员经营，重视拓客拉新，探索离店销售新模式。利用企业微信建立与顾客更加便捷的沟通桥梁。主动拥抱数字化变革，波司登收获的不仅仅是回归商业本质、回归顾客价值的"真经"，更是企业参与未来竞争的核心品牌资产。

没有轻易成功的企业，只有不断成长和紧跟时代的企业。波司登努力45年，只为做好每一件羽绒服。比山峰更高的，是攀登者的梦想，有实力、有态度、有情怀的中国品牌，要用穿越时代的视角看未来，把未来的资源融入当下，用未来的方法解决当下的问题；要敢于走出舒适区、挑战"无人区"，抢占制高点，通过促进制造和消费、服务相融合，形成中国品牌的核心竞争力，影响和引领全球消费市场。

2021年是"十四五"规划的开局之年，也是中国共产党建党100周年。波司登将秉持"波司登温暖全世界"的初心使命，发扬企业家精神和"勇攀高峰、永争第一"的登峰精神，永立时代潮头，再创未来辉煌，坚定品牌自信，坚持品牌引领，在"十四五"新开局中奋力开启"全球领先的羽绒服专家"的星辰大海，以优异成绩迎接中国共产党建党100周年！

# 13

# "人单合一"——物联网时代的基准组织范式[①]

新冠肺炎疫情考验组织的韧性,也考验企业的"功底",将此前深埋在增长表面的组织、机制问题暴露出来。企业不仅要思考如何应对这次"大考",更要思考如何在各种"大考""小考"中处变不惊。

## 13.1 海尔的自进化目标

所有的企业只有两个选择:要么自进化,要么自僵化,就像中国的火凤凰一般。凤凰被誉为神鸟,但即便是神鸟也要500年才能浴火重生一次,更不用说企业。所以说"没有成功的企业,只有时代的企业",所有的企业都不要说自己成功了,因为所谓的成功只不过是恰好踏准了时代的节拍。时代在不断变化,任何企业和个人都不可能永远踏准时代的节拍,因为我们都是人不是神,一旦踏不准节拍就会万劫不复。因此,我们要去探索如何与时俱进,以适应这个时代。古希腊哲学家赫拉克利特有一句名言,"人不可能两次踏进同一条河流"。我们把脚伸到河里,虽然第二次还站在原地,但已经不是原来的河了,因为脚下流过的水和原来的水不一样。时代也是一样,每时每刻都在变化,这是不以人的意志为转移的。

---

[①] 2020年8月29日,在2020亚布力夏季高峰会"中国商业心灵"上,海尔集团董事局主席、首席执行官张瑞敏分享了他从事管理超过40年的思考和体会。他说企业要么"自进化"成生生不息的热带雨林,要么只能"自僵化"而被时代抛弃。张瑞敏还介绍了海尔在"自进化"路上的探索:物联网时代的商业模式——人单合一。本文为张瑞敏在本次论坛上的演讲,演讲内容也见于人单合一模式研究官网:www.rendanheyi.com。

美国《连线》杂志的总编、未来学家凯文·凯利到海尔时，我们谈了很长时间。他最有名的著作是《失控》和《技术元素》。他在《技术元素》里有一句话说得很好："所有的公司都难逃一死，所有的城市都近乎不朽。"为什么？因为所有能存活延续的城市都是生态，生生不息；而所有的企业都是封闭的、孤立的，都想做出一个有围墙的花园，这就不是生态，甚至不是生态的组成部分。在这种情况下，企业必死无疑。因此，企业要想踏准时代节拍，要想跟上时代步伐，最重要的前提就是要做出一个生态。这就是海尔自进化的目标，不要做有围墙的花园，而要做成一个亚马孙的热带雨林，一个生生不息的商业生态。

这个商业生态体现了物联网时代的三个特征：第一，物联网时代的价值观，就是人的价值最大化。第二，物联网时代的商业模式，就是我们提出的"人单合一"模式。国际上，现在探索出的物联网时代的商业模式有30多种，"人单合一"被认为是最超前的一种模式。第三，物联网时代的标志就是生态品牌。下文具体讲一讲这三个特征。

## 13.2　人的价值第一

20世纪80年代初，海尔创业伊始，众所周知的"砸冰箱"事件就是为了解决人的观念问题。我们认为高质量的产品是高素质的人做出来的，必须提高人的素质，所以就有了"砸冰箱"事件。我们后来也因此获得了中国冰箱史上第一块质量金牌。那时，我们就注意到了人的价值问题。

之后，海尔开始走向海外。当时，中国企业到海外就是出口创汇，而我们希望到海外能够出口创牌，我们大概是最早在美国建厂的中国企业。2009年至今，海尔连续11年成为全球大型家电第一品牌。

这个成就意味着"人单合一"变成了一个普遍价值，世界各国都能接受。我们兼并了一些企业，包括美国的通用家电业务（GEA）、日本的三洋、欧洲的Candy公司以及新西兰的斐雪派克（Fisher&Paykel）等。无论是崇尚个人主义的美国企业、崇尚集体主义的日本企业还是崇尚自由的意大利企业，它们都有不同的价值诉求。但是我认为，全世界不管哪个国家、哪个民族、哪个企业，都有一个共通点，就是每个人都希望体现自己的价值，每个人都希望得到别人的尊重，每个人都希望得到尊严。所以，在兼并三洋和Fisher&Paykel之后，我们没有派人去管理，还是用企业原来的人，但是要改变他们的观念，我们把这称为沙拉式文化。在沙拉里有不同的蔬菜，每种蔬菜可以代表一个国家、一个民族或是一个企业，然后用沙拉酱把它们整合起来，这个沙拉酱就是"人单合一"。全世界失败的并购案例都是因为文化融合做得不好，但是我们没有被这个问题难倒。"人单合一"要做到真正地让每个人生而平等，让每个人都有自己的权利。

## 13.3　创造物联网时代的商业模式

中国企业过去没有自己的商业模式，只能学习国外的商业模式，比如美国、日本。但在物联网时代，大家站在了同一条起跑线上，谁也不知道物联网时代的商业模式是什么。如果我们率先探索成功，就会走在世界企业的前面。由此，海尔开始研究创造物联网时代的商业模式。在这个过程中，我们经历了三个阶段，从创造性破坏到创造性重组，最后实现创造性引领。

### 13.3.1　创造性破坏——从理论到组织，颠覆旧范式

工业革命的管理模式大概始于20世纪初。1911年，泰勒出版了《科学管理原理》这本书，他的科学管理模式沿用至今。这种科学管理模式就是流水线式管理，把所有工作流程进行分解，它的进步之处在于颠覆了小作坊。亚当·斯密在《国富论》一书中写道，"如果用小作坊做别针，一个人一天也做不出一根，但如果使用流水线的方式，一个工人一天可以做出几千根"。

古典管理理论代表人物弗雷德里克·温斯洛·泰勒、亨利·法约尔、马克斯·韦伯，分别提出了科学管理理论、一般管理理论和行政组织理论，从三个不同角度，即车间工人、办公室总经理和组织来解决企业和社会组织的管理问题，并为解决企业组织中劳资关系、管理原理和原则、生产效率等方面的问题，提供了管理指导思想和科学理论方法。但无论我们想不想颠覆，这三个理论都会被时代淘汰。

几年前，斯坦福大学的战略家威廉·马勒克提出了类似"人单合一"的模式，但是受到了其他教授的批判，认为这是不可能实现的。后来，他看到海尔在实践中做到了，就提出"'人单合一'是物联网时代的基准组织范式"。

甲骨文的前高管、管理专家莉兹·怀斯曼说过，丰田是零缺陷的代表，海尔是零距离的代表。工业革命以来有两次模式的革命：第一次是福特模式，就是大规模制造，效率很高；第二次是丰田模式，就是零缺陷、精益管理。现在，海尔的物联网时代管理模式，将颠覆丰田模式。零距离比零缺陷更先进了一步，要求的是用户的个性化制造。

### 13.3.2 创造性重组——从模式、组织到薪酬创造物联网时代的新范式

这一步有三个组成部分：管理模式的重组、组织架构的重组和薪酬体系的重组。

管理模式即"人单合一"，其中"人"指的是员工，"单"指的是用户的需求或用户的体验，把员工和用户连接在一起就是"人单合一"。"人单合一"就是要让企业变成一个创业生态系统，这个系统建立后，员工就变成了创业者，他可以自己创业，不需要企业给他发号施令。而在这一过程中，通过自组织、自驱动、自增值、自进化，各种生态资源可以进入这一系统中，围绕用户需求的迭代共同创造、共同进化，从而演变为一个丰富的生态系统，生态资源越来越多，就会孕育出新的物种。更重要的是，这个生态是不可复制的，因为它已经形成了自己独特的商业演进逻辑。

2009年的诺贝尔经济学奖获得者奥利弗·威廉姆森提出，当下的两股治理力量（市场力量和政府力量）已不足以应付时代的发展，未来一定会有第三股治理力量。它就是组织自主治理，"人单合一"就体现了这股治理力量。

很多人到海尔来学习，都会问我一个问题，"'人单合一'的模式很好，我们是否可以学习借鉴？"我会问他们："你能否做到将手中的决策权、用人权和分配权让给员工？如果不行，那就没办法。"很多老板都说不可以，"三权"抓在手里就是为了控制员工。这是一个很大的问题。我们不要去控制员工，而要去解放员工，海尔就把这"三权"让给了员工。

我们撤销了所有的中层部门，在这些部门工作的1.2万名管理人员要在海尔内部创业和离开海尔之间做出选择。那些选择留在海尔的人，自发组成了一些创业团队。我们把它们称为"小微"，一个"小微"机构不超过10个人。

之后，我收到了很多人提出的质疑："一个企业内部有这么多小微机

构,企业不会乱套吗?"其实,4 000多个小微机构并不会乱套,每个"小微"都是由员工自发组成,组成之后我们再形成链群。

在某种意义上,形成这样的组织结构后,海尔就不再只是一个生产产品的企业,而是变成了一个创客的中心、一个创业的硅谷。到目前为止,已经上市的小微机构有4家,独角兽有5家,瞪羚企业有23家,A轮以上的小微机构有66家,还有很多处在天使轮、种子轮的小微机构。

大企业内部创业其实非常困难。我们不会给小微机构指定方向,也不会为它们解决资金和人员问题,所有问题都需要自己解决。所以,在创业初期,这些小微机构百分之百的股权都属于海尔,但是在一定时间内它们必须能够吸引风投;风险资金投资之后,这个小微机构的成员必须要跟投,跟投之后海尔的股份就被稀释了。在这之后,小微机构可以到社会上去招聘,工资由它们自己来定,但前提是必须做到增值分享。如果在一定时间内,小微机构没能够吸引风险投资,也没有把业务做起来,那么这个小微机构就必须解散。我们对小微机构的管理完全是社会化的。

图13-1为链群合约生态图,纵轴是体验链群,横轴是创单链群。链群合约就是要实现增值分享。过去的企业是零和博弈,面对合作者,自己只想赚钱,可以把价格压得很低;但是现在不同了,有了链群之后,我们创造了价值,所有合作者都可以来分享。

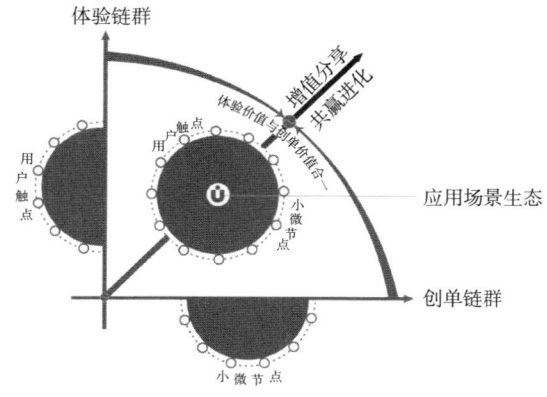

图 13-1 链群合约生态图

我们希望海尔这个组织变成一个水母。水母没有大脑也没有神经中枢,它只有神经元细胞,每个触手都有很多细胞,哪一个触手如果发现了食物、猎物，其他触手都会赶过来把这个猎物包起来。一个可以自发创造机会的组织正是当下这个社会所需要的，它可以瞬间抓住机遇，这非常重要。那些发现了机遇上报给领导，领导审批后，员工再去执行的组织，会错过很多机会，也会被逐渐淘汰。

未来，我们认为产品不是最重要的，最重要的是解决方案。在欧洲演讲的时候，很多企业家对这个看法提出了疑问。我给他们举了一个例子。比如，你去商场买一身衣服，西服、领带、衬衣、皮鞋都是世界名牌，但是搭配在一起可能就不那么协调，或者说同样一身衣服，符合这个人的气质但并不一定符合别人的气质。这就是用户的个性化需求，所以场景解决方案一定会替代产品。

### 13.3.3 创造性引领——"人单合一"优于西方模式

从2005年至今，我们应用"人单合一"模式已经有15年，逐渐得到了用户的认可，很多专家学者都在研究"人单合一"模式。其中有一位是2016年诺贝尔经济学奖获得者奥利弗·哈特，他是不完全契约理论的开创者之一。什么是不完全契约理论？简单来说，就是企业给极少数的高管发放期权，他付出的劳动和获得的权益是统一的、相匹配的，从理论上说契约算是合一了。但绝大部分的人是没有期权的，他付出的劳动和收益之间就是不完全统一的。哈特研究的就是不完全契约理论。

我们对哈特说，"人单合一"可能会变成一个完全契约，因为每个人都可以从创造的用户价值那里得到收益。他说对此研究不深，向我们推荐了另一位诺贝尔经济学奖得主本特·霍姆斯特朗。霍姆斯特朗在交流中提到，他认为企业里有一个很难解决的问题，就是"搭便车"。当我们激励或是奖励一个团队的时候，团队里难免有人在搭便车。这个问题很多企业始终解决不了，但海尔其实已经解决了这个问题。我们把每个人的价值最大化。我们都说独木不成林，但榕树却可以独木成林。我们可以把榕树比作员工，每一位员工都可以独木成林，前提是我们是否能给他提供土壤和空间。

如图13-2所示，海尔人单合一计分卡的纵轴是链群合约，从自组织到自驱动到自增值再到自进化，一步一步升级。横轴就是我们要的生态成果，首先要成为一个高端品牌，再创造体验经济的场景品牌，最后创造出一个生态品牌。

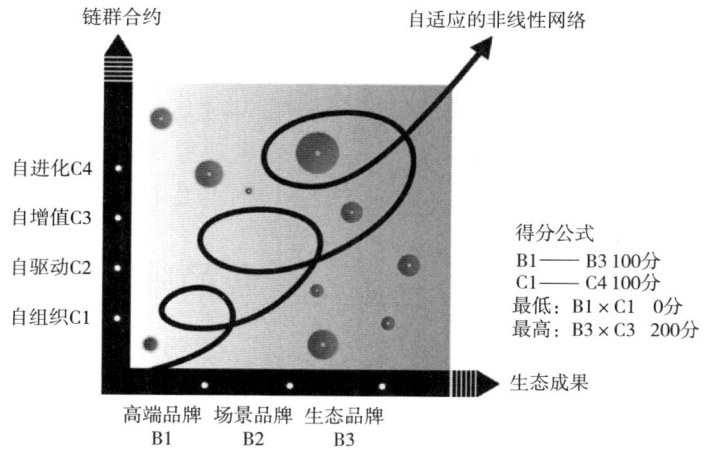

图 13-2　海尔人单合一计分卡

人单合一计分卡和过去企业学习的平衡计分卡有很大不同。平衡计分卡是封闭的；人单合一计分卡是开放的。平衡计分卡主要针对内部员工；人单合一计分卡是把所有的合作方融合在一起，变成一个链群。

此外，我们还创造了一种表——共赢增值表（如图 13-3 所示）。这个表和传统的表也有很大不同。传统的表只有产品收入，共赢增值表有生态收入；传统的表只有产品的收益，共赢增值表有生态的收益（生态价值），完全符合物联网时代。

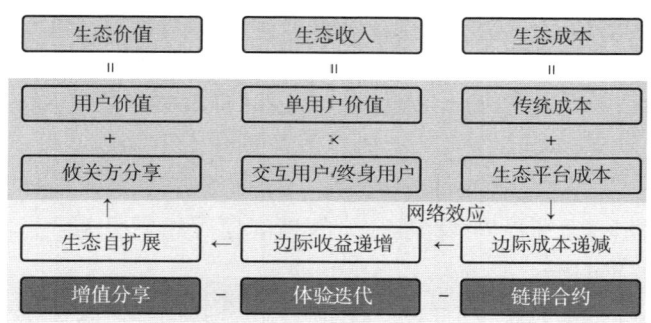

图 13-3　海尔人单合一共赢增值表

美国管理会计师协会的 CEO 说，无论是上市公司还是科创公司都需要第四张表——共赢增值表，这符合物联网时代的要求。其实，所有的企业都应该有两类会计：一类是财务会计，就是记账会计；另一类是管理会计，就是决策会计。但是有些企业没有管理会计，那就比较麻烦。财务会计只能记账，记账就是"看着后视镜开车"，都是记录过去的事，不知道未来怎么做。管理大师德鲁克曾说过，一家企业里最不了解企业的就是CFO。为什么？因为他看到的都是过去的事，而不是未来的事。

## 13.4　物联网时代的标志：生态品牌

### 13.4.1　物联网时代的新引擎就是场景品牌与生态品牌

我们为什么要创造生态品牌？美国学者罗伯特·戈登在《美国增长的起落》一书中使用了大量的数据，得出一个结论：第三次工业革命的全要素平均增长生产率是第二次工业革命的1/3。为什么会这样？因为第二次工业革命有非常多的新产品，比如汽车、家用电器、高速公路等，而以互联网为代表的第三次工业革命，因缺少新技术、新发明，从而增长引擎有限，经济增长难以持续。因此，我们一定要转变为物联网的思维，创造出新的经济增长引擎。如何创造出物联网时代的新引擎？海尔的探索是，不停留在产品上，也不停留在行业上，因为产品一定会被场景替代，行业一定会被生态覆盖。用户的体验会不断升级，不可能只聚焦在某一个产品、某一个行业，很多的行业要联合起来共同满足用户的体验需求，最后所有的行业都会被用户所需要的体验生态覆盖。

旧引擎以产品品牌为主导，新引擎以场景品牌和生态品牌为主导。场景品牌就是指涌现的企业迭代的新组合。以智慧阳台这个场景品牌为例。智慧阳台场景中，海尔只卖洗衣机，但却整合了电动晾衣架、健身用品、休闲阅读等产品，海尔智家负责整合，为用户提供智慧家居体验。除了智慧阳台，海尔智家还提供智慧厨房、智慧客厅等场景服务，目前海尔打造了3万多个应用场景。

生态品牌是指通过与用户、合作伙伴联合共创，不断提供无界且持续迭代的整体价值体验，最终实现终身用户及生态各方共赢共生、为社会创造价值循环的新品牌范式。约瑟夫·派恩的著作《体验经济》中有一句话说得很好："商品是有形的，服务是无形的，但是创造出的体验是令人难忘的。"在物联网时代，如果不能创造独特体验，你的产品就没有灵魂，就是行尸走肉。所以，生态品牌不是一个产品，而是一种体验、一种解决方案。把有形的商品技术参数转化成无形的用户体验，这是物联网时代的新趋势，也是消费升级的新要求。新一代"95后""00后"的消费者更愿意为独特的体验买单，如果不能创造良好的用户体验，就很难创造伟大的产品。

因此，新时代的高端品牌不是传统意义上的高端品牌，它的核心是为用户提供高端体验，众多高端品牌形成场景品牌和生态品牌。

### 13.4.2 生态品牌的两大驱动轮是"体验云"+"卡奥斯"

怎样去实现新增长引擎的目标？我们提出了新模式引领下的驱动轮——链群合约基础上的"体验云众播"和"卡奥斯"。体验云更多地聚焦在场景，卡奥斯则聚焦在生态。

体验云中的"云"一共分为三类：第一类是基础云；第二类是应用云；第三类是体验云，和用户连接在一起，这是最重要的。基础云主要面向大数据，而体验云依托的是小数据、流数据。体验云创造和满足每一个人的体验，它的平台众播不是直播。众播直播间里有设计师、用户，目的不是带货，而是创造、优化消费体验。

卡奥斯就是海尔的COSMOPlat平台，是全球首家引入用户全流程体验的工业互联网平台。卡奥斯是古希腊神灵中的第一个神——混沌之神，在这个原始之神之后才有了其他的神。混沌之神又叫"万物之卵"，所有万物都是它孵化的。我们之所以用"卡奥斯"来命名，就是希望我们可以不断孵化出更多的新物种，比如家装、建筑、陶瓷这些过去与我们所处行业没有关系的领域。

### 13.4.3 生态的风向标——用户是黑海中的灯塔

灯塔工厂是工业互联网里的一个基础。我们是全世界唯一一家在同一个国家拥有两家灯塔工厂的企业。德国最早提出了工业4.0，但却没有做好，那海尔是怎么做成的呢？我们对德国人说："你们真的做得非常好，但是有一个指标你们觉得不重要，我却觉得很重要，就是不入库率。"所有的产品在下线之后不进仓库，而是直接送到用户家里。传统企业不是为用户生产，而是为仓库生产。生产出来的产品放在仓库，然后再推销。海尔的产品现在不入库，产品在生产线上的时候就已经有主人了。

德国工业 4.0 有两个失败的样本：一个是大众辉腾汽车，在亏损了 20 亿欧元后停产了；另一个是 e. Go Mobile，2020 年 7 月宣布破产。这两个样本失败的原因就在于没有真正地以用户为中心。

此外，虽然中国企业在很多方面已经领先于其他国家企业，但是在标准制定上仍落后于人。国际上把标准称为"收费站"，因为标准代表了话语权。2017 年，美国电气与电子工程师协会（IEEE）通过了由海尔主导制定的大规模定制国际标准的提议。这是该组织成立几十年以来首次以模式为技术框架制定标准，海尔也代表中国企业成为首个制定标准的企业。现在，海尔已经获得了三大国际标准化组织认可，并由海尔主导全球的工业互联网标准制定。

## 13.5　创造终身用户

最后，用詹姆斯·卡斯写的一本书《有限与无限的游戏》作为结束语。书中有这样一段话："世界上至少有两种游戏，一种叫有限的游戏，一种叫无限的游戏。有限的游戏以取胜为目的，而无限的游戏以延续游戏为目的。"一场球赛就是有限的游戏；而一场婚姻则没有所谓的赢家，就是无限的游戏。传统的企业以取胜为目的，以成为行业第一、销售业绩增长为目标；而延续游戏则是满足用户的体验，且随着用户体验的不断变化，合作方也要不断变化，生态要不断变化，因此不可能有终点。

人的价值第一，人的价值最大化，这就是根本。其他企业以卖出产品作为结束，海尔以卖出产品作为体验的开始。由此我们可以了解还有哪些体验需要改进，之后我们再不断地改进，进行体验迭代，一直到获取终身用户。谁拥有的终身用户最多，谁的竞争力就最强。过去，中国的企业一直在学习和模仿国外的管理模式。现在，希望物联网给我们一个机会，让我们来引领世界的管理模式。

# Ⅵ

# 建议篇

# 14

# 关于激发市场主体活力、提振企业家发展信心、优化营商环境的建议

2020年11月，亚布力中国企业家论坛联合清华大学民生经济研究院在全国范围内发起了2020年下半年中国企业家发展信心指数调查，此前，亚布力中国企业家论坛就新冠肺炎疫情对企业的影响和对居民消费意愿的影响也进行了广泛的问卷调研。受访者就本次疫情对中国经济、对企业家发展信心的影响坦诚、充分地表达了意见，并对如何促进中国经济持续健康发展提出了建议，本章依据调查反馈以及国务院发展研究中心对《优化营商环境条例》实施的第三方的评估撰写。

第一，在发展方向上，坚持"一个中心，两个基本点"不动摇。"以经济建设为中心"，强化经济建设工作，强化市场意识，认真贯彻执行《2030年的中国：建设现代、和谐、有创造力的高收入社会》报告和党的十八届三中全会关于市场经济作用和释放市场经济活力的决定，以确保中国在战胜疫情之后，更加坚定地避开中等收入陷阱。

第二，在法治实践上，要强化法律意识。要深刻意识到法治和舆论监督的重要性，这也是提升政府和社会治理能力的重要内容。尊重企业的法律主体地位，不向企业摊派一切和生产经营无关的社会活动；严格遵守《公司法》中关于公司治理结构的规定，不以任何名义干涉企业的经营活动，不以任何名义干扰公司治理结构；不干涉企业为自救采取的减员增效措施。

第三，在改革开放上，要加大改革开放力度。应该加快改革的进程，加快国有企业改革和竞争中性制度建设，要注意把国企改革和竞争中性制度建设密切结合，要明确制定相应的时间表和发展蓝图，以切实稳定的方式，推进关键领域的改革，并采用公开透明的制度和做法，以便社会和市场各方能够清楚地参与和衡量进展的成效。深化改革不能停留在口号上，要直面深层次矛盾，推动结构性改革；要发挥市场在资源配置中的决定性作用，充分尊重市场，尊重客观规律。在开放上，重振中国的开放进程，全面实施市场准入，消除负面清单等直接壁垒，同时破除批准许可等间接的障碍。

第四，在政策制定上，政策要少而精，不要制定太多的经济政策。政策的关键在于执行落地，政府不制定过多的政策，不干预企业的正常经营，就是对企业最大的支持。如果确实需要制定某些方面的政策，那么一定要确保政策的确定性、连续性，以解除企业发展的后顾之忧。而且在制定政策的过程中，要民主决策，要多听社会性智库与企业家的意见，尤其要多听取中小企业家的意见，了解企业家真正的想法，了解企业经营的实际情况。要根据不同的地方、不同的发展实际及要求制定不同的政策，不搞"一刀切"，要允许各地政府在法律的框架内根据实际情况制定本地政策，下放更多的决策权。同时，要出台相对应的实施细则。

第五，在经济管理上，敬畏市场，不干预市场，减少管控。要改变用文件、会议、讲话管市场的模式，不能把市场当行政下级来管；要改善中国经济发展考核评价机制，不唯 GDP 论；切实推进简政放权，减轻企业负担，构建包括金融服务、政府服务等在内的支持实体经济服务体系，打造服务型政府；要减少过度的管控，消除企业的不安全感。

第六，在社会治理上，要用"市场思维+法治思维"去优化社会治理，要发挥民间组织和高科技企业在社会治理中的作用。社会公共事务管理要强化法制意识，通过法治手段规范社会治理。同时，要树立市场意识，用市场思维解决社会治理过程中的问题，提振民间社会组织的活力，发挥民间组织在公共事务及城市管理中的作用。今后，在提升政府效率和治理能力的同时，要让效率与治理能力深入分布在民间，要进一步重视高科技特别是人工智能和大数据在社会治理方面的作用，不要停留在简单流于形式的"智慧政务"的政绩工程，而是扎扎实实地与民营高科技企业通过共同建设、共同运营的方式提升社会治理的效率、透明度和可信度。

第七，在发展方式上，要加快实现创新型国家转型。要鼓励企业和企业家的创新，发挥他们在国民经济中的作用；要真正激活中小企业的信心，激发中小企业的活力，吸引优秀人才，实现创新国家的转型；实事求是，从实际出发；公平对待各种经济成分，摒弃经济组织的所有制划分；还市场的主体地位和作用，深入发展市场经济，以市场为主导，让企业自己去决定该做什么，不该做什么。

第八，在政策执行上，不能搞"文件治国"，要落到实处。各级政府在落实政策、执行政策层面不能片面化、短期化，不能打折扣，要让政策落地，让企业真正享受到政策的实惠与效率。

第九，彻底消除中小企业形式上平等、实际上不平等的问题。国家虽然出台了很多文件，规定各主体之间平等竞争，但在实际经济活动中，中小企业在市场准入、融资及政策扶持上仍然被区别对待。因此，要放宽对民营资本的限制，给予中小企业与外资企业和国有企业同等的权利。以银行业为例，国家放开了外资投资银行机构持股比例的限制，目前外资持股比例可达51%，今后几年还将不受持股比例限制；而民营资本投资银行业金融机构单一最大股东的持股比例仍然被严格限制。

第十，支持一级市场融资。在一级市场上，放开银行对基金的LP（有限合伙人）投资，有银行的市场就有基金的规模化，从而导致市场上的大批企业复活，引发就业和社会经济各方面的复苏；在二级市场上，放开退出对大宗交易的各种时间和规模限制；有流通性就有社会全要素的活跃。

第十一，各地政府建立"纾困基金"，提供流动性支持，给困难企业发放低息贷款。要分行业、分地域出台纾困措施，不搞"一刀切"。加大金融支持，对受疫情影响严重的企业到期还款困难的，予以展期或续贷，帮助企业渡过难关。

第十二，加大企业信息化政策支持力度。在本次新冠肺炎疫情防控过程中，网络办公、企业信息化升级等互联网主导的应用得到公众与社会的广泛接受，相关部门应就此出台更多的产业政策进行支持。

第十三，以更切实的措施推动民营经济发展。2020年，在全国新冠肺炎疫情防控过程中，优秀中小企业发挥产权独立和自觉、自愿、自主的优势，快速启动组建全球防控物资供应系统，在全球掀起医疗物质大采购行动，并捐建一流医院和战时方仓医院，共赴国难。这不仅检验了中国中小企业是"自己人"的真实性,也表明中国优秀中小企业是当之无愧的优质中国资产,中小企业也能和国有企业一样,在国家有难时挺身而出,承担社会责任。

# Ⅶ 附　录

# 15

# 中国企业家发展信心指数调查研究说明

## 15.1 项目介绍

### 15.1.1 立项依据和研究意义

企业家是配置经济资源的最重要微观主体,是驱动创新的最重要力量,可以说是"经济增长的国王"。要让市场在资源配置中起决定性作用,就需要充分发挥企业家的作用。市场的活力,经济的繁荣,甚至是国运的兴盛,都在很大程度上和企业家的信心与行为紧密相连。如果企业家对发展充满信心、积极参与经济建设,市场就会充满活力,经济就会趋于繁荣,国运就会兴盛;反之,如果企业家群体对经济前景悲观,对经济建设缺乏参与热情,则经济就会趋于低迷,国运就会衰退。从这个意义上讲,了解中国企业家的发展信心,能帮助人们感受中国经济脉搏,把握中国经济走向。

虽然目前国内外已经有不少机构开始关注企业家的信心和行为等问题,并开展了相关调查,建立了相关的指数,但总体来讲,已有的各类调查和指数还存在以下一些不足:

第一,现有的调查的指标维度比较单一,不能全面反映出企业家对经济社会的看法和信心。现有的大多数关于企业家的调查,一般是反映企业家关于宏观经济环境的看法和信心,而对于社会环境、政策与法律环境的看法和信心未予考虑。

第二,现有的调查视角比较宏观和间接,比如从社会的投资总量变动、企业开工率等，间接地计算得出。我们认为，要想准确刻画企业对未来信心的指数，还需要从微观的视角，直接调查企业家对未来经济走势的看法和信心状况。

第三，现有的调查缺少对代表性事件带来的变化的及时反映。中国社会正在发生快速和深刻的变化，一些代表性事件的出现会迅速导致企业家信心和看法发生变化，由此导致其采取的经济行为也会出现变化。为了更及时地反映这样一种变化，需要相关的调查迅速跟进，以保证时效性。

第四，现有的调查普遍存在着取样少、代表性差、真实性低等问题。一些调查的取样很少，不能反映中国企业家群体的总体状况；一些调查的取样仅偏重于中、小企业家，而对在中国经济发展中起至关重要作用的大企业家则很少涉及，因此代表性较差；而另一些由官方主导的调查，尽管在取样和代表性问题上没有问题，但受调查企业家对相关问题的回答在真实性上却存在着不少问题。

基于以上原因，推出一套调查维度更多样化、研究视角更微观化、样本更有覆盖性、更能体现出代表性事件影响的新指数是非常必要和迫切的。为此，亚布力中国企业家论坛联合清华大学民生经济研究院，邀请了来自北京大学、中国人民大学、中央财经大学、对外经济贸易大学等一批优秀的青年经济学者，共同推出了一套新的指标体系——"中国企业家发展信心指数"。

## 15.1.2 发展信心指数的优点

与现有的一些"信心指数"相区别，我们采用了"发展信心指数"这一名称，是因为我们的指标体系能够更加全面地反映企业家对中国整个社会发展的看法和信心，而不是仅仅对于宏观经济环境的看法和信心。

具体来讲，相对于已有的同类指数，"中国企业家发展信心指数"具有如下突出的优点：

第一，指标体系更加多元化，从企业家对中国社会全面发展的认识来反映信心变化。我们认为，信心来自对于企业发展中所遇到的环境变化的认识。因此，要想准确反映企业家的信心，需要深入了解企业家对所处环境的认识。这些环境应该包括经济环境、政策环境、法律环境、社会环境等。为此，我们构建包括对上述四个方面环境的认识的一级指标，并通过赋予不同的权重来体现它们对企业家信心的不同影响。

第二，问题视角更加微观化，更贴近企业家的经营和生活。相对于传统指数设计聚焦于"大问题",我们则是力争从企业家视角去多设计一些微观问题,反映企业家真实的看法和经营实践。此外,在经营类问题之外,我们还设计了反映企业家生活行为的"小问题"。通过这些小问题,我们能够勾勒出一幅更为生动的企业家生态画卷,以便更好地判断企业家群体的发展状况。

为了体现地域特色,我们会在全部样本的基础上,每年在上半年的报告中选择一个地区的数据单独进行分析。

第三,兼顾连续性和时效性,在反映趋势的同时,体现最新动向。在调查中,我们将区分"核心问题"和"扩展问题"。其中,核心问题将在历次调查中保持一致,并以此构建核心指数,保持核心指数时间上的连续性。而在扩展问题中,我们将加入代表性事件所产生的影响,从而体现出时效性,以及时反馈企业家信心的变化。

第四,数据样本具有更高的代表性和真实性。我们依托中国最大的非官方企业家组织——亚布力中国企业家论坛,并充分利用北京大学、清华大学、中央财经大学、对外经济贸易大学等高校的企业家校友资源,对各个地区、各个层次的企业家开展综合调查。这保证了我们使用样本的客观性,尤其是克服了现有的一些指数不能反映卓越企业家信心的缺陷。同时,由于本调查的组织者和企业具有更为密切的联系,因此相对于一般的调查,我们获取的数据可靠性更高。

### 15.1.3 预期目标

我们致力于构建一套全面、客观反映企业家对于整个社会发展的看法和信心指数。在最初一到两年内,我们将在每年年初和年中分别发布一次发展信心指数,随着调研工作的深入开展,我们会逐步增加到每季度发布一次。

我们希望借助发展信心指数的推出,能够对政府、实业界和学术界产生积极意义:对于政府部门而言,它将有助于更了解企业家对未来经济的判断,进而为政策的预调、微调提供决策依据;对于实业界而言,它既有利于企业家了解宏观经济走势,也有利于企业家了解各地区和各行业的细分市场前景,以及时调整自己的行为;而对学术界而言,它将成为基础的数据资料,将有助于对中国企业的各种活动进行更加科学的解释,促进我国经济学、管理学、行为科学等相关学科的发展。

我们将力争用5年或更长一些的时间,将企业家发展信心指数做成国内最好、国际领先的刻画企业家信心的指数。让这一指数成为相关政策、商业行为的决策基础,以及学术研究的重要资源。

另外,我们将依托于本调查,逐步构建一套有关企业家信心和行为的微观"大数据"库。在时机成熟时,我们将向社会公开这一数据库。我们相信,这套微观且鲜活的数据库将会成为研究中国企业的最重要资源。

## 15.2 指标体系构成

本课题研究所提出的中国企业家发展信心指数,其指标体系及其相应权重体系的设计,是经由经济学家、管理学家、社会学家以及民营企业家组成的专家系统,通过严格的专家咨询打分法而构建完成的。发展信心指数包括4个一级指标、9个二级指标、17个三级指标,全方位、多角度地勾画出了中国企业家对未来发展的信心水平。指标体系构成如表15-1所示。

表15-1 指标体系构成

| 一级指标 | 二级指标 | 三级指标 |
| --- | --- | --- |
| 1. 经济环境信心 | 1.1 宏观经济环境信心 | 1.1.1 宏观经济环境预测 |
| | | 1.1.2 宏观调控政策的未来影响 |
| | 1.2 微观经济环境信心 | 1.2.1 投融资环境对企业未来发展的影响 |
| | | 1.2.2 人力资源状况对企业未来发展的影响 |
| 2. 政策环境信心 | 2.1 一般政策信心 | 2.1.1 政策的合理性 |
| | | 2.1.2 政策的公平性 |
| | | 2.1.3 政策的稳定性 |
| | 2.2 当前政策影响 | 2.2.1 当前政策对企业未来发展的影响 |
| 3. 政治法律环境信心 | 3.1 政治环境信心 | 3.1.1 国家治理能力 |
| | | 3.1.2 国际政治环境 |
| | 3.2 法律环境信心 | 3.2.1 法律环境公正性 |
| | | 3.2.2 法律执行效率 |
| | | 3.2.3 法律对企业保障程度 |
| 4. 社会文化环境信心 | 4.1 社会认可度 | 4.1.1 公众对企业家的社会地位评价 |
| | 4.2 文化环境 | 4.2.1 商业环境诚信度 |
| | | 4.2.2 传统文化支持性 |
| | 4.3 生态文明 | 4.3.1 公众对自然环境的信心 |

中国企业家发展信心，包括民营企业家对未来发展所面临的经济环境、政策环境、政治法律环境和社会文化环境的相应信心。发展信心指数得分的高低，不仅能够反映中国企业家对当前自身与企业发展状况的切身感受，更体现了中国企业家群体对未来发展环境的预先评判，反映了他们对未来发展的实际信心。

## 15.3 权重分配方案

指标权重的大小体现了该指标对中国企业未来发展的重要性，也衡量了对总指数水平影响的强弱程度。在本指标体系中，一级指标对总指数的权重、二级指标对一级指标的权重、三级指标对二级指标的权重均采用专家打分的方式进行赋值。权重越大的指标对总指数的影响越大。一级指标和二级指标的权重体系如图15-1所示。

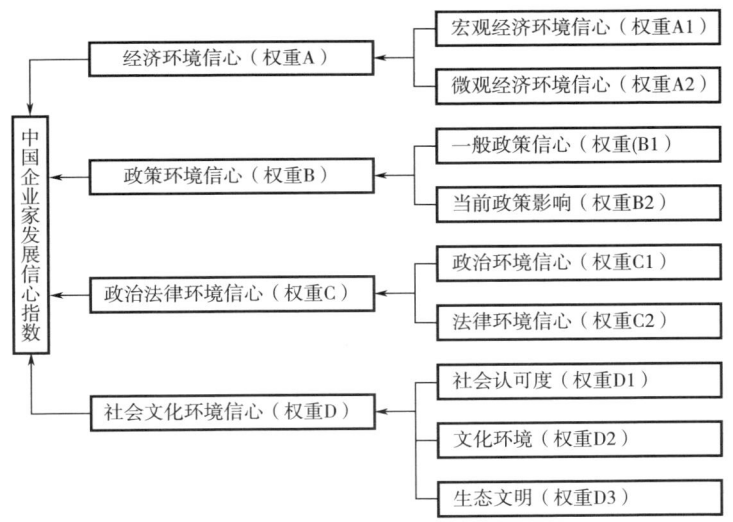

图15-1 一级指标和二级指标的权重体系

## 15.4 指数计算方法

### 15.4.1 发展信心总指数计算方法

$Index\_Confidence = $ 权重 $A \times Index\_Econ + $ 权重 $B \times Index\_Policy + $ 权重 $C \times Index\_Law + $ 权重 $D \times Index\_Society$

其中，$Index\_Confidence$：中国企业家发展信心总指数

$Index\_Econ$：经济环境信心指数

$Index\_Policy$：政策环境信心指数

$Index\_Law$：政治法律环境信心指数

$Index\_Society$：社会文化环境信心指数

### 15.4.2 一级指标得分的计算方法

经济环境信心指数：

$Index\_Econ = $ 权重 $A_1 \times Index\_MacroEcon + $ 权重 $A_2 \times Index\_MicroEcon$

其中，$Index\_MacroEcon$：宏观经济环境信心指数；

$Index\_MicroEcon$：微观经济环境信心指数。

政策环境信心指数：

$Index\_Policy = $ 权重 $B_1 \times Index\_Gerneral + $ 权重 $B_2 \times Index\_Current$

其中，$Index\_Gerneral$：一般政策信心指数；

$Index\_Current$：当前政策影响指数。

政治法律环境信心指数：

$Index\_Law = $ 权重 $C_1 \times Index\_Justice + $ 权重 $C_2 \times Index\_Enforcement$

其中，$Index\_Justice$：政治环境信心指数；

$Index\_Enforcement$：法律环境信心指数。

社会文化环境信心指数：

$Index\_Society = $ 权重 $D_1 \times Index\_Respect + $ 权重 $D_2 \times Index\_Culture + $ 权重 $D_3 \times Index\_Environment$

其中，*Index_ Respect*：社会认可度指数；

*Index_ Culture*：文化环境指数；

*Index_ Environment*：生态文明指数。

## 15.5　受邀打分专家构成情况

中国企业家发展信心指数研究邀请了来自经济学、管理学、社会学等专业领域的专家学者以及民营企业家共 15 人对上述指标所占权重进行打分。这些专家的具体分布如表 15-2 所示。

表 15-2　受邀专家构成情况

| 专家研究领域 | 专家配额（人） |
| --- | --- |
| 经济学专家 | 5 |
| 管理学专家 | 5 |
| 社会学专家 | 2 |
| 民营企业家 | 3 |
| 总计 | 15 |

# 16

# 亚布力中国企业家论坛简介

亚布力中国企业家论坛是企业家思想交流平台，始终坚持正能量、创造性、建设性，始终秉持自由、平等、独立、客观的精神，并将"帮助和关心更多新兴企业和企业家的成长、促进企业家成为社会和国家重要的建设力量"作为一贯宗旨。

**出身——草根、民间、独立**

2001年正月十五，一群来自民间的草根企业家相聚亚布力，组建起了一个属于他们自己的舞台——中国企业家论坛。20余年来，作为独立机构，它始终坚持发出企业家们来自民间的、最真实的声音，没有包装，没有修饰。这吸引了一大批企业家、学者的到来，而这种吸引将会一直持续下去。

**形式——开放、休闲、非正式**

在这里，他们不必西装革履，不必谨言慎行。相反，他们既可以唇枪舌剑，也可以雪上争锋；既可以在各分会场自由出入，甚至参与讨论，也可以约三五好友静待一隅，在咖啡的浓香中探讨企业经营之道。

**精神——平等、自由、客观**

这里没有权威，没有大佬。在毫无限制的环境下，他们畅所欲言。任何人都可以对他人的观点持有异议，也可以在他人的异议下据理力争。

**价值——交流、学习、思想力**

从经营理念到人生价值观，从现实考量到历史总结，从个人目标到社会使命，中国企业家关注并思考着企业发展的每一个细节。而在这里，他们分享自己的种种思考，也在交流中总结他人可资借鉴的成功之道，寻找自身企业经营的短板，进而在年复一年的交流与辩论中成长为最有思想力的企业家。

亚布力中国企业家论坛研究中心（以下简称"研究中心"）是亚布力中国企业家论坛的重要智力支持机构。研究中心的主要职能包括：在对国内外经济进行研究分析的基础上，提出各类论坛活动的主题和议题；负责为论坛年会、研讨会以及其他专题会议提供智力资源；通过研究企业与政府、企业与社会、企业与媒体的关系以及企业家个人经历及思考等多个领域，关心和帮助新兴企业和企业家的成长。

研究中心成立以后，逐渐形成了以中国企业家发展信心指数为核心的年度常规研究报告、热点专题报告和专著相结合的多层次研究产品体系，创办了杂志《亚布力观点》，开展了"九二派""全要素生产率""混合所有制""共享经济"等课题，出版了20多种主题图书。

研究中心发布的中国企业家发展信心指数调查报告以民营企业家群体为主要研究对象（兼顾部分国有企业家），通过探测中国企业家对自身生存环境的主观评价、对企业未来发展环境的预测，梳理出当前影响企业家群体信心的核心要素，以期引起社会对这些可能影响中国经济的因素的关注。中国企业家发展信心指数调查报告目前已经成为国内反映经济趋势与企业家信心的重要报告，在国内拥有广泛的影响力。

亚布力中国企业家论坛研究中心"企业思想家"系列著作

|  |  |  |
| --- | --- | --- |
| 《亚布力的光芒》 | 2008年 | 中国发展出版社 |
| 《让企业有思想》 | 2009年 | 中信出版社 |
| 《亚布力中国企业家论坛2010》 | 2010年 | 哈尔滨出版社 |
| 《让企业有思想Ⅱ》 | 2010年 | 哈尔滨出版社 |
| 《企业思想家（上、下）》 | 2011年 | 中信出版社 |
| 《亚布力中国企业家论坛2011》 | 2011年 | 哈尔滨出版社 |
| 《市场的力量》 | 2012年 | 哈尔滨出版社 |
| 《让企业有思想Ⅲ》 | 2012年 | 知识产权出版社 |
| 《让企业有思想Ⅳ》 | 2012年 | 时代出版传媒有限公司 |
| 《九二派》 | 2012年 | 中信出版社 |
| 《让企业有思想Ⅴ》 | 2013年 | 知识产权出版社 |
| 《改革：中国关键十年》 | 2013年 | 时代出版传媒有限公司 |
| 《让企业有思想Ⅵ》 | 2014年 | 知识产权出版社 |
| 《市场的决定性作用》 | 2014年 | 知识产权出版社 |

| | | |
|---|---|---|
| 《企业家与思想力》 | 2015 年 | 知识产权出版社 |
| 《一九八四：企业家归来》 | 2016 年 | 东方出版社 |
| 《破局：新常态下的企业创新之道》 | 2016 年 | 知识产权出版社 |
| 《下一个风口在哪儿》 | 2016 年 | 知识产权出版社 |
| 《金融改革这几年》 | 2017 年 | 知识产权出版社 |
| 《突围——中国经济》 | 2017 年 | 知识产权出版社 |
| 《创业的痛点》 | 2018 年 | 知识产权出版社 |
| 《新时代的企业家精神》 | 2018 年 | 知识产权出版社 |
| 《混改下一步》 | 2018 年 | 清华大学出版社 |
| 《中国经济再出发》 | 2019 年 | 知识产权出版社 |
| 《我的 40 年——企业家的时代告白》 | 2019 年 | 知识产权出版社 |

# 17 清华大学民生经济研究院简介

清华大学民生经济研究院（以下简称"研究院"）是清华大学与中国民生银行合作设立的校级研究机构，成立于2014年12月。研究院秉承"贵民厚生、经邦济世"的精神，以专业智识推动公共理性，致力于在民生经济领域打造具有理论和政策双重影响力的新型高校智库。

研究院充分发挥清华大学的社会学、经济学和政治学等相关研究力量，结合中国民生银行的民生经济与金融实践优势，致力于我国民生经济问题的研究。主要围绕就业与收入分配、人口与教育、互联网经济、普惠金融、民生产业发展和小微企业成长等问题进行研究。

截至目前，研究院已经承担了国家省部级和企业委托的多项课题研究，包括社会治理创新与清河实验、中国企业家发展信心指数、平台治理、混合所有制改革、企业家精神、资产证券化、中国互联网金融创新发展研究、中国金融企业国际化发展的探索与研究、北京市生活类服务业品质提升等项目。

此外，研究院还组织举办了创新社会治理与基层社区建设分论坛、中国民生经济高峰论坛、网络经济与大数据国际研讨会、互联网经济沙龙、赛博新经济系列论坛等学术会议，不仅推动了国内相关领域的学术交流，而且扩大了新型智库的社会影响力。

# 18 武汉大学中国企业家研究中心简介

武汉大学中国企业家研究中心（以下简称"中心"）是由武汉大学杰出校友田源先生等捐赠设立、专门研究企业家和企业家精神的学术机构。中心坚持"研以致用"的方针，不断总结中国企业家成长的经验和模式，构建有原创性的企业家理论；注重实战经验，教育大学生从进校之初就立志做企业家，培养未来企业家人才；通过学术研究、案例开发、教育与培训、年度论坛等关键活动，致力于建成以构建有中国特色企业家理论为目标的国际一流研究中心、国内外知名的企业家孵化基地，以及政府、企业和学术深度互动的交流平台。

# 致　谢

本项研究得到了很多人士和机构的支持和帮助。

首先，我们向认真填写问卷的1 300多位企业家表示感谢。他们认真的态度让课题组非常感动。同时，也使得问卷调查的真实性得到最大限度的保障。

其次，我们需要感谢泰康保险集团、中国民生银行对于本项研究给予物力和人力的支持。这对于顺利完成本次研究工作起到了非常重要的作用。

再次，我们要感谢清华大学继续教育学院、北京大学光华管理学院、武汉大学经管学院、西北大学管理学院、中国人民大学、上海财经大学、山东大学等机构对问卷调查工作所提供的帮助和支持。

最后，我们还需要特别感谢北京大学国家发展研究院张维迎教授、北京大学法学院邓峰教授、清华大学社会学系李强教授和孙凤教授、清华大学经济学研究所刘鹰教授和刘涛雄教授、中国人民大学金融系郑志刚教授、中央财经大学经济学院李涛教授，在学术思想以及指标体系设计和计算过程中所提供的指导和建议。这些指导和建议极大地保证了此次信心指数研究的科学性。

我们也深知这研究成果还存在一些缺点，比如样本在地域上的分布还需要进一步的优化，统计性描述还需要再客观一些等。对此，我们一方面希望得到大家的理解，同时会自警自励，努力做到更好；另一方面，也殷切希望在未来的研究中能够得到更多人士和机构的帮助与支持！